武汉市财政学校湖北省"双优计划"项目建设成果
武汉市教育科学规划2021年度"'1+X'证书制度下会计事务专业课程改革与人才培养路径研究"课题（2021C174）阶段性成果

中等职业学校会计事务专业新课程标准

主　编　曾　钧
副主编　郑　鹏　方　毅　徐建宁

中国财经出版传媒集团
中国财政经济出版社
北京

图书在版编目（CIP）数据

中等职业学校会计事务专业新课程标准／曾钧主编．--北京：中国财政经济出版社，2024.3

ISBN 978－7－5223－2777－8

Ⅰ.①中… Ⅱ.①曾… Ⅲ.①会计学－课程标准－中等专业学校－教学参考资料 Ⅳ.①F230－41

中国国家版本馆 CIP 数据核字（2024）第 034510 号

责任编辑：陈　冰　　　　　责任印制：张　健
封面设计：卜建辰　　　　　责任校对：胡永立

中等职业学校会计事务专业新课程标准
ZHONGDENG ZHIYE XUEXIAO KUAIJI SHIWU ZHUANYE XIN KECHENG BIAOZHUN
中国财政经济出版社 出版
URL：http://www.cfeph.cn
E－mail：cfeph@cfeph.cn
（版权所有　翻印必究）
社址：北京市海淀区阜成路甲 28 号　邮政编码：100142
营销中心电话：010－88191522
天猫网店：中国财政经济出版社旗舰店
网址：https://zgczjjcbs.tmall.com
北京富生印刷厂印刷　各地新华书店经销
成品尺寸：185mm×260mm　16 开　18 印张　426 000 字
2024 年 3 月第 1 版　2024 年 3 月北京第 1 次印刷
定价：79.00 元
ISBN 978－7－5223－2777－8
（图书出现印装问题，本社负责调换，电话：010－88190548）
本社图书质量投诉电话：010－88190744
打击盗版举报热线：010－88191661　QQ：2242791300

中等职业学校会计事务专业新课程标准编写人员及开发单位

主　编
　　曾　钧

副主编
　　郑　鹏　方　毅　徐建宁

参编人员
　　柯　珂　余莉娜　景　莹　李　娜　刘　颖　吕　庆
　　马雪莹　黄亚琴　常　莉　丁　莎　李颖超　陈　强
　　周会林　林　宏　陈二军　李洁煌　蒋荣新　詹朝阳
　　郑秋燕　陈艺茹　陈月红　林月香

开发单位
　　武汉市财政学校
　　北京东大正保科技有限公司
　　厦门网中网软件有限公司

前言 Preface

2019年1月,国务院印发《国家职业教育改革实施方案》,是进一步深化职业教育改革的重大制度设计,是推动职业教育基本实现现代化的关键举措,该方案尤其强调了"标准"的重要性,明确指出要"发挥标准在职业教育质量提升中的基础性作用。按照专业设置与产业需求对接、课程内容与职业标准对接、教学过程与生产过程对接的要求,完善中等、高等职业学校设置标准,规范职业院校设置;实施教师和校长专业标准,提升职业院校教学管理和教学实践能力。持续更新并推进专业目录、专业教学标准、课程标准、顶岗实习标准、实训条件建设标准(仪器设备配备规范)建设和在职业院校落地实施。"同时也指出,与发达国家相比,与建设现代化经济体系、建设教育强国的要求相比,我国职业教育还存在着体系建设不够完善、制度标准不够健全等问题。为加强职业教育国家教学标准体系建设,落实职业教育专业动态更新要求,推动专业升级和数字化改造,2021年3月教育部颁布了新版《职业教育专业目录(2021年)》,其中将中等职业教育原财务会计类会计专业和会计电算化专业合并,更名为"会计事务专业",以适应会计优化升级需要,对接会计数字化、网络化、智能化发展的新趋势;对接新产业、新业态、新模式下企事业单位出纳、会计和财税代理服务、会计信息系统运营服务等岗位群的新要求,不断满足会计行业高质量发展对高素质劳动者和技术技能人才的需求。

在新一代信息技术飞速发展的财会智能化时代,中职会计事务专业亟待一场变革性的数字化转型。教学标准体系的构建,是实现专业数字化转型的重要支撑和有力抓手。中职会计事务专业教学标准的再造,既要对接专业标准,切合"技能+素养"招考导向的职教高考制度,使学生适应考场,满足学生日益扩大的升学需求;也要对接行业标准,符合当前企业会计职能由财务会计向管理会计转型,业财有机融合的要求,使学生更好地适应市场,满足依旧存在的就业需求。抓标准建设,要围绕数字化时代下全新的教学体系与方式展开,落脚于课程体系的适应性,将教学标准体系的构建作为提高教学质量的突破口,促使教学内容标准化、教学手段规范化、教学条件统一化、教学实施数字化和教学评价动态化。

标准是以科学技术和实践经验的综合成果为基础，对重复性事物和概念所做的统一规定，以特定形式发布，作为共同遵守的准则和依据。标准体系是为了实现某一目的，将一定范围内的标准按其内在联系组合而成的、科学的有机整体。该体系内部标准之间相互支撑，相互制约。中职会计事务专业教学标准体系的构建，要以推进"立德树人"为根本任务，培育会计事务专业核心素养，关注学生适应终身发展和社会发展需要的会计职业关键能力和必备品格。在此基础上，基于以下政策理论，将信息化教学手段引入教学领域，构建教学标准体系。

第一，科教融汇，提升学生专业核心素养。

"科教融汇"是党的二十大报告提出的一个创新性表述，教育部职成司领导提到，"要坚持以科教融汇为新方向，服务创新驱动战略"。就现状来看，科研工作是职业教育发展中较为薄弱的一个环节，相较科技创新与产业技术研发的实际需求，中职现有的课程体系、教学方式和实习实训内容相对滞后。为了解决这一问题，构建会计事务专业教学标准体系时，既要将科技创新融入专业教学，培养学生的科研兴趣，也要优化专业课程体系、资源配置方式，通过创新创业与教育教学、实践实训的有机融合，全面提高学生的创新精神和创新能力，从而有效提升学生专业核心素养，真正起到助推现代职业教育高质量发展、职教人才融入新兴技术革命和产业变革的作用。

第二，产教融合，推动职普协调发展相互融通。

2022年4月，新修订的《职业教育法》指出，"产教深度融合，职业学校教育和职业培训并重，职业教育与普通教育相互融通，不同层次职业教育有效贯通，服务全民终身学习的现代职业教育体系"，进一步明确了职普相互融通的重要性。会计事务专业教学标准体系的构建，要充分考虑到职普之间资源与课程的融合，以产教融合为突破口，促进产业链与教育链供给匹配，提高中职教学质量，推进评价方式改革，搭建职普公平对话、相互交流的平台。

第三，思政融入，重塑专业人才培养目标。

思想政治教育贯穿于人才培养的全过程和各环节，是"立德树人"体系中的重要一环。正所谓"立德树人，思政先行"，会计事务专业教学标准体系的构建绝不能脱离思政，而是要秉承"让思政走进每一个角落，让教育浸润每一名学生"的建设思路，精准施策，明确专业课程思政的建设目标、建设内容，在构建教学标准体系的过程中深入探索将思政主题融入专业课程的教学改革。将课程思政教学实施融入教学方法改革，通过建设"金课"，重构课程内容，深入挖掘思政元素，开发思政载体。在思政融入的基础上构建教学标准体系，重塑专业人才培养目标，彰显育人价值。

第四，赛教融通，推动职业教育高质量发展。

"赛教融通，以赛促教"是职业教育培育精益求精、追求卓越的工匠精神和爱岗敬业的劳动态度的重要理念。在重构教学标准体系时，应以职业能力为导向，树立"人人皆可参赛"的思想，将赛作为日常教学的一个环节。围绕行业企业对人才的实际需求，将"赛教融通"创新人才培养模式与教学标准体系的构建相结合，系统衔接人才培养方案与技能大赛，以赛促改、以赛促教、以赛促学，全面提高教学质量、提升人才培养质量，为社会培养高素质、高技能的应用型人才。

本书主编受财政行指委委托，参照国家相关标准参与制定全国会计事务专业教学标准，以推动会计专业升级和数字化改造，提高会计人才培养质量。本书基于新版专业目录和专业简介，以武汉市财政学校教师为主体，联合北京东大正保科技有限公司、厦门网中网软件有限公司技术骨干，并邀请全国中职财经类学校的知名教师，参与拟定了会计事务专业的课程标准。共同研讨了大数据时代，在新的专业教学标准和"1+X"证书制度下，会计专业人才培养观念的转变；会计事务专业课程的调整；课程标准引入职业技能等级证书标准；课程改革体现新技术、新工艺、新规范和新要求；保证高质量的教学水平和提升学生的创业就业能力等问题。

武汉市财政学校会计事务专业是国家改革发展示范学校重点建设专业，也是湖北省级重点专业、品牌专业和特色专业，师资力量雄厚，本校学生在会计技能国赛中多次获得一等奖。本书是武汉市财政学校湖北省"双优计划"项目建设成果，也是武汉市教育科学规划课题"'1+X'证书制度下会计事务专业课程改革与人才培养路径"（2021C174）的阶段性成果。编者在课程标准中首次提出了"会计专业核心素养"的内涵，强调学生通过学习应具备的能够适应终身发展和社会发展需要的会计职业关键能力和必备品格。通过课程目标的完成，以达成专业核心素养的养成。2014年3月，教育部在《关于全面深化课程改革落实"立德树人"根本任务的意见》中指出，"教育部将组织研究提出各学段学生发展核心素养体系，明确学生应具备的适应终身发展和社会发展需要的必备品格和关键能力"。由此可见，核心素养主要是指学生应具备的、能够适应终身发展和社会发展需要的必备品格和关键能力。教育部在2020年制订的《普通高中课程方案》中指出，中国学生发展核心素养是党的教育方针的具体化、细化。为建立核心素养与课程教学的内在联系，要充分挖掘各学科课程教学在全面贯彻党的教育方针、落实"立德树人"根本任务、发展素质教育的独特育人价值。在培养学生核心素养方面，要体现课程特征，明确学生学习该学科课程后应达成的正确价值观、必备品格和关键能力，要对知识与技能、过程与方法、情感态度价值观三维目标进行整合。随着信息技术的发展和企业经营管理的需要，会计工作由原来的单一的对资金运动的记录和描述，向业财融合和管理深度发展。传统会计核算中大量基础性、简单重复性工作逐步被人工智能所取代，传统会计核算程序和工作组织都发生了根本性变化，会计行业亟须培养既懂会计又懂业务，同时具备运用大数据挖掘和分析财务数据的复合型人才。所以，会计事务专业的培养目标是培养能够践行社会主义核心价值观，德智体美劳全面发展，具有良好的科学与人文素养、职业道德和精益求精的工匠精神，扎实的文化基础知识、较强的就业创业能力和学习能力，掌握本专业知识和技术技能，面向会计及税务服务业的企事业单位出纳、会计和财税代理服务等岗位群，从事会计核算与监督、财税咨询与服务、会计数据分析与应用的高素质劳动者和技术技能人才。

中职会计人才培养当前应着重于五个方面：定位德技并修及素质教育人才培养新方向；体现专业升级与数字化改造新要求；充分体现书证融通和"岗课赛证"新趋势；掌握新信息技术在会计中的新发展；树立培养学生专业核心素养的新理念。新修订的课程标准突出核心素养导向，将核心素养贯穿于课程设置、课程实施的全过程，基于核心素养确定课程目标，遴选课程内容，研制学业质量标准，确立评价体系。强调核心素养导向，就是要注重培育学生适应终身学习和社会发展所需正确价值、关键能力、必备品格，以及在工作中解决问题的能力。编者尝试将中等职业学校会计事务专业核心素养确立为：会计职业关键能力包括逻辑思维能力、数据处理分析能力、账务处理能力、分析和解决实际问题的能力；必备品格包括爱岗敬业，诚实守信，依法办事，保守秘密，养成严谨细致和客观公正的职业精神，以及搞好服务和参与管理的职业意识。这些会计职业关键能力包括了学生从事会计工作的必备能力，也有走向社会所需要的公共能力，还有从事其他相关行业的可迁移能力。必备品格和职业意识是会计人员所必备的职业操守及职业素养。教师要深刻领会"会计事务专业核心素养"的内涵，将会计事务专业核心素养的培养贯穿于教学的始终，走产教融合育人的新路。

会计数字化转型升级要求会计人员要从传统的记账、算账、报账的简单重复工作，向创造价值的业财融合管理和财务数据挖掘分析延伸。同时，会计工作的组织模式正在由实体单主体向网络虚拟和共享化管理转型。会计人才培养应满足新业态的、新岗位的能力需求。为了实现人才培养目标和培育专业核心素养，中职会计事务专业应重新构建专业基础课程、专业核心课程、专业拓展课程和公共基础课程。会计事务专业重构专业课程体系，要落实"立德树人"的根本任务，还要适应社会经济形势的发展，以及信息技术的突破所引起的业态变化，要对接智能财税新技术和代理服务新业态，同时应考虑X证书的融通、中高职衔接、职教高考的要求、文化的融合等，并应具有一定的前瞻性。

本书新拟定的会计事务专业课程标准是基于中职会计事务专业转型升级要求，力求改变中职会计专业存在的重账务、轻服务；重核算、轻监督；重原理、轻业务等现象，并重点解决以下问题：

1. 专业课程体系体现中高职一体化设计。对接智能财税新技术和代理服务新业态，体现专业升级与数字化改造。

2. 体现书证融通和"岗课赛证"人才综合培养新方向。

3. 提出了专业核心素养的内涵。明确核心素养的培育要求，就是强调教师不仅仅要关注专业知识和技能的传授，更要关注学生价值观和品格的形成。

4. 课程标准结合专业教学标准，引导学生了解新信息技术对会计工作的影响，同时将新技术、新工艺、新规范、典型生产案例纳入教学内容。

5. 充分考虑新课程标准与原中职会计专业教学标准、课程标准的衔接。

本书由武汉市财政学校和厦门网中网软件有限公司策划编写，曾钧担任主编，郑鹏、方毅、徐建宁担任副主编，参加编写的有柯珂、余莉娜、景莹、李娜、刘颖、吕庆、马雪莹、黄亚琴、常莉、丁莎。同时我们邀请了北京、上海、南京、天津、广州、云南、福建等地兄弟学校的骨干教师参加了本书的编写，他们是李颖超（北京市商业学校）、陈强（上海商业会计学校）、周会林（南京财经高等职业技术学校）、林宏（天津市第一商业学校）、陈二军（广州市财经商贸职业学校）、李洁煌（广州市财经商贸职业学校）、蒋荣新（普洱市职业教育中心）、詹朝阳（福建经济学校）、郑秋燕（福建经济学校）。厦门网中网软件有限公司陈艺茹、陈月红、林月香参与了编写和开发。其中来自学校的编者都是长期从事中职会计教学的一线教师，都是资深的"双师型"教师，专业素养深厚，有扎实的科研基础，对职业教育的发展和学情理解深刻，教学经验丰富。企业编写团队则由行业内在财务数智化领域实战经验丰富的资深专业人士组成，他们的参与使本书更加贴合企业实际工作需求。

本书中部分课程标准也适用于纳税事务专业、金融事务专业，可作为兄弟学校进行同类课程教学的依循和改革的借鉴，也可以作为教育科研机构和会计专业教材编写的参考书籍。本书的编写得到武汉市财政学校崔亮校长、武汉市第一商业学校徐俊副校长、武汉软件工程职业学院商学院院长郭黎教授、武汉船舶职业技术学院经济与管理学院院长朱春浩教授，以及合作开发企业北京东大正保科技有限公司、厦门网中网软件有限公司的大力支持，在此表示衷心的感谢。

由于编者水平有限，缺点和疏漏在所难免，敬请读者批评指正。

编者

2023 年 8 月

目录 | Contents

第一部分　中等职业学校会计事务专业简介 ································· 1

第二部分　课程标准 ·· 5

　　专业基础课程标准 ·· 7
　　　　"会计基础"课程标准 ·· 7
　　　　"税收基础"课程标准 ·· 22
　　　　"经济法基础"课程标准 ·· 35
　　　　"电子票据技术应用"课程标准 ······································· 54

　　专业核心课程标准 ·· 65
　　　　"出纳与资金管理"课程标准 ··· 65
　　　　"企业会计实务"课程标准 ·· 79
　　　　"税费计算与智能申报"课程标准 ··································· 96
　　　　"财税代理服务"课程标准 ·· 109
　　　　"会计信息系统应用"课程标准 ······································ 123
　　　　"会计信息系统运营服务"课程标准 ································ 136
　　　　"财务数据分析"课程标准 ·· 148

　　专业拓展课程标准 ·· 160
　　　　"成本核算与管理"课程标准 ··· 160
　　　　"商品流通企业会计"课程标准 ······································ 174

"财经文员事务办理"课程标准 …………………………………………… 188

"新媒体数字营销"课程标准 ……………………………………………… 201

"统计技术应用"课程标准 ………………………………………………… 215

"财务机器人应用"课程标准 ……………………………………………… 227

"大数据基础"课程标准 …………………………………………………… 236

选修课程标准 …………………………………………………………………… 247

"会计信息系统应用综合实训"课程标准 ………………………………… 247

"智能财税共享服务综合实训"课程标准 ………………………………… 265

第一部分

中等职业学校会计事务专业简介

中等职业学校会计事务专业简介

7303　财务会计类

专　业　代　码：730301
专　业　名　称：会计事务
基本修业年限：三年

职业面向

面向会计专业人员职业，企业事业单位出纳、会计和财税代理服务、会计信息系统运营服务等岗位（群）。

培养目标定位

本专业培养德智体美劳全面发展，掌握扎实的科学文化基础和企业经营、会计管理等知识，具备会计核算与监督、财税咨询与服务、财务数据分析与应用等能力，具有工匠精神和信息素养，能够从事企业事业单位出纳、会计与财税代理服务、会计信息系统实施等工作的技术技能人才。

主要专业能力要求

（1）掌握票据法规知识和电子票据处理基本技能，具有企业主要经济业务票据识别、票据影像化处理以及电子发票开具等票据处理的能力；

（2）掌握资金结算与内控管理知识，具有企业收支业务办理、出纳业务处理和往来资金管理的能力；

（3）掌握企业日常经营活动基本业务流程和会计核算方法，具有主要经济业务会计确认、计量、报告以及实施会计监督的能力；

（4）掌握财税、金融等法律法规知识，具有财税咨询与服务、发票开具、票据录入分类整理、代办企业工商登记、企业税务登记及社保等会计事务的能力；

（5）掌握会计信息系统主要功能、应用方法与工作规范，具有办理智能财务全业务流程、业财核算与监督、应用财务机器人进行辅助核算与管理、会计信息系统环境搭建、业务流程与基础数据调查整理、日常运营服务的能力；

（6）掌握财务数据分析的基本方法和常用分析工具，具有企业经营数据、财务报表数据分析并对数据分析结果进行可视化呈现的能力；

（7）掌握从事本专业职业活动相关的国家法律及行业规定，掌握环境保护、数据安全、质量管理等相关知识与技能，具有履行社会责任的能力；

（8）爱岗敬业、诚实守信、廉洁自律、坚持准则，具有严谨细致、客观公正的职业精神和强化服务、参与管理的职业意识；

（9）具有终身学习和可持续发展的能力。

主要专业课程与实习实训

专业基础课程："会计基础""税收基础""经济法基础""电子票据技术应用"。

专业核心课程："出纳与资金管理""企业会计实务""税费核算与智能申报""财税代理服务""会计信息系统应用""会计信息系统运营服务""财务数据分析"。

实习实训：对接真实职业场景或工作情境，在校内外进行企业沙盘模拟经营、会计电子票据处理、会计信息系统应用、智能财税共享服务等综合实训。在独立设置财务机构的中小微企业、财税服务中介机构、集团财务共享中心等单位（场所）进行岗位实习。

职业类证书举例

职业技能等级证书：智能财税、财务共享服务、业财一体信息化应用。

接续专业举例

接续高职专科专业举例：财税大数据应用、大数据与财务管理、大数据与会计、大数据与审计、会计信息管理。

接续高职本科专业举例：财税大数据应用、大数据与财务管理、大数据与会计、大数据与审计。

接续普通本科专业举例：会计学。

第二部分

课程标准

专业基础课程标准

"会计基础"课程标准

课程名称	会计基础	课程类别	专业基础课
适用专业	会计事务、金融事务、纳税事务	学时 学分	108 学时 6 学分

一、课程性质与设计思路

（一）课程性质

"会计基础"课程是会计事务专业的专业基础课程。本课程是会计事务专业的入门课程，是根据初学者对会计职业认知的要求和会计核算岗位的基本要求设置的。本课程依据我国《会计法》和《企业会计准则》及先进的会计理论、方法，结合最新颁布的会计法规、税收制度等，全面、系统、科学地介绍会计的基本理论和基本知识、会计核算的基本方法和基本技能。通过本课程的学习，逐步培养学生的会计思维，熟悉会计工作流程，能够读懂会计这门商业语言，养成遵纪守法、严谨细致的工作作风，具备会计工作的基本职业能力。

（二）设计思路

本课程的总体设计思路是在对会计岗位的工作任务分析和调查的基础上，以企业的会计工作过程为导向，以典型会计工作任务为载体，强调学生的主体地位和能力培养，重视工作任务的完成和训练，为会计核心课程与其他财经类课程的学习打下坚实的基础，并能适应会计相关岗位群的需要。教学内容方面突出学生应用能力的培养，强调理论必须、技能够用。遵循从简单到复杂、由具体到抽象的认知规律，进行课程教学内容的设计和安排。本课程结合中等职业教育会计事务专业教学标准，引导学生初步了解新信息技术对会计工作的影响，同时将新技术、新模式、新规范以及典型生产案例纳入教学内容。教学组织方面倡导任务驱动、知行合一、理实一体化教学，以提高学生解决实际问题的能力。

二、专业核心素养与课程目标

（一）专业核心素养

会计事务专业核心素养，是指学生通过学习具备能够适应终身发展和社会发展需要的会计职业关键能力和必备品格。会计职业关键能力包括逻辑思维能力、企业运营及资金运动的空间想象能力、数据处理分析能力、账务处理能力、分析和解决实际问题的能力。必备品格包括爱岗敬业、诚实守信、依法办事、保守秘密，养成严谨细致和客观公正的职业精神，以及搞好服务和参与管理的职业意识。

（二）课程目标

通过本课程的学习，使学生树立正确的人生观、价值观，能正确认识会计职业在社会经济发展中的重要作用，培养学生的会计逻辑思维能力和企业运营及资金运动的空间想象能力；理解会计的职能、任务、对象、要素；掌握会计基本理论、会计信息质量要求、会计核算流程和会计核算方法，能运用借贷记账法记录主要经济业务事项，能编制资产负债表和利润表，能阅读现金流量表；树立职业观念，初步养成财经法律意识，遵守会计职业道德；了解会计文化及新信息技术对会计工作的影响，具有一定的分析问题和解决问题的能力。

三、本课程在专业课程体系中的位置

会计事务专业课程设置主要包括公共基础课程和专业课程。专业课程一般包括专业基础课程、专业核心课程、专业拓展课程，并涵盖实训等有关实践性教学环节。思政教育和会计文化融入课程内容。本课程在专业课程体系中的位置如下图所示。

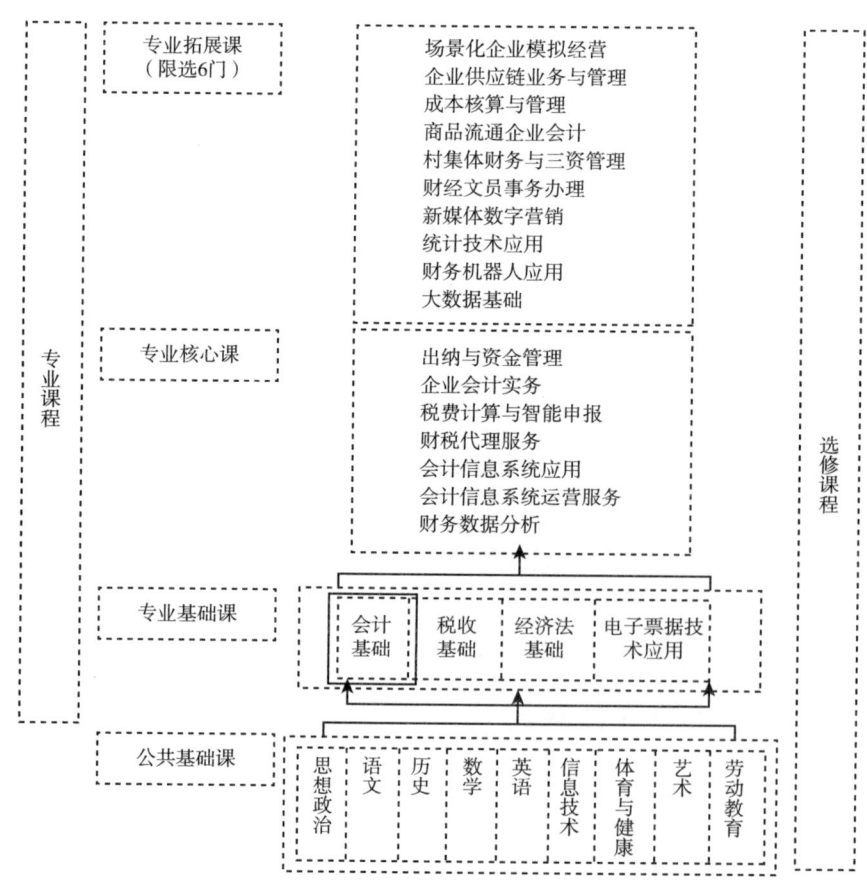

四、课程内容与学时安排

（一）课程内容

"会计基础"课程内容

序号	教学模块	教学内容描述	能力要求	课时
1	认知企业和会计	• 企业生产经营流程 • 会计的概念和特点 • 会计的基本职能和会计对象 • 会计的任务和直接成果 • 会计等式 • 资产负债表和利润表的编制依据和基本结构 • 会计要素的分类和具体内容 • 经济业务所引起的资产与权益变化的类型及对会计基本等式产生的影响 • 会计发展的基本阶段 • 会计"1+X"证书制度 • 大数据思维及大数据技术的概念	• 能判断企业类型，熟悉企业生产经营流程 • 熟悉会计的对象、任务和成果 • 能理解企业的资金循环和资金周转 • 掌握资产负债表和利润表的编制依据，熟悉资产负债表、利润表和现金流量表的基本结构 • 熟练掌握"资产＝负债＋所有者权益""利润＝收入－费用"等会计等式 • 能理解会计要素的分类，掌握会计要素的具体内容 • 能理解经济业务所引起的资产与权益变化的类型 • 能分析经济业务的发生对会计基本等式产生的影响 • 对会计"1+X"证书有基本了解	12课时
2	明确会计流程与会计信息质量要求	• 会计的日常工作流程 • 会计机构和会计工作岗位的设置 • 会计核算方法的内容 • 会计核算的基本前提 • 权责发生制与收付实现制 • 会计信息质量要求与会计计量属性 • 会计法规对会计工作的规定 • 代理记账 • 现代信息技术对会计的影响	• 知晓会计的日常工作流程 • 熟悉会计机构和会计工作岗位的设置 • 知晓会计核算方法的具体内容，以及相互关系 • 能掌握会计核算的基本前提 • 能知晓和运用权责发生制与收付实现制 • 能知晓会计信息质量要求与会计计量属性 • 能识别会计违法行为，知晓总会计师、会计师和注册会计师的职能定位	8课时
3	设置账户和复式记账	• 会计科目设置原则和会计科目的分类 • 会计账户的含义与分类 • 借贷记账法的账户结构和记账规则 • 借贷记账法的试算平衡	• 能明确会计科目的含义，掌握会计科目类别 • 能根据企业经济业务，确定运用的总分类科目和明细分类科目 • 能明确账户设置的方法，掌握账户各项目、数据之间的关系 • 会登记T型账户 • 能掌握借贷记账法，会正确编制会计分录 • 能熟练编制试算平衡表	10课时

续表

序号	教学模块	教学内容描述	能力要求	课时
4	记录主要经济业务事项	• 企业主要经济业务的会计核算内容 • 资本的增减 • 款项和有价证券的收付 • 财产物资的收发、增减和使用 • 债权、债务的发生和结算 • 成本和费用的发生 • 收入的实现 • 财务成果及账务处理 • 主要经济业务事项的工作步骤	• 能了解款项收付的基本内容，掌握"库存现金""银行存款""其他货币资金"和"交易性金融资产"的账户设置，能通过编制会计分录，如实记录企业发生的款项和有价证券的收付业务 • 能了解资本的内容，知晓"实收资本""资本公积"等相关账户的设置，通过编制会计分录，如实记录企业资本的增减 • 能了解财产物资的范围，掌握"原材料""在途物资""应交税费""库存商品""固定资产""累计折旧"等相关账户的设置；熟悉增值税的计税原理，会计算材料物资的采购成本；能通过编制会计分录，如实记录企业财产物资的增减和使用情况 • 能了解企业债权、债务的范围，知晓"应收账款""应付账款""应付职工薪酬""短期借款""长期借款"等相关账户的设置，通过编制会计分录，如实记录企业债权、债务的发生和结算 • 能了解产品生产成本的内容，能正确计算产品的生产成本，知晓"生产成本""制造费用""主营业务成本""管理费用""财务费用""销售费用""税金及附加"等相关账户的设置，通过编制会计分录，如实记录企业发生的成本和费用 • 能了解企业收入的内容，知晓"主营业务收入""其他业务收入""合同资产""合同负债""预收账款"等相关账户的设置，通过编制会计分录，如实记录企业实现的收入 • 了解利润的构成，能正确计算利润总额、所得税和净利润，能准确提取盈余公积，知晓"本年利润""所得税费用""利润分配"等相关账户的设置，知晓利润分配的顺序和内容，能通过编制会计分录，如实记录企业实现的财务成果 • 能看懂主要经济业务事项的工作步骤流程图，树立业财融合和内部控制的理念	26课时

续表

序号	教学模块	教学内容描述	能力要求	课时
5	填制和审核会计凭证	• 会计凭证的含义及作用 • 原始凭证的基本要素和种类 • 填制和审核常见的原始凭证 • 记账凭证的基本要素和种类 • 填制和审核主要经济业务的记账凭证 • 会计凭证的传递和保管 • 电子单证的生成与智能记账	• 能辨析会计凭证的种类,知晓会计凭证的基本要素 • 会填制和审核常见的原始凭证 • 能通过审核原始凭证,正确选择和填制记账凭证 • 了解会计凭证的传递程序,知晓会计凭证的保管方法,会装订会计凭证	8课时
6	登记会计账簿	• 会计账簿的含义及基本内容 • 账簿的启用和登记规则 • 账簿种类及使用范围 • 登记会计账簿的方法 • 总分类账与明细分类账的平行登记原理 • 错账更正方法 • 对账和结账 • 会计账簿的更换与保管 • 电子账簿的生成	• 知晓账簿登记规则,会填写账簿使用登记表 • 能辨别不同类型的账簿,知晓各种账簿的使用范围 • 会熟练登记日记账、总账、明细账;了解备查账的登记方法 • 知晓总分类账与明细分类账的区别与联系,会进行平行登记的操作 • 了解查找错账的方法,能选用正确方法完成错账更正 • 能完成对账和结账工作 • 了解会计账簿的更换方法,知晓会计账簿保管的具体要求	12课时
7	进行财产清查	• 财产清查的意义 • 进行财产清查前的准备工作 • 财产清查的种类 • 财产清查方法 • 财产清查结果的处理 • 特殊类型存货的盘点方法	• 了解财产清查的意义,熟悉财产物资的盘存制度 • 清楚财产清查前的准备工作内容 • 熟悉财产清查的种类,掌握财产清查方法 • 会编制清查库存现金盘点报告表、银行存款余额调节表、实存账存对比表、往来款项对账单 • 了解财产清查的处理程序,熟悉财产清查设置的账户,掌握库存现金及实物资产清查结果的账务处理	8课时
8	编制财务报表	• 财务报表的含义及构成 • 财务报表的作用 • 财务报表的种类和编制要求 • 编制和阅读资产负债表 • 编制和阅读利润表 • 阅读现金流量表 • 报送财务报表的步骤 • 会计档案的归档与管理 • 会计人员的工作交接 • 会计电子档案 • 报表数据的可视化呈现	• 明确财务报表的种类、作用和编制要求 • 掌握资产负债表的结构,会编制和阅读资产负债表 • 掌握利润表的结构,会编制和阅读利润表 • 能阅读现金流量表 • 明确企业财务报表报送的目的和报送对象,知晓财务报表报送的工作流程 • 熟悉会计档案的内容、保管期限以及	12课时

续表

序号	教学模块	教学内容描述	能力要求	课时
			归档、保管要求，明确会计人员工作交接的要求和程序 • 了解会计电子档案的要求 • 了解报表数据的可视化呈现形式	
9	运行会计账务处理程序	• 会计账务处理程序的含义及种类 • 主要账务处理程序的特点、优缺点和适用范围 • 主要账务处理程序的一般步骤 • 采用记账凭证账务处理程序进行账务处理 • 采用科目汇总表账务处理程序进行账务处理 • 财务共享服务中心	• 熟悉记账凭证、科目汇总表和汇总记账凭证账务处理程序，并能够根据企业的实际情况选择恰当的账务处理程序 • 熟悉记账凭证账务处理程序的工作流程，能设计合适的工作方案 • 能编制科目汇总表，并能够根据科目汇总表登记总账 • 能够区分科目汇总表账务处理程序和其他账务处理程序的区别 • 了解财务共享服务中心的业务处理流程	12 课时
	合计			108 课时

（二）学时安排与学分

"会计基础"课程共计 108 学时，每 18 学时折算 1 学分，共 6 学分。

五、学业质量

（一）学业质量内涵

学业质量是学生在完成课程学习后的学业成就表现。"会计基础"课程学业质量标准是以会计事务专业核心素养及其表现水平为主要维度，结合课程内容，对学生"会计基础"课程学业成就表现的总体刻画。根据项目任务的复杂程度、知识和技能的结构化程度、分析和解决问题的能力等不同水平学业成就表现的关键特征，"会计基础"课程学业质量标准将学业质量划分为不同水平，并描述了不同水平学习结果的具体表现，不同水平之间具有由低到高逐渐递进的关系，体现课程结束时学生达到的水平，为核心素养评价提供基本依据。

（二）学业质量水平

"会计基础"课程学业质量水平是"会计基础"课程目标的综合表现。"会计基础"课程目标划分为三个不同水平，每一个水平是通过专业核心素养的具体表现和体现课程目标的三个方面进行表述的。会计事务专业核心素养的具体表现参见"专业核心素养与课程目标",完成课程目标包括与会计事务专业核心素养相关的专业知识、专业技能和社会能力三个方面。

学业质量水平分为优秀、合格和不合格。质量描述中：水平一为合格；水平二为优秀；未达到水平一的为不合格。

	"会计基础"课程学业质量描述	
	水平一	水平二
专业知识	①了解制造业和现代服务业等行业的特点，了解企业生产经营流程；知晓会计的特点、会计的职能和对象；知晓会计的任务和成果；掌握会计等式；熟悉会计要素的分类 ②了解会计文化及新信息技术对会计工作的影响 ③了解会计的日常工作流程以及会计核算方法；知晓会计核算的基本前提；知晓权责发生制；了解会计信息质量要求与会计计量属性；熟悉会计法规对会计工作的要求以及会计人员职业道德内容 ④了解设置科目和账户的意义，识记大部分常用会计科目名称，掌握会计科目类别，了解会计账户和会计科目的关系 ⑤了解企业主要经济业务的会计核算内容；知晓需要设置的主要会计账户；掌握基本经济业务事项的会计处理 ⑥知晓会计凭证的概念、种类和基本要素；掌握填制和审核会计凭证的方法；了解会计凭证的传递和保管方法 ⑦知晓会计账簿的概念；理解会计账簿登记规则；了解会计账簿的分类，基本能够正确选择各种账簿；了解对账的基本内容和结账的方法 ⑧知晓财产清查的概念和种类；理解财产物资的盘存制度；掌握财产清查方法和财产清查结果的账务处理 ⑨知晓财务报表的概念、种类、作用和编制要求，了解财务报表的内容，了解资产负债表和利润表的编制方法，了解现金流量表的结构，了解会计档案管理的有关规定 ⑩了解会计账务处理程序的概念，基本掌握记账凭证账务处理程序和科目汇总表账务处理程序	①熟悉制造业和现代服务业等行业的特点，熟悉企业生产经营流程；理解会计的特点、会计的职能和对象；理解会计的任务和成果；掌握会计等式；掌握会计要素的分类 ②知晓会计文化及新信息技术对会计工作的影响 ③熟悉会计的日常工作流程，掌握会计核算方法；明确会计核算的基本前提；掌握权责发生制；熟悉会计信息质量要求与会计计量属性；掌握会计法规对会计工作的要求以及会计人员职业道德内容，能识别会计违法行为 ④理解设置科目和账户的意义，准确识记会计科目名称，掌握会计科目类别，明确会计账户和会计科目的关系；知晓设置科目和会计账户对会计核算的重要性 ⑤掌握企业主要经济业务的会计核算内容；明确需要设置的会计账户；掌握常见经济业务事项的会计处理 ⑥掌握会计凭证的概念、种类和基本要素；掌握填制和审核会计凭证的方法；掌握会计凭证的传递和保管方法 ⑦熟悉会计账簿的概念；理解会计账簿登记规则；明确会计账簿的种类，会正确选择各种账簿；掌握对账的基本内容和结账的方法 ⑧掌握财产清查的概念和种类；熟悉财产物资的盘存制度；掌握财产清查方法和财产清查结果的账务处理 ⑨掌握财务报表的概念、种类、作用和编制要求，熟悉财务报表的内容，掌握资产负债表和利润表的编制方法，熟悉现金流量表的结构，了解会计档案管理的有关规定 ⑩理解会计账务处理程序的概念，熟悉记账凭证账务处理程序和科目汇总表账务处理程序

续表

	"会计基础"课程学业质量描述	
	水平一	水平二
专业技能	①能应用借贷记账法，根据会计账户的性质，判断其借贷方向；初步检查会计分录的正确性；能登记T型账户，并进行结账 ②能使用借贷记账法，在教师引导下分析工业企业供应过程、生产过程、销售过程等环节的主要经济业务性质并独立编制相应会计分录，进行试算平衡 ③了解主要经济业务事项的工作步骤流程图，初步树立业财融合和内部控制的理念 ④能计算材料采购成本；计算生产经营活动中实现的收入、发生的成本和费用；计算企业在一定会计期间内的经营成果 ⑤能审核和填制常见原始凭证 ⑥能审核和填制主要经济业务的记账凭证 ⑦能进行各种账簿的基本登记及错账更正 ⑧熟悉财产清查的基本原理，能根据库存现金、存货、固定资产盘盈和盘亏的实际情况，编制审批前和审批后的会计分录；会编制银行存款余额调节表 ⑨能填列资产负债表和利润表中的主要项目 ⑩能完成记账凭证账务处理程序和科目汇总表账务处理程序工作	①能正确应用借贷记账法，根据会计账户的性质，准确判断其借贷方向；能分析经济业务，检查会计分录的正确性；准确登记T型账户，并进行结账 ②能正确运用借贷记账法，分析工业企业供应过程、生产过程、销售过程等环节的主要经济业务性质并准确编制相应会计分录，进行试算平衡 ③熟悉主要经济业务事项的工作步骤流程图，树立业财融合和内部控制的理念 ④能正确计算材料采购成本；正确计算生产经营活动中实现的收入、发生的成本和费用；准确计算企业在一定会计期间内的经营成果 ⑤能审核和填制常见原始凭证 ⑥能审核和填制主要经济业务的记账凭证，并完成会计凭证的传递和保管工作 ⑦能熟练运用账簿登记规则进行各种账簿的登记；能选用正确方法进行错账更正 ⑧掌握财产清查方法，能根据库存现金、存货、固定资产盘盈和盘亏的实际情况，编制审批前和审批后的会计分录；能熟练编制银行存款余额调节表 ⑨能熟练编制资产负债表和利润表，并能进行简要分析；了解现金流量表 ⑩能熟练完成记账凭证账务处理程序和科目汇总表账务处理程序工作
	水平一	水平二
社会能力	①具有基本的逻辑思维能力和企业运营及资金运动的空间想象能力 ②初步形成爱岗敬业、诚实守信、严谨细致、客观公正的职业精神，能依法办事、保守秘密、重视诚信 ③基本养成搞好服务和参与管理的职业意识 ④了解会计文化，遵守会计职业道德、会计准则和行为规范，坚持原则，具备一定的社会责任感和担当精神 ⑤有一定自我管理能力，基本遵守课堂纪律、基本能完成工作任务和课后作业	①具有较强的逻辑思维能力和企业运营及资金运动的空间想象能力 ②具备爱岗敬业、诚实守信、严谨细致、客观公正的职业精神，能依法办事、保守秘密、重视诚信 ③养成搞好服务和参与管理的职业意识，关注市场、初步形成认知财经政策的意识 ④了解会计文化，遵守会计职业道德、会计准则和行为规范，坚持原则，具备社会责任感和担当精神，初步养成精益求精的工匠精神

续表

	"会计基础"课程学业质量描述	
	水平一	水平二
社会能力	⑥具备基本的沟通能力，能完成基本的学习活动；具备一定的知识迁移能力 ⑦具有基本的团队意识，服从工作安排	⑤自我管理能力强，课堂组织纪律性强、按时且认真完成工作任务和课后作业 ⑥沟通能力强，在学习过程中遇到问题能够虚心求教，耐心倾听别人的意见；具备较强的知识迁移能力 ⑦有较强的团队意识，服从工作安排，人际关系和谐，团结协作精神强

六、课程实施

（一）教学要求

中等职业学校"会计基础"课程教学要全面落实"立德树人"的根本任务，深入挖掘中职会计专业的育人价值，树立以发展学生会计事务专业核心素养为导向的教学意识，遵循教学规律，始终把促成专业核心素养的形成和发展作为主要目标，将会计事务专业核心素养的培养贯穿于教学活动的全过程。在教学活动中，教师应准确把握课程目标、课程内容、学业质量的要求，合理设计教学目标、教学方法、教学过程和教学评价，积极进行教学反思，通过相应的教学实施，在学生掌握专业知识和专业技能的同时，促进会计事务专业核心素养的提升及水平的达成。在教学实践中，要不断探索和创新教学方式，不仅重视如何教，更要重视如何学，引导学生养成良好的学习习惯，努力激发学生学习会计的兴趣。

1. 要制定突出会计事务专业核心素养的教学目标

会计事务专业核心素养是"会计基础"课程目标的集中体现，是在课程学习的过程中逐步形成的。教师在制定教学目标时要充分关注会计事务专业核心素养的达成；要深入理解会计事务专业核心素养的内涵、表现、水平及其相互联系；要结合实际教学任务，思考会计事务专业核心素养在教学活动中的孕育点、生长点；要注意会计事务专业核心素养与具体教学内容的关联；要关注会计事务专业核心素养目标在教学中的可实现性，探索其融入教学内容和教学过程的具体方式及载体，在此基础上确定教学目标。

学生的会计事务专业核心素养水平的达成，具有阶段性、连续性和整合性。教师应理解会计事务专业核心素养水平在不同专业课程中的具体要求和表现，不仅关注每一节课的教学目标，更要关注项目、任务的教学目标，明确这些目标对会计事务专业核心素养发展的贡献。在确定教学目标时，要把握好学生会计事务专业核心素养发展各阶段目标之间的关系，合理设计本课程教学目标。教学中要引导学生理解专业基础知识，掌握专业基本技能，积累专业基本实践经验，提升社会能力，促进学生会计事务专业核心素养的不断提升。

2. 整体把控课程教学内容，促进会计事务专业核心素养的持续发展

会计事务专业核心素养的发展兼有阶段性和连续性。教师要以会计事务专业核心素养为

导向，明确教学目标的要求和课程内容的重难点，教学过程循序渐进，抓住以"证账表"为脉络的会计账务处理程序主线，明晰"会计基础"课程在形成会计事务专业核心素养中表现出的阶段性和连续性。

"会计基础"课堂教学活动与课后探究活动是综合提升会计事务专业核心素养的载体。教师应对其进行整体设计，引导学生在活动过程中积累、发现、提出问题，培养学生分析和解决问题的能力，养成学生独立思考与合作交流的习惯。同时，在教学活动中，教师应有意识地结合实际教学内容，介绍会计在社会发展中的作用，将会计文化渗透、融入日常教学活动。潜移默化地引导学生遵守国家法律法规，坚守会计职业道德，提升学生的社会适应能力和人文素养。

3. 要创设有利于发展会计事务专业核心素养的教学情境和工作任务

基于会计事务专业核心素养的教学活动应该把握专业实质，创设合适的教学情境、设计合适的工作任务，引发学生思考、交流与完成，培育会计事务专业核心素养。教学情境和工作任务应当是多样的、多层次的。

在教学活动中，应结合教学项目、会计岗位工作任务及其蕴含的会计事务专业核心素养，将理论与实践相结合，设计出合适的教学情境和工作任务，引导学生观察现象、发现问题，能用会计的思想、方法解决问题，初步形成专业素养。在解决问题的过程中，理解教学内容的实质，提高动手能力，促进学生会计事务专业核心素养的形成和发展。

4. 采用多样化教学方式，为学生创设自主、合作、探究式的学习条件

教师要把培养、发展学生学习能力作为教学活动的重心，在教学过程中主动创设条件来发展学生学习能力，积极探索有利于促进学生学习的多样化教学方式。要善于根据不同的项目和任务采用不同的教学方式，抓住关键的教学与学习环节，增强教学效果。帮助学生在学习"会计基础"课程的过程中，初步形成自主学习、合作学习和探究式学习的能力。

在教学中，教师要有意识地给予学生指导，为学生创设支持和激励的学习环境。课前合理布置自学任务，课中组织小组合作学习、共同探究，课后丰富作业形式，提高作业质量，布置适量的拓展性作业。密切关注学生是否通过学习初步形成专业结构化知识，促使学生在教学活动中以合作和探究的方式获得专业知识、发展专业技能、提高专业能力、形成健康人格，强调学生之间相互促进、共同提高，从而培养学生自主、合作、探究的学习能力。

此外，教师应在教学过程中加强学习方法指导，培养学生自主学习的能力，帮助学生感受学习会计知识的价值和意义，学会选择适合自己的学习方法和学习策略，鼓励学生主动参与学习活动并养成自我反思的习惯。

5. 运用信息技术，拓宽学习渠道，探索"互联网+"时代教与学的转变

在"互联网+"时代，信息技术的广泛应用正在对会计专业教学产生重大影响。教师要重视信息技术的运用，积极探索基于信息化的教学改革。要把握好技术与"会计基础"课程教学的关系，合理利用信息技术，注重信息技术与"会计基础"课程的深度融合，结合会计专业"1+X"证书制度，书证融通，借助信息技术优化整合课堂教学，转变教学与学习方式，创设线上线下一体化的"混合式"学习生态，形成虚拟仿真学习环境，帮助学

生有效地投入会计实践学习，促进学生在信息化环境中主动学习。同时，对信息化环境下的"会计基础"课程教学模式，仍需从教学流程、教学资源、教学支持等影响学生学习的各种要素所发生的新变化持续进行探索。

（二）师资条件

1. 专任教师

（1）符合中等职业学校专业课教师的任职条件，具备中等职业学校教师的基本素养和道德要求，热爱教育事业，具有强烈的责任心和使命感。能够落实课程思政要求，挖掘专业课程中的思政教育元素和资源。

（2）具有高度的敬业精神和专业精神，会计理论功底扎实，具有会计岗位工作经验，熟悉国家会计法律法规知识和企业会计准则。

（3）具有会计、财务管理等相关专业学历，精通各行业会计核算业务的理论知识，能熟练开展会计核算工作，熟练操作会计电算化软件。

（4）具备一定的表达能力，能理实结合、深入浅出、通俗易懂地进行教学，能运用各种教学手段和教学工具指导学生进行理论学习和开展实践教学。

（5）具有较强的教科研能力，能够运用信息技术开展混合式教学等教法改革；能够跟踪新经济、新技术发展前沿，开展社会服务。专业教师每年至少1个月在企业或生产性实训基地锻炼，每5年累计不少于6个月的企业实践经历。

（6）学生数与专任教师数比例不高于20∶1，专任教师中具有高级专业技术职务人数不低于20%，"双师型"教师占专业课教师数比例应不低于50%。

2. 兼职教师

（1）主要从本专业相关行业企业的高技术技能人才中聘任，应具有扎实的专业知识和丰富的实际工作经验，能针对企业的实际情况进行会计账务实践教学。

（2）原则上应具有中级及以上专业技术职务或在市级及以上职业技能竞赛中获奖。

（3）了解教育教学规律，能承担专业课程教学、实习实训指导和学生职业发展规划指导等专业教学任务，具有较强的教学组织能力。

（三）实践教学

1. 实训场地

配备多媒体教学设备、计算机及网络设备、电子沙盘实训软件等设备、扫描仪、高拍仪、票据打印机、票据装订机、电子开票系统、电子票据识别系统等设备及软件的会计基本技能实训室。

2. 实训工具设备

配备会计工作所需的各类办公设施及基本文具，如打印机、扫描仪、计算器、文件柜及各种日常耗材等。配置具有网络、能够流畅运行实训软件的计算机设备。

3. 实训软件

配备具有工业企业常见经济业务账务处理功能的会计仿真核算软件。

4. 仿真实训资料

配备各种空白原始凭证（如增值税专用发票、增值税普通发票、领料单、入库单、差旅费报销单、通用报销单等）、通用记账凭证、会计账簿、科目汇总表、资产负债表和利润表。配备仿真的工业企业经济业务资料及其他相关资料。

（四）教学方法

本课程主要使用下列教学方法：

1. 任务驱动教学法

任务驱动教学法是指在学习过程中，紧紧围绕一个共同的任务活动中心，在强烈问题动机驱动下，通过对学习资源的积极主动应用，进行自主探索和互动协作的学习，并在完成既定任务的同时，引导学生产生一种学习实践活动。

2. 案例教学法

案例教学法是一种通过模拟或者重现现实生活中的一些场景，让学生把自己纳入案例场景，通过讨论或者研讨来进行学习的教学方法。教学中既可以通过分析、比较，研究各种各样成功的经验，从中抽象出某些一般性的结论或原理，也可以让学生通过自己的思考或者他人的思考来拓宽视野，丰富知识。

3. 讲授法

讲授法是教师通过口头语言向学生描绘情境、叙述事实、解释概念、论证原理和阐明规律的教学方法。

4. 直观教学法

直观教学法是利用教具作为感官传递物，通过一定的方式、方法向学生展示，达到提高学习的效率或效果的一种教学方式。

（五）教学手段

为了达到预期教学目的，本课程结合教学内容，主要采用以下现代化教学手段：

1. 多媒体教学手段

多媒体教学手段是指在教学过程中，根据教学目标和教学对象的特点，通过教学设计，合理选择和运用现代教学媒体，并与传统教学手段有机组合，共同参与教学全过程，以多种媒体信息作用于学生，形成合理的教学过程结构，达到最优化的教学效果。常见多媒体教学手段主要包括电子课件、音频、视频、Flash 动画演示、教学软件等。

2. 网络教学手段

网络教学作为新兴的教学手段，有着自身的特点和优势。"会计基础"课程教学应充分利用网络，发挥网络教学的优势，拓展实践教学的平台。利用网络教学资源和网络教学平台指导学生开展学习，调动学生学习兴趣，提高学习效率。

（六）教材要求

（1）从国家教育行政部门发布的规划教材目录中选用。不得选用盗版、盗印教材。

（2）选用的教材要以习近平新时代中国特色社会主义思想为指导，贯彻国家"三教"改革精神，落实"立德树人"根本任务，充分体现社会主义核心价值观，有助于中职学生形成正确的世界观、人生观、价值观。

（3）选用的教材要充分体现时代特点和现代意识，同时适应中职学生的认知特点，充分考虑学生身心发展需要，有助于培养学生的社会责任感、动手实践能力和创新创业精神，有助于学生形成良好的个性和健全的人格。

（4）选用的教材要全面体现"会计基础"课程标准的理念和要求，有机融合会计事务专业核心素养，符合会计事务专业核心素养发展规律。既要关注学生学习会计知识的结果，也要注重学生在学习过程中对专业技术和会计文化的理解与体验，更要体现学生在学习过程中的参与程度、参与水平和情感态度。

（5）选用的教材要适合线上线下教育，能发挥传统教学手段和网络教学手段各自的优势，促进教学资源的有效运用，有利于学生运用多种媒介和信息技术开展自主、合作与探究式学习，优化课程实施。

（6）倡导使用新型活页式、工作手册式教材并配套开发信息化资源，以实现多样化的教材形态，促进教学手段的更新。同时形成纸质教材、电子资料、网络资源相结合的立体化教材体系。

（七）配套课程资源与利用

中等职业学校"会计基础"课程配套资源的开发与利用应充分考虑学生的身心发展特点，依据教育性、科学性、发展性的原则，符合教学规律要求，倡导合作共享、因地制宜地开发教学资源，提高教学质量，以利于教学目标的达成。

"会计基础"课程资源，可以是与教材配套的纸质习题文本，也可以是多媒体资源、网络资源。教师要充分利用现代信息技术，积极开发与利用各种课程资源，制作课堂教学PPT，开发微课、视频、音频等资源，整理、优化课程资源库，逐步形成完善的立体化课程资源体系，为学生自主学习提供更多的机会和途径，鼓励学生创新思维和专业知识的整合，提高学生学习积极性。

同时，教师依托校园网络平台，向学生提供直播课程、录播课程、线上练习、在线答疑等多种形式的网络教学资源，优化教与学活动，推动课程教学的优化实施，引导学生在学习过程中结合上述资源进行自主、合作、探究式学习，为进一步开展线上线下混合式教学创造条件。学生在学习过程中实际生成的各种问题、拓展材料及学生成果等，也是一种有意义的课程资源。要充分利用校企合作平台开展教学活动，通过与相关企业的合作，结合学校实训基地或"校中厂"资源，给学生提供参观、访问企业的机会。

（八）线上教学安排

1. 选用教学平台

教师应根据"会计基础"课程教学内容，结合线上教学方式特点，合理选择使用一个能做到线上线下教学无缝切换的教学平台作为主要线上教学平台。同时，将QQ、微信、钉钉等其他即时通信软件作为备用平台用于课堂应急、临时讨论、即时消息等用途。

2. 准备教学资源

教师应充分发挥主观能动性和创造性，依据"会计基础"课程标准的要求和具体的教学内容，有选择地、创造性地使用、优化、整合资源，助力学生有效学习。要提前谋划，储备资源，通过网盘、U 盘等工具随身携带重要教学资源，做好线上教学的充分准备。

3. 线上教学实施

教师根据"会计基础"课程标准，结合教学对象实际情况，考虑课前课中课后三个环节，与学生进行充分的互动交流，将新变化、新事物、现代信息技术融入线上课程，提高学生上课的参与度和融入感，提高学生的学习效果。

课前通过网络平台将视频、课件及相关资料推送给学生阅览，并给学生布置一定的任务。引导学生主动学习，带着任务听课，提高教学效果。课中由教师讲述重要知识点，配合教学资源，积极引导学生思考，通过弹幕、答题、连麦等手段与学生进行在线互动，让学生真正融入线上课堂。融合思政教学，帮助学生树立正确的价值观、学习观，促进学生健康成长。课后布置与教学内容相匹配的课后作业，通过聊天软件对学生进行课后辅导，为学生答疑解惑。

4. 线上教学的管理

为了保证线上教学的有序开展，课程负责人应在校园网络资源平台建设课程页面，教师通过课程页面发布课程公告、课程学习资源，布置并批改作业，组织课后答疑，及时发布课程过程考核成绩，落实完整的教学过程。通过技术手段对学生进行全过程考核，确保学生到课听课率，保证教学质量。

要严格落实线上教学管理制度。课程负责人应确保线上课程框架体系完整，教学资源内容全面、科学合理、无政治性及学术性错误，严把课程质量关。课程主讲教师应严格按照课程标准和教学计划开展线上教学，不得随意进行线上合班或更换授课时间、授课教师。教务部门定期对课程线上线下混合式教学情况进行抽查，对课程在线建设情况进行普查。

七、教学评价

教学评价是"会计基础"课程教学活动的重要组成部分，贯穿教学过程的始终，其目的是促进学生学习、改善教师教学、完善课程设计、监控学业质量。

（一）以课程目标为评价依据

"会计基础"课程学习评价以课程目标作为评价的主要依据，其根本目的是促进学生专业核心素养的提升。评价应反映"以人为本"的教育理念，不仅要关注学生掌握专业知识、专业技能的程度，关注学生会计事务专业核心素养水平的达成，还要关注学生的学习态度、学习方法和学习习惯的养成，从而衡量课程目标达成情况。

（二）注重评价的多元化

应围绕会计事务专业核心素养和课程目标，依据学业要求选择评价内容，注重多种评价方式有机结合与运用，强调多元评价主体的共同参与，以获取较为全面的评价信息。可以通过学生自评、互评、教师评价等方式进行评价。评价不仅要关注学生外在学习结果，更要关注内在学习品质。要重视过程性评价与终结性评价相结合。教师要有意识地利用评价过程与结果，通过评价引导学生学会学习，发现学生学习的个性特点和具体问题，及时引导，提出有针对性的建议，激发学生学习的动力。同时，依据评价结果反思日常教学，优化教学内容，调整教学策略，完善教学过程，为学生会计事务专业核心素养的发展提供有力支持。

（三）重视评价结果的呈现

教学评价的结果要服务教学、反馈教学、促进教学，评价结果的呈现是评价的重要组成部分。教师要充分利用信息技术，收集、整理、分析有关反映学生学习过程和结果的数据，获取教学的反馈信息，通过多元化的评价方式形成的课后作业记录表、单项专业技能评价表、学习表现评价表、学业总评考核表等结果，能够综合反映学生的会计事务专业核心素养水平。

（四）学业水平考试要求

考试是课程评价的重要组成部分，学业水平考试是评价的重要方式。学业水平考试需要对学生不同阶段的学习成果做出综合评价，进行学分评定。

学习每个模块后，根据本课程标准的学业要求和阶段性学业水平对学生的学习成绩进行评定，并根据成绩结果给予相应学分。

总分	$\Sigma \geqslant 90$	$60 \leqslant \Sigma < 90$	$\Sigma < 60$
评定等级	优秀	合格	不合格

编写人员：曾　钧　武汉市财政学校
方　毅　武汉市财政学校
柯　珂　武汉市财政学校
审核人员：郑　鹏　武汉市财政学校

"税收基础"课程标准

课程名称	税收基础	课程类别	专业基础课
适用专业	会计事务、金融事务、纳税事务	学时 学分	72学时 04学分

一、课程性质与设计思路

（一）课程性质

"税收基础"课程是会计事务专业的专业基础课程，是一门介绍税收理论、制度和管理的课程。它服务于企业会计工作要求，具有相对独立性。随着我国市场机制逐渐完善，税收作为财政调控手段的作用日益凸显，对于我们日常生活的影响也更深远。通过本课程的教学，可以让学生认识税收的作用，培养学生对税收的兴趣，熟悉税收法律规范，掌握各税种应纳税额的计算。

（二）设计思路

本课程的总体设计思路是在全面了解税收制度的基础上，以各税种要素为主要知识点进行讲授，让学生在学习过程中能理解各税种的重要性。根据中职学生的认知特点，将本课程要掌握的税款的计算设计情景模拟、实训等训练活动，突出学生应用能力的培养，强调理论必须与实践结合。遵循从简单到复杂，由具体到抽象的认知规律。

二、专业核心素养与课程目标

（一）专业核心素养

"税收基础"课程应服务于会计事务专业核心素养的养成。会计事务专业核心素养是指学生通过学习具备能够适应终身发展和社会发展需要的会计职业关键能力和必备品格。会计职业关键能力包括逻辑思维能力、企业运营及资金运动的空间想象能力、数据处理分析能力、账务处理能力、分析和解决实际问题的能力；必备品格包括爱岗敬业、诚实守信、依法办事、保守秘密，养成严谨细致和客观公正的职业精神，以及搞好服务和参与管理的职业意识。

（二）课程目标

通过本课程的学习，使学生树立正确的人生观、价值观，能正确认识税收在社会经济发展中的重要作用，培养学生较强的社会适应能力和心理承受能力。根据专业核心素养中

"逻辑思维能力"要求,掌握税收的基本概念、税法的构成要素以及具体各税种要素之间的逻辑联系。专业素养中要求学生具有"分析和解决问题的的能力",通过税收基础的学习,学生可以自己分析计算增值税,消费税,企业所得税,个人所得税以及城市维护建设税、教育费附加和地方教育费附加。学会归纳总结税收征管的内容和申报流程。树立遵纪守法的道德观念,严格遵守税法的规定,在今后的工作中有良好的职业素养;具有良好的沟通协调能力和团队合作精神;具有不断学习新知识、接受新事物的进取精神。

三、本课程在专业课程体系中的位置

会计事务专业课程设置主要包括公共基础课程和专业课程。专业课程一般包括专业基础课程、专业核心课程、专业拓展课程,并涵盖实训等有关实践性教学环节。将思政教育和会计文化融入课程内容。本课程在专业课程体系中的位置如下图所示。

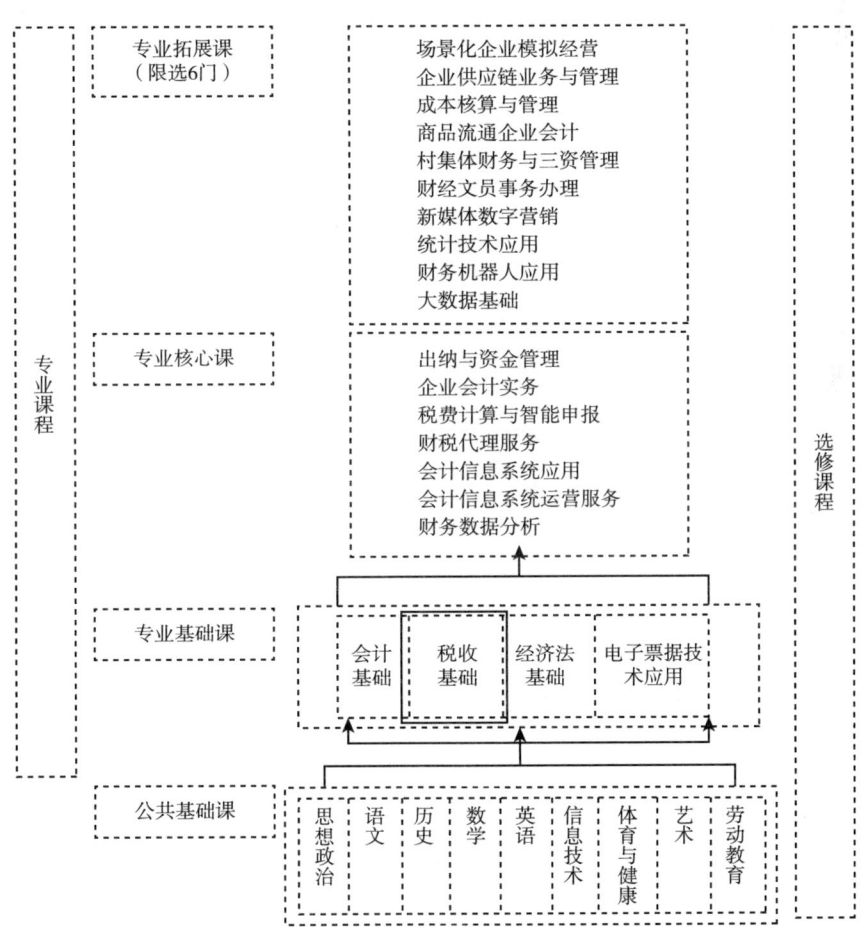

四、课程内容与学时安排

（一）课程内容

"税收基础"课程内容

序号	教学模块	教学内容描述	能力要求	课时
1	税收概述	• 税收的基本知识概念 • 税收本质内容、税收制度与税法的理论概念 • 税收三大特征"强制性、无偿性、固定性"及社会主义市场经济下的税收作用 • 涉税"1+X"证书制度 • 税务大数据时代应用场景——中国税收管理系统 • 1994年至今金税一期至四期建设	• 熟悉税收的分类、特征和作用 • 学会评析具体案例，扩充知识面，发掘分析问题，判断是非的能力 • 理解税收体系的构成，培养税务办理的能力 • 了解涉税"1+X"证书 • 初步知晓目前税收管理平台系统 • 了解我国财税数据化的发展	4课时
2	税收制度	• 区分税收与税法的关系、减免税等税收优惠政策 • 纳税环节、期限、地点与企业涉税基本流程 • 税制的构成要素：纳税人和征税对象；税种分类 • 税率，结合案例对理论知识进行深入解析	• 能够辨别税收与税法之间的联系与区别 • 能够对企业税务流程有初步的了解 • 重点掌握税制的相关内容 • 理解税率分类	6课时
3	流转税制之增值税	• 增值税的概念、分类 • 增值税纳税人与扣缴义务人的基本规定以及增值税纳税人的分类及依据 • 增值税的征税范围和视同销售 • 增值税的税率和征收率 • 减免税等相关税收优惠政策与规范填写，增值税的纳税申报 • 增值税的计算：一般计税方法应纳税额的计算和简易计税方法应纳税额的计算 • 增值税的征收管理：增值税纳税义务发生时间、纳税期限和纳税地点	• 能掌握增值税的相关概念 • 学会区分增值税纳税人与扣缴义务人的区别 • 掌握增值税征税范围并且理解增值税视同销售范围 • 理解增值税税率和征收率的基本规定 • 了解增值税相关减免优惠政策 • 会计算增值税进项税额、销项税额 • 识记增值税纳税义务发生时间、纳税期限以及纳税地点	18课时

续表

序号	教学模块	教学内容描述	能力要求	课时
4	流转税制之消费税	• 消费税的概述 • 消费税的纳税人与扣缴义务人 • 消费税的税目 • 消费税的计税依据 • 消费品应税税额的计算：自产自用应税消费品、委托加工应税消费品、进口应税消费品 • 已纳消费税的扣除 • 消费税的征收管理：纳税义务发生时间、纳税地点和纳税期限	• 能掌握消费税的相关概念 • 会区分消费税纳税人与扣缴义务人 • 能记住消费税15种税目 • 能辨别消费税的计税依据 • 会计算消费税应纳税额 • 掌握消费税已纳税额的扣除 • 了解消费税纳税义务发生时间、纳税期限以及纳税地点	10课时
5	所得税制之企业所得税	• 企业所得税纳税义务人、征税对象与税率 • 企业所得税应纳税所得额的计算：收入的确认，不征税收入，免税收入，扣除原则和范围，弥补亏损 • 企业所得税应纳税额的计算 • 企业所得税征收管理：纳税义务发生时间、纳税地点和纳税期限	• 能掌握企业所得税的相关概念 • 重点掌握企业所得税应纳税所得额的计算 • 会计算企业所得税应纳税额 • 了解企业所得税纳税义务发生时间、纳税期限以及纳税地点	12课时
6	所得税制之个人所得税	• 个人所得税的概念及征税对象 • 个人所得税纳税义务人、税目、税率 • 个人所得税应纳税所得额的确定 • 个人所得税应纳税额计算及征收管理	• 掌握个人所得税应纳税所得额的计算 • 会计算个人所得税应纳税额 • 了解个人所得税纳税义务发生时间、纳税期限以及纳税地点	12课时
7	城市维护建设税、教育费附加及地方教育附加	• 城市维护建设税的征税范围、纳税人和税率 • 城市维护建设税的税收优惠、计税依据与税额计算 • 城市维护建设税的征收管理 • 教育费附加与地方教育附加的计算 • 教育费附加与地方教育附加的减免规定	• 能掌握城市维护建设税、教育费附加与地方教育附加的相关概念 • 会计算城市维护建设税税额，会计算教育费附加及地方教育附加金额	6课时
8	税收征收管理	• 税收管理概述、税收征收管理制度；税务代理制度和税收法律责任及诉讼 • 税务登记的3种类型 • 纳税申报、税款征收方式、税收保全措施、税收强制执行	• 了解中国现行税收征收管理制度、税务代理制度、税收法律责任和税收诉讼	4课时
	合计			72课时

（二）学时安排与学分

"税收基础"课程共计72学时，每18学时折算1学分，共4学分。

五、学业质量

（一）学业质量内涵

学业质量是学生在完成课程学习后的学业成就表现。"税收基础"课程学业质量标准是以会计事务专业核心素养及其表现水平为主要维度，结合课程内容，对学生"税收基础"课程学业成就表现的总体刻画。根据项目任务的复杂程度、知识和技能的结构化程度、分析和解决问题的能力等不同水平学业成就表现的关键特征，"税收基础"课程学业质量标准将学业质量划分为不同水平，并描述了不同水平学习结果的具体表现，不同水平之间具有由低到高逐渐递进的关系，体现课程结束时学生达到的水平，为核心素养评价提供基本依据。

（二）学业质量水平

"税收基础"课程学业质量水平是"税收基础"课程目标的综合表现。"税收基础"课程目标划分为三个不同水平，每一个水平是通过专业核心素养的具体表现和体现课程目标方面进行表述，包括专业知识、专业技能和社会能力三个方面。

学业质量水平分为优秀、合格和不合格。质量描述中：水平一为合格，水平二为优秀，未达到水平一为不合格。

"税收基础"课程学业质量描述		
	水平一	水平二
专业知识	①了解"税收基础"课程的结构 ②了解税收的概念、特征及作用 ③知晓税制的构成要素及分类 ④知晓增值税征收范围、纳税人、税率、计算及增值税的征收管理 ⑤能确定哪些消费品需要缴纳消费税、能掌握消费税的计算 ⑥知晓企业所得税的含义及征税对象、纳税人以及企业所得税应纳税所得额 ⑦知晓个人所得税的征收范围、纳税人、税率以及不同个人所得应缴纳所得税的计算方法 ⑧知晓城市维护建设税、教育费附加和地方教育费附加的征收范围、纳税人、税率	①熟悉"税收基础"课程的结构 ②掌握税收的概念、特征及作用 ③熟悉税制的构成要素及分类 ④熟悉增值税征收范围、纳税人、税率、计算及增值税的征收管理 ⑤能确定哪些消费品需要缴纳消费税、能熟练掌握消费税的计算 ⑥熟悉企业所得税的含义及征税对象、纳税人以及企业所得税应纳税所得额 ⑦熟悉个人所得税的征收范围、纳税人、税率以及不同个人所得应缴纳所得税的计算方法 ⑧熟悉城市维护建设税、教育费附加和地方教育费附加的征收范围、纳税人、税率

续表

	"税收基础"课程学业质量描述	
	水平一	水平二
专业知识	⑨认识税收管理概念、管理制度、税务代理制度、税收法律责任及税收诉讼的内容。掌握税务登记、发票开具、纳税申报、税款征收相关内容	⑨掌握税收管理概念、管理制度、税务代理制度、税收法律责任及税收诉讼的内容。掌握税务登记、发票开具、纳税申报、税款征收相关内容
	水平一	水平二
专业技能	①能掌握税收的概念、特征及作用 ②能够重点掌握税制要素，能将每个税种进行分类 ③能计算增值税一般纳税人与小规模纳税人应纳税额 ④能确定哪些消费品需要缴纳消费税，能熟练掌握自产自用应税消费品应纳税额、委托加工应税消费品应纳税额的计算 ⑤能够明确收入总额、不征税收入、免税收入，准予扣除项目、不得扣除项目以及职工福利费、工会经费、职工教育经费、业务招待费、广告费、业务宣传费等支出的税前扣除，弥补亏损的相关规定和计算 ⑥能区分工资薪金所得，劳务报酬所得，稿酬所得，特许权使用费所得，经营所得，利息、股息、红利所得，财产租赁所得，财产转让所得，偶然所得应纳税额的计算 ⑦能掌握城市维护建设税"进口不征、出口不退"的计征规则，税率的基本规定和计税依据。会计算教育费附加和地方教育附加的应纳税额 ⑧能掌握税务登记、发票、申报、税款征收的相关内容	①能掌握税收的概念、特征及作用 ②能够完全掌握税制要素，能将每个税种进行分类 ③能正确计算增值税一般纳税人与小规模纳税人应纳税额 ④能清楚确定哪些消费品需要缴纳消费税，能熟练掌握自产自用应税消费品应纳税额、委托加工应税消费品应纳税额的计算 ⑤能够明确收入总额、不征税收入、免税收入，准予扣除项目、不得扣除项目以及职工福利费、工会经费、职工教育经费、业务招待费、广告费、业务宣传费等支出的税前扣除，弥补亏损的相关规定和计算 ⑥能清楚区分工资薪金所得，劳务报酬所得，稿酬所得，特许权使用费所得，经营所得，利息、股息、红利所得，财产租赁所得，财产转让所得，偶然所得应纳税额的计算 ⑦能清楚掌握城市维护建设税"进口不征、出口不退"的计征规则，税率的基本规定和计税依据。会计算教育费附加和地方教育附加的应纳税额 ⑧能掌握税务登记、发票、申报、税款征收的相关内容
	水平一	水平二
社会能力	①具有对各税种及企业生产经营过程中的投资、筹资、成本、费用等的分摊过程中的税务问题做出恰当处理的能力 ②初步形成爱岗敬业、诚实守信、严谨细致、客观公正的职业精神，能依法办事、保守秘密、重视诚信 ③基本养成搞好服务和参与管理的职业意识 ④了解税务文化，遵守税务职业道德、税务准则和行为规范，坚持原则，具备一定的社会责任感和担当精神	①具有对各税种及企业生产经营过程中的投资、筹资、成本、费用等的分摊过程中的税务问题做出恰当处理的能力 ②具备爱岗敬业、诚实守信、严谨细致、客观公正的职业精神，能依法办事、保守秘密、重视诚信 ③养成搞好服务和参与管理的职业意识，关注市场、初步形成认知财经政策的意识 ④了解税务文化，遵守税务职业道德、

续表

	"税收基础"课程学业质量描述	
	水平一	水平二
社会能力	⑤有一定自我管理能力，基本遵守课堂纪律，基本能完成工作任务和课后作业 ⑥具备基本的沟通能力，能完成基本的学习活动，具备一定的知识迁移能力 ⑦具有基本的团队意识，服从工作安排	税务准则和行为规范，坚持原则，具备社会责任感和担当精神，初步养成精益求精的工匠精神 ⑤自我管理能力强，课堂组织纪律性强，按时且认真完成工作任务和课后作业 ⑥沟通能力强，在学习过程中遇到问题能够虚心求教，耐心倾听别人的意见，具备较强的知识迁移能力 ⑦有较强的团队意识，服从工作安排，人际关系和谐，团结协作精神强

六、课程实施

（一）教学要求

中等职业学校"税收基础"课程教学要全面落实"立德树人"的根本任务，树立以发展学生会计事务专业核心素养为导向的教学意识，遵循教学规律，始终把促成专业核心素养的形成和发展作为主要目标，将会计事务专业核心素养的培养贯穿于教学活动的全过程。在教学活动中，教师应准确把握课程目标、课程内容、学业质量的要求，合理设计教学目标、教学方法、教学过程和教学评价，积极进行教学反思，通过相应的教学实施，在学生掌握专业知识和专业技能的同时，促进会计事务专业核心素养的提升及水平的达成。在教学实践中，要不断探索和创新教学方式，不仅重视如何教，更要重视如何学，引导学生养成良好的学习习惯，努力激发学生学习课程的兴趣。

1. 重视实践经验与现代技术的结合

"税收基础"课程虽然是一门理论基础课，但是随着经济形态的多样化和新兴技术手段的诞生，使得"税收基础"被赋予更强的时代感。所以在教学中不仅要重视实践经验，还要与现代技术紧密结合。尽可能用现代化、多样化手段来实施理论教学和实践指导。比如，从"互联网+"到人工智能对"税收基础"课程教学产生重大影响，教师既要改变因循守旧的教学习惯，重视信息技术的运用，积极探索基于信息化的教学改革，也要打破唯技术至上的观念。把握好技术与"税收基础"课程教学的关系，合理利用信息技术，注重信息技术与"税收基础"课程的深度融合。同时原有的实践经验也可以借助新的技术得到更有效的发扬，将传统的以教师为中心的讲授模式转变为整合教师、学生与人工智能于一体的互动式学习模式，以促进高效学习。

2. 教学过程中突出培养目标，注重对学生实际操作能力的训练

强化案例和流程教学，让学生边学边练，以激发学习兴趣和增强学习效果。在教学活动

中，可结合金税财务应用"1+X"证书内容，将理论与实践相结合，设计出合适的教学情境和工作任务，引导学生观察现象、发现问题，能用纳税的思想、方法解决问题，初步形成专业素养。在解决问题的过程中，理解教学内容的实质，提高动手能力。教师应通过不断学习、探索、实践，来提升自身的专业素养，开发出符合中职学生认知规律、有助于提升学生专业核心素养的优秀案例。

3. 在教学中，应充分调动学生学习的积极性和主动性

避免"满堂灌"的传统教学模式，注重教与学的互动，教师与学生角色互换，让学生在完成教师设计的训练活动中，既学会税收基础的基本知识又练就各项基本技能。"税收基础"课程课堂教学活动与课后探究活动是综合提升会计事务专业核心素养的载体。教师应对其进行整体设计，引导学生在活动过程中积累、发现、提出问题，培养学生分析和解决问题的能力，养成学生独立思考与合作交流的习惯。同时，在教学活动中，教师应有意识地结合实际教学内容，介绍税收在社会发展中的作用，将纳税文化渗透、融入日常教学活动。潜移默化地引导学生遵守国家法律法规，坚守税务职业道德，提升学生的社会适应能力和人文素养。

4. 在教学中，教师应积极引导学生提升职业素养，培养学生热情真诚，诚实守信、善于沟通与合作的品格

学生能否有效开展自主、合作与探究式学习是衡量学生学习能力发展水平的重要指标。在教学中，教师要有意识地给予学生指导，为学生创设支持和激励的学习环境。课前合理布置自学任务，课中组织小组合作学习、共同探究，课后丰富作业形式，提高作业质量，布置适量的拓展性作业。密切关注学生是否通过学习初步形成专业结构化知识，促使学生在教学活动中以合作和探究的方式获得专业知识、发展专业技能、提高专业能力、形成健康人格，强调学生之间相互促进、共同提高，从而培养学生自主、合作、探究的学习能力。

（二）师资条件

1. 专任教师

（1）符合中等职业学校专业课教师的任职条件，具备中等职业学校教师的基本素养和道德要求，热爱教育事业，具有强烈的责任心和使命感。能够落实课程思政要求，挖掘专业课程中的思政教育元素和资源。

（2）具有高度的敬业精神和专业精神，专业理论功底扎实，具有税收及相关岗位工作经验，熟悉国家税收法律知识、会计法律法规知识、企业会计准则。

（3）具有会计、财务管理、税务等相关专业学历，精通各行业税理论知识，能熟练开展税务工作，熟练操作税务软件。

（4）具备一定的表达能力，能理实结合、深入浅出、通俗易懂地进行教学，能运用各种教学手段和教学工具指导学生进行理论学习和开展实践教学。

（5）具有较强的教科研能力，能够运用信息技术开展混合式教学等教法改革；能够跟踪新经济、新技术发展前沿，开展社会服务。专业教师每年至少1个月在企业或生产性实训

基地锻炼，每 5 年累计不少于 6 个月的企业实践经历。

（6）学生数与专任教师数比例不高于 20∶1，专任教师中具有高级专业技术职务人数不低于 20%，"双师型"教师占专业课教师数比例应不低于 50%。

2. 兼职教师

（1）主要从本专业相关行业企业的高技术技能人才中聘任，应具有扎实的专业知识和丰富的实际工作经验，能针对企业的实际情况进行税务实践教学。

（2）原则上应具有中级及以上专业技术职务或在市级及以上职业技能竞赛中获奖。

（3）了解教育教学规律，能承担专业课程教学、实习实训指导和学生职业发展规划指导等专业教学任务，具有较强的教学组织能力。

（三）实践教学

1. 实训场地

配备多媒体教学设备、计算机及网络设备、模拟税务局终端报税平台、报税 RPA 机器人工具等设备及软件的纳税申报实训室。

2. 实训工具设备

配备税务工作所需的各类办公设施及基本文具，如打印机、扫描仪、计算器、文件柜及各种日常耗材等。配置具有网络、能够流畅运行实训软件的计算机设备。

3. 实训软件

配备具有工业企业常见纳税业务处理功能的税务申报仿真核算软件。

4. 仿真实训资料

配备各种空白原始凭证（如增值税专用发票、增值税普通发票、增值税电子专用发票打印件、增值税电子普通发票打印件、税务局代开增值税专票等）、通用记账凭证、会计账簿、科目汇总表、资产负债表和利润表、增值税纳税申报表、企业所得税纳税申报表等。

（四）教学方法

本课程主要使用下列教学方法：

1. 任务驱动教学法

任务驱动教学法是指在学习过程中，紧紧围绕一个共同的任务活动中心，在强烈的问题动机的驱动下，通过对学习资源的积极主动应用，进行自主探索和互动协作的学习，并在完成既定任务的同时，引导学生产生一种学习实践活动。

2. 案例教学法

依据教学目标，教师指引学生运用所学的理论，对详细案例进行剖析，加深学生对所学理论的理解，得出某些结论或获得解决问题正确方法的一种教学方法。案例教学有助于提升教学成效，使学生从详细案例中掌握和理解所学课程的基础知识，概括出理论知识的脉络，并掌握解决问题的技巧。案例教学有助于调动学生的学习踊跃性，有益于培养学生独立剖析、应对、解决各种盘根错节现实税收问题的能力，有益于促使税收理论和实践的结合，也有益于教师和学生的教学互动。

3. 主题讨论法

针对当下社会关注的税收现象组织学生进行讨论，比如我国财税制度改革中的热门问题等，指引学生去学习、研究这些问题。经过教师指引，激发学生的学习欲望和热忱，指引学生独立思考问题，学会收集有关信息资料，在小组内讨论并总结讨论结果在课堂上积极分享。此过程中教师需要注意身份，讨论以学生为主，教师主要担任指引的角色。通过主题讨论法，能够增强学生对知识的记忆与理解，进而达到教学目的。

4. 讲授法

讲授法是教师通过口头语言向学生描绘情境、叙述事实、解释概念、论证原理和阐明规律的教学方法。

（五）教学手段

为了达到预期教学目的，本课程结合教学内容，主要采用以下现代化教学手段：

1. 多媒体教学手段

多媒体教学手段是指在教学过程中，根据教学目标和教学对象的特点，通过教学设计，合理选择和运用现代教学媒体，并与传统教学手段有机组合，共同参与教学全过程，以多种媒体信息作用于学生，形成合理的教学过程结构，达到最优化的教学效果。常见多媒体教学手段主要包括电子课件、音频、视频、Flash 动画演示、教学软件等。

2. 网络教学手段

网络教学作为新兴的教学手段，有着自身的特点和优势。"税收基础"课程教学应充分利用网络，发挥网络教学的优势，拓展实践教学的平台。利用网络教学资源和网络教学平台指导学生开展学习，调动学生学习兴趣，提高学习效率。

（六）教材要求

（1）原则上从国家和省级教育行政部门发布的规划教材目录中选用，国家和省级规划目录中没有的教材，可在职业院校教材信息库选用。不得以岗位培训教材取代专业课程教材。选用的教材必须是通过审核的版本，擅自更改内容的教材不得选用，未按照规定程序取得审核认定意见的教材不得选用。不得选用盗版、盗印教材。

（2）选用的教材要以习近平新时代中国特色社会主义思想为指导，贯彻国家"三教"改革精神，落实"立德树人"根本任务，充分体现社会主义核心价值观，有助于中职学生形成正确的世界观、人生观、价值观。

（3）选用的教材要充分体现时代特点和现代意识，同时适应中职学生的认知特点，充分考虑学生身心发展需要，有助于培养学生的社会责任感、动手实践能力和创新创业精神，有助于学生形成良好的个性和健全的人格。

（4）选用的教材要全面体现"税收基础"课程标准的理念和要求，有机融合会计事务专业核心素养，符合会计事务专业核心素养发展规律。既要关注学生学习税收知识的结果，也要注重学生在学习过程中对专业技术和纳税文化的理解与体验，更要体现学生在学习过程中的参与程度、参与水平和情感态度。

（5）选用的教材要适合线上线下教育，能发挥传统教学手段和网络教学手段各自的优势，促进教学资源的有效运用，有利于学生运用多种媒介和信息技术开展自主、合作与探究式学习，优化课程实施。

（6）倡导使用新型活页式、工作手册式教材并配套开发信息化资源，以实现多样化的教材形态，促进教学手段的更新。同时形成纸质教材、电子资料、网络资源相结合的立体化教材体系。

（七）配套课程资源与利用

课程资源建设与学生的学习活动息息相关，既是师生动态运用既有资源的过程，也是不断生成、积累新资源的过程。中等职业学校"税收基础"课程配套资源的开发与利用应充分考虑学生的身心发展特点，依据教育性、科学性、发展性的原则，符合教学规律要求，倡导合作共享、因地制宜地开发教学资源，提高教学质量，以利于教学目标的达成。

"税收基础"课程资源，可以是与教材配套的纸质习题文本，也可以是多媒体资源、网络资源。教师要充分利用现代信息技术，积极开发与利用各种课程资源，制作课堂教学PPT，开发微课、视频、音频等资源，整理、优化课程资源库，逐步形成完善的立体化课程资源体系，为学生自主学习提供更多的机会和途径，鼓励学生创新思维和专业知识的整合，提高学生学习积极性。

同时，教师依托校园网络平台，向学生提供直播课程、录播课程、线上练习、在线答疑等多种形式的网络教学资源，优化教与学活动，推动课程教学的优化实施，引导学生在学习过程中结合上述资源进行自主、合作、探究式学习，为进一步开展线上线下混合式教学创造条件。学生在学习过程中实际生成的各种问题、拓展材料及学生成果等，也是一种有意义的课程资源。

校企合作资源也是一种重要的课程资源，要充分利用校企合作平台开展教学活动，通过与相关企业的合作，结合学校实训基地或"校中厂"资源，给学生提供参观、访问企业的机会，让学生直接参与到校企共建实训基地的工作中来，拓宽学生的视野，促进学生会计事务专业核心素养的养成。

（八）线上教学安排

1. 选用教学平台

教师应根据"税收基础"课程教学内容，结合线上教学方式特点，合理选择使用一个能做到线上线下教学无缝切换的教学平台作为主要线上教学平台。同时，将QQ、微信、钉钉等其他即时通信软件作为备用平台用于课堂应急、临时讨论、即时消息等用途。

2. 准备教学资源

教师应充分发挥主观能动性和创造性，依据"税收基础"课程标准的要求和具体的教学内容，有选择地、创造性地使用、优化、整合资源，助力学生有效学习。要提前谋划，储备资源，通过网盘、U盘等工具随身携带重要教学资源，做好线上教学的充分准备。

3. 线上教学实施

教师根据"税收基础"课程标准，结合教学对象实际情况，考虑课前课中课后三个环节，与学生进行充分的互动交流，将新变化、新事物、现代信息技术融入线上课程，提高学生上课的参与度和融入感，提高学生的学习效果。

课前通过网络平台将视频、课件及相关资料推送给学生阅览，并给学生布置一定的任务。引导学生主动学习，带着任务听课，提高教学效果。课中由教师讲述重要知识点，配合教学资源，积极引导学生思考，通过弹幕、答题、连麦等手段与学生进行在线互动，让学生真正融入线上课堂。融合思政教学，帮助学生树立正确的价值观、学习观，促进学生健康成长。课后布置与教学内容相匹配的课后作业，通过聊天软件对学生进行课后辅导，为学生答疑解惑。

4. 线上教学的管理

为了保证线上教学的有序开展，课程负责人应在校园网络资源平台建设课程页面，教师通过课程页面，发布课程公告、课程学习资源，布置并批改作业，组织课后答疑，及时发布课程过程考核成绩，落实完整的教学过程。通过技术手段对学生进行全过程考核，确保学生到课听课率，保证教学质量。

要严格落实线上教学管理制度。课程负责人应确保线上课程框架体系完整，教学资源内容全面、科学合理、无政治性及学术性错误，严把课程质量关。课程主讲教师应严格按照教学计划开展线上教学，不得随意进行线上合班或更换授课时间、授课教师。教务部门定期对课程线上线下混合式教学情况进行抽查，对课程在线建设情况进行普查。

七、教学评价

教学评价是"税收基础"课程教学活动的重要组成部分，贯穿教学过程的始终，其目的是促进学生学习、改善教师教学、完善课程设计、监控学业质量。

（一）以课程目标为评价依据

"税收基础"课程学习评价以课程目标作为评价的主要依据，其根本目的是促进学生专业核心素养的提升。评价应反映"以人为本"的教育理念，不仅要关注学生掌握专业知识、专业技能的程度，关注学生会计事务专业核心素养水平的达成，还要关注学生的学习态度、学习方法和学习习惯的养成，从而衡量课程目标达成情况。

（二）注重评价的多元化

应围绕会计事务专业核心素养和课程目标，依据学业要求选择评价内容，注重多种评价方式有机结合与运用，强调多元评价主体的共同参与，以获取较为全面的评价信息。可以通过学生自评、互评、教师评价等方式进行评价。评价不仅要关注学生外在学习结果，更要关注内在学习品质。要重视过程性评价与终结性评价相结合。教师要有意识地利用评价过程与结果，通过评价引导学生学会学习，发现学生学习的个性特点和具体问题，及时引导，提出有针对性的建议，激发学生学习的动力。同时，依据评价结果反思日常教学，优化教学内容，调整教学策略，完善教学过程，为学生会计事务专业核心素养的发展提供有力支持。

（三）重视评价结果的呈现

教学评价的结果要服务教学、反馈教学、促进教学，评价结果的呈现是评价的重要组成部分。教师要充分利用信息技术，收集、整理、分析有关反映学生学习过程和结果的数据，获取教学的反馈信息，通过多元化的评价方式形成的课后作业记录表、单项专业技能评价表、学习表现评价表、学业总评考核表等结果，能够综合反映学生的会计事务专业核心素养水平。

（四）学业水平考试要求

考试是课程评价的重要组成部分，学业水平考试是评价的重要方式。学业水平考试需要对学生不同阶段的学习成果做出综合评价，进行学分评定。

学习每个模块后，根据本课程标准的学业要求和阶段性学业水平对学生的学习成绩进行评定，并根据成绩结果给予相应学分。

总分	$\Sigma \geq 90$	$60 \leq \Sigma < 90$	$\Sigma < 60$
评定等级	优秀	合格	不合格

编写人员： 郑　鹏　武汉市财政学校
　　　　　　余莉娜　武汉市财政学校
审核人员： 李　娜　武汉市财政学校

"经济法基础"课程标准

课程名称	经济法基础	课程类别	专业基础课
适用专业	会计事务、金融事务、纳税事务	学时 学分	72学时 4学分

一、课程性质与设计思路

（一）课程性质

"经济法基础"课程是会计事务专业的专业基础课程。全面依法治国是中国特色社会主义的本质要求和重要保障，本课程旨在向会计事务及相关专业学生普及财税职业必备法律知识，课程内容涵盖法律基础知识以及与会计工作密切相关的会计法律制度、支付结算法律制度、税收法律制度、劳动合同与社会保险法律制度等。通过本课程的学习，使学生了解和掌握财经法律知识，明确法律责任，提高职业道德修养，增强综合职业素质，为培养"德才兼备"的会计专业人才打好基础。

（二）设计思路

本课程的总体设计思路是围绕职业教育的培养目标，从职业教育的实践出发，通过对职业岗位群的分析，按照职业能力的培养要求，向学生普及职业必需的财经法律知识。通过构建任务驱动教学模式，结合案例创设教学情境，让学生在完成具体任务的过程中学习理论知识，发展专业能力，使学生具有分析问题、解决问题的综合职业能力，并培养学生的规则意识、法治意识和职业道德。教学内容应理论联系实际，注重课程思政建设，选择具有代表性、典型性和启发性的实务案例。教学组织方面注重调动学生的主动性和积极性，倡导任务驱动、知行合一、理实一体化教学，以提高学生解决实际问题的能力。

二、专业核心素养与课程目标

（一）专业核心素养

"经济法基础"课程应服务于会计事务专业核心素养的养成。会计事务专业核心素养，是指学生通过学习具备能够适应终身发展和社会发展需要的会计职业关键能力和必备品格。会计职业关键能力包括逻辑思维能力、企业运营及资金运动的空间想象能力、数据处理分析能力、账务处理能力、分析和解决实际问题的能力；必备品格包括爱岗敬业、诚实守信、依法办事、保守秘密，养成严谨细致和客观公正的职业精神，以及搞好服务和参与管理的职业意识。

（二）课程目标

通过本课程的学习，使学生理解和掌握会计法律制度、支付结算法律制度、税收法律制度、劳动合同与社会保险法律制度等经济法律制度在工作岗位中的应用规范；培养学生的逻辑思维能力和分析解决实际问题的能力，能依法处理会计业务、依法办理支付结算、依法完成税款核算申报缴纳、依法履行劳动合同和社会保险，学会运用法律方法处理经济活动中的问题；同时，培养学生具备遵法、守法、用法的法律思维，具备法律责任感，具备良好的职业道德等必备品格。

三、本课程在专业课程体系中的位置

会计事务专业课程设置主要包括公共基础课程和专业课程。专业课程一般包括专业基础课程、专业核心课程、专业拓展课程，并涵盖实训等有关实践性教学环节。思政教育和会计文化融入课程内容。本课程在专业课程体系中的位置如下图所示。

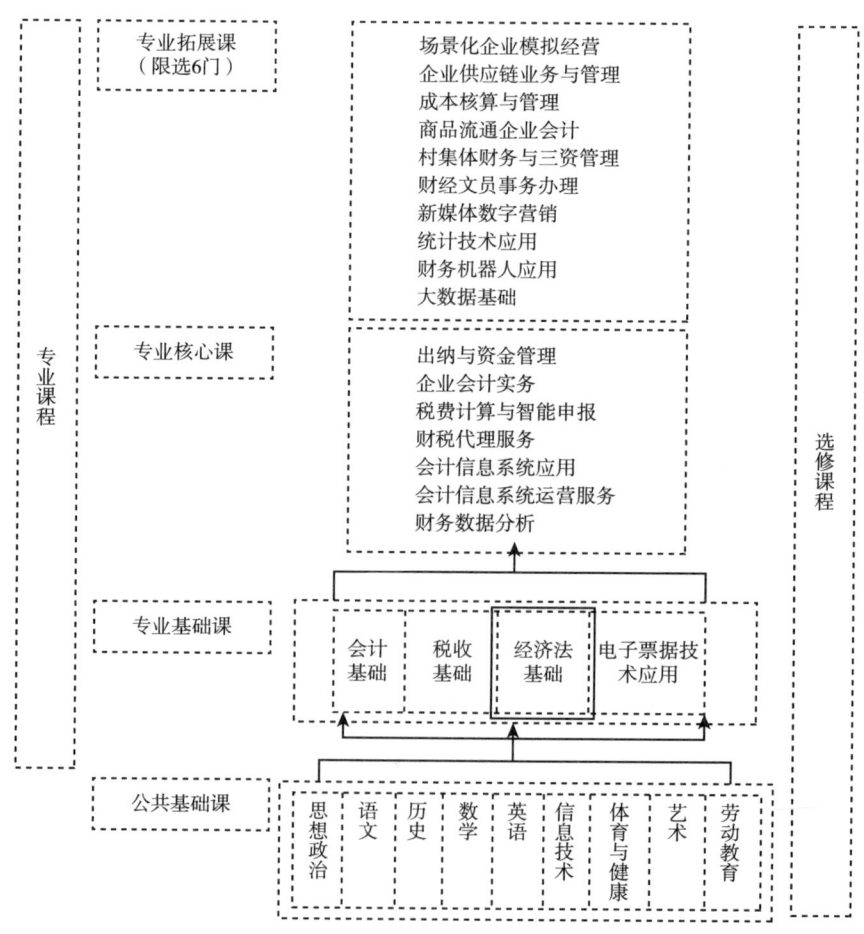

四、课程内容与学时安排

（一）课程内容

"经济法基础"课程内容

序号	教学模块	教学内容描述	能力要求	课时
1	认知法律	• 法的本质与特征 • 法的分类与渊源 • 法律部门与法律体系 • 法律关系 • 法律事实 • 法律主体的分类和法律主体资格 • 法律责任	• 理解法的本质与特征 • 知晓法的分类，掌握我国法的主要渊源，知晓法的时间效力、空间效力、对人效力，明确法的效力冲突及其解决方式 • 知晓我国现行的法律部门与法律体系 • 理解法律关系的含义，分析法律关系的三要素，辨析法律关系的客体 • 判断法律事件与法律行为 • 掌握法律主体的基本分类，清楚各主体的具体内涵；明确自然人的民事权利能力、民事行为能力、刑事责任能力；明确法人的民事权利能力、民事行为能力，熟悉法人设立中的责任承担，法人的合并、分立、解散、终止、清算；了解非法人组织的相关规定 • 知晓民事责任、行政责任、刑事责任的本质区别，掌握三类法律责任的具体形式	6课时
2	会计法律制度	• 会计法律制度的构成 • 会计工作管理体制 • 会计核算 • 会计档案管理 • 会计监督 • 会计机构的设置 • 代理记账 • 会计工作岗位的设置 • 会计人员的任职 • 会计工作交接 • 会计法律责任	• 知晓会计法律制度的构成 • 知晓会计工作的行政管理部门，明确单位内部的会计工作管理职责 • 掌握会计核算的基本要求，掌握会计年度、记账本位币、会计凭证、会计账簿、财务会计报告、账务核对和财产清查的规定 • 掌握会计档案的归档范围和归档要求、移交和利用、最低保管期限、鉴定和销毁，知晓特殊情况下会计档案的处置 • 明确单位内部会计监督的主体、对象、要求、发现问题的处理、不相容职务分离控制，知晓社会监督的类型，清楚政府监督的主体和财政部门的会计监督 • 清楚办理会计事务的组织方式	12课时

续表

序号	教学模块	教学内容描述	能力要求	课时
			● 掌握对代理记账机构及从业人员的资质要求及管理，清楚代理记账的业务范围，清楚委托人、代理记账机构及其从业人员的义务 ● 掌握会计工作岗位的设置要求，能判断某岗位是否属于会计工作岗位，理解回避制度 ● 掌握会计人员的任职条件，会计工作的禁入规定，理解会计专业职务与会计专业技术资格 ● 掌握会计工作交接的适用情形，清楚交接的基本程序，分清交接责任 ● 识别违反国家统一会计制度行为的法律责任；掌握伪造、变造会计资料以及编制虚假财务会计报告的法律责任；掌握隐匿或者故意销毁会计资料的法律责任；知晓授意、指使、强令会计机构及人员从事会计违法行为的法律责任；知晓单位负责人打击报复会计人员的法律责任	
3	支付结算法律制度	● 支付结算的概念、支付结算服务组织和支付结算的工具 ● 支付结算的基本要求 ● 银行结算账户的概念和种类 ● 银行结算账户的开立、变更和撤销 ● 各类银行结算账户的开立和使用 ● 银行结算账户的管理要求 ● 票据的概念和种类 ● 票据行为和票据当事人 ● 票据权利与责任、票据追索 ● 支票 ● 银行本票 ● 银行汇票 ● 商业汇票 ● 汇兑 ● 委托收款 ● 银行卡 ● 银行电子支付 ● 支付机构非现金支付业务 ● 支付结算纪律与法律责任	● 知晓支付结算概念、服务组织和支付结算的工具 ● 掌握支付结算的原则、基本要求 ● 知晓银行结算账户的概念和种类 ● 掌握企业银行结算账户的开立要求、变更事项和变更时限、撤销规定 ● 掌握企业的基本存款账户、一般存款账户、专用存款账户、临时存款账户的开立与使用的具体要求；掌握个人银行结算账户的开户管理和使用；知晓异地银行结算账户 ● 知晓银行结算账户的实名制管理、资金管理、变更事项管理、预留银行签章管理、对账管理 ● 掌握票据的概念和种类 ● 掌握出票、背书、承兑、保证四种票据行为和相应的票据当事人 ● 掌握票据权利的种类、取得、行使、保全、丧失补救，理解票据责任和票据追索 ● 掌握支票的种类、当事人、适用范围、出票、付款，并知晓签发空头支票或预留签章不符的支票的法律责任	12课时

续表

序号	教学模块	教学内容描述	能力要求	课时
			• 知晓银行本票的当事人、种类及适用范围、出票、付款 • 知晓银行汇票的种类及使用范围，出票申请、受理与交付、实际结算金额、提示付款及退款 • 掌握商业汇票的分类、出票、承兑、背书、贴现、付款 • 了解汇兑 • 了解委托收款 • 掌握银行卡账户和交易、银行卡计息与收费，熟悉银行卡收单业务 • 熟悉银行电子支付方式——网上银行、条码支付 • 知晓支付机构的概念及支付服务的种类，熟悉网络支付、预付卡 • 知晓支付结算纪律，违反支付结算法律制度的法律责任	
4	增值税和消费税法律制度	• 税法要素，现行税种与征收机关 • 增值税纳税人 • 增值税的征税范围 • 增值税税率和征收率 • 增值税应纳税额的计算 • 增值税的税收优惠 • 增值税征收管理 • 增值税专用发票使用规定 • 消费税税目 • 消费税征税范围 • 消费税的税率 • 消费税应纳税额的计算 • 消费税征收管理 • 城市维护建设税 • 教育费附加	• 了解税法的基本要素，知晓现行税种与征收机关 • 知晓增值税纳税人和扣缴义务人，一般纳税人和小规模纳税人的划分 • 掌握增值税征税范围的基本规定，及视同销售、混合销售与兼营及税务处理 • 了解增值税税率和征收率 • 能确定不同情形下的销售额，能判断进项税额可否抵扣，能计算一般计税方法的应纳税额，能计算简易计税方法的应纳税额 • 了解增值税的税收优惠 • 理解增值税纳税义务发生时间、纳税地点、纳税期限 • 掌握增值税专用发票的联次及用途、领购、使用管理、新办纳税人实行增值税电子专用发票 • 熟悉消费税的税目 • 掌握消费税的征税范围，能判断是否需要缴纳消费税 • 了解消费税的税率形式 • 掌握从价定率、从量定额、复合计税三种计税方法，会计算不同征税环节的消费税 • 知晓消费税纳税义务发生时间、纳税地点、纳税期限	12课时

续表

序号	教学模块	教学内容描述	能力要求	课时
			• 知晓城市维护建设税的纳税人、税率、计税依据、税收优惠、征收管理；能计算应纳税额 • 知晓教育费附加的纳税人、征收比率、计征依据、计算公式、减免规定	
5	所得税法律制度	• 企业所得税纳税人 • 企业所得税的征收管理 • 企业所得税的税率 • 企业所得税应纳税所得额的计算公式与原则 • 企业收入总额、不征税收入、免税收入 • 企业收益性支出的扣除 • 以前年度亏损的弥补 • 资产的企业所得税处理 • 企业所得税的税收优惠 • 个人所得税纳税人及其纳税义务 • 个人所得税应税所得项目 • 个人所得税的税率 • 居民个人综合所得应纳税所得额的确定及应纳税额的计算 • 经营所得应纳税所得额的确定 • 其他所得应纳税所得额的确定，应纳税额的计算 • 个人所得税的税收优惠 • 个人所得税征收管理	• 知晓企业所得税纳税人，区分居民企业和非居民企业 • 知晓企业所得税的纳税地点、按年计征与分期预缴、汇算清缴、纳税申报 • 知晓企业所得税的税率 • 掌握企业所得税的应纳税所得额的计算公式与原则，并会应用、会计算应纳税额 • 掌握企业收入总额，能区分不征税收入与免税收入 • 掌握企业所得税税前扣除项目，税前扣除标准，不得税前扣除项目；会计算职工福利费、工会经费、职工教育经费、党组织工作经费、业务招待费、广告费和业务宣传费、公益性捐赠的扣除 • 知晓以前年度亏损的弥补 • 知晓资产的企业所得税处理 • 知晓企业所得税的税收优惠 • 明确个人所得税纳税人，区分居民和非居民及纳税义务 • 掌握个人所得税应税所得项目，并能判定具体所得的项目 • 了解综合所得、经营所得、其他所得适用的税率 • 能确定居民个人综合所得应纳税所得额，计算应纳税额 • 了解经营所得应纳税所得额的确定 • 确定其他所得应纳税所得额，计算应纳税额 • 熟悉个人所得税的税收优惠 • 知晓个人所得税的纳税申报、纳税期限	12课时

续表

序号	教学模块	教学内容描述	能力要求	课时
6	税收征管法律制度	• 《税收征收管理法》的适用范围、适用对象、征纳双方的权利和义务 • 税务登记管理 • 账簿和凭证管理 • 发票管理 • 纳税申报管理 • 税款征收方式，应纳税额的核定和调整，应纳税款的缴纳 • 税款征收的保障措施 • 税款征收的其他规定 • 税务检查 • 纳税信用管理 • 税收违法行为检举管理 • 重大税收违法失信案件信息公布 • 税务行政复议 • 税收法律责任	• 知晓《税收征收管理法》的适用范围，征税主体的职权、职责，纳税主体的权利和义务 • 掌握税务登记的申请人、主管机关及税务登记内容 • 熟悉账簿设置管理、对纳税人财务会计制度及其处理办法的管理、账簿凭证等涉税资料的保存 • 掌握发票管理机关，发票的种类、联次和内容、领购、开具和使用，发票的检查，全面数字化的电子发票（数电票） • 掌握纳税申报的内容、方式、要求、延期办理 • 理解各类税款征收方式适用情形，掌握核定应纳税额的情形和方法，理解应纳税额调整的含义、情形、方法、期限，掌握应纳税款的当期缴纳和延期缴纳 • 掌握责令缴纳、责令提供纳税担保、采取税收保全措施、采取强制执行措施、欠税清缴、税收优先权、阻止出境等税款征收的保障措施 • 明确税收减免、税款的退还、税款的补缴和追征、无欠税证明的开具等税款征收规定 • 知晓税务检查的范围、措施、义务，被检查人的义务 • 明确参与纳税信用评价的主体，纳税信用信息采集的范围和实施，纳税信用评价方式、周期、级别、评价结果及应用，纳税信用修复 • 知晓税收违法行为检举管理 • 了解重大税收违法失信案件信息公布 • 熟悉税务行政复议范围、管辖、申请与受理、审查和决定 • 熟悉偷税（逃税）、欠税、抗税、骗税、违反税务管理规定、不配合税务检查的法律责任，了解首违不罚制度，了解税务行政主体实施税收违法行为的法律责任	8课时

续表

序号	教学模块	教学内容描述	能力要求	课时
7	劳动合同与社会保险法律制度	• 劳动关系与劳动合同 • 劳动合同的订立 • 劳动合同的主要内容 • 劳动合同的履行与变更 • 劳动合同的解除和终止 • 集体合同与劳务派遣 • 劳动争议的解决 • 违反劳动合同法律制度的法律责任 • 基本养老保险 • 基本医疗保险 • 工伤保险 • 失业保险 • 社会保险费征缴与管理 • 违反社会保险法律制度的法律责任	• 了解劳动关系与劳动合同的概念及特征、《劳动合同法》的适用范围 • 知晓劳动合同订立的概念和原则，掌握对劳动合同订立主体的要求、劳动关系的建立时间、劳动合同订立的形式、劳动合同的生效与无效 • 清楚劳动合同的必备条款与可备条款，掌握无固定期限劳动合同的订立情形、工时制度、带薪年休假、劳动报酬的基本规定、加班工资、最低工资制度、试用期、服务期、竞业限制 • 熟悉劳动合同的履行与变更 • 掌握劳动合同解除的类型及适用情形，劳动合同终止的情形，对劳动合同解除和终止的限制性规定，经济补偿，法律后果及双方义务 • 熟悉集体合同的概念、种类和订立，劳务派遣的概念特征、适用范围、权利和义务 • 熟悉劳动争议的界定、劳动争议解决方法、知晓劳动调解程序，明确劳动仲裁的申请、基本制度、裁决，熟悉劳动诉讼 • 了解用人单位、劳动者违反劳动合同法律制度的法律责任 • 掌握职工基本养老保险的覆盖范围、缴费机制、享受条件与待遇 • 掌握基本医疗保险的覆盖范围、缴费机制、费用结算、医疗期 • 掌握工伤保险的缴费机制、工伤认定与劳动能力鉴定、工伤保险待遇、特别规定 • 掌握失业保险的缴纳、享受条件、领取期限、发放标准、停止享受情形 • 了解社会保险登记、社会保险费缴纳、社会保险基金管理 • 了解用人单位违反社会保险法的法律责任，骗保行为的法律责任，各类机构的法律责任	10课时
	合计			72课时

（二）学时安排与学分

"经济法基础"课程共计 72 学时，每 18 学时折算 1 学分，共 4 学分。

五、学业质量

（一）学业质量内涵

学业质量是学生在完成课程学习后的学业成就表现。"经济法基础"课程学业质量标准是以会计事务专业核心素养及其表现水平为主要维度，结合课程内容，对学生"经济法基础"课程学业成就表现的总体刻画。根据项目任务的复杂程度、知识和技能的结构化程度、分析和解决问题的能力等不同水平学业成就表现的关键特征，"经济法基础"课程学业质量标准将学业质量划分为不同水平，并描述了不同水平学习结果的具体表现，不同水平之间具有由低到高逐渐递进的关系，体现课程结束时学生达到的水平，为核心素养评价提供基本依据。

（二）学业质量水平

"经济法基础"课程学业质量水平是"经济法基础"课程目标的综合表现。"经济法基础"课程目标划分为三个不同水平，每一个水平是通过专业核心素养的具体表现和体现课程目标的三个方面进行表述的。会计事务专业核心素养的具体表现参见"专业核心素养与课程目标"，完成课程目标包括与会计事务专业核心素养相关的专业知识、专业技能和社会能力三个方面。

学业质量水平分为优秀、合格和不合格。质量描述中：水平一为合格；水平二为优秀；未达到水平一的为不合格。

	"经济法基础"课程学业质量描述	
	水平一	水平二
专业知识	①知晓法的本质与特征、分类；了解我国法的主要渊源，了解法的时间效力、空间效力及对人效力，知道法的效力冲突及其解决方式；知道我国现行的法律部门与法律体系；知道法律关系的含义；了解法律主体的基本分类，知晓各主体的具体内涵；了解非法人组织的相关规定 ②知晓会计法律制度的构成；了解会计工作的行政管理部门，明确单位内部的会计工作管理职责；知晓会计核算的基本要求、会计年度、记账本位币、会计凭证、会计账簿、财务会计报告、账务核对和财产清查；知晓会计档案的归档范围和归档要求、移交和利用、最低保管期限、鉴定和销毁；了解社会监督的类型，清楚政府监督的主体和财政部门的会计监督；知晓办理会计事务的组织方式；知道对代理记账机构及从业人	①熟悉法的本质与特征、分类；理解我国法的主要渊源，掌握法的时间效力、空间效力及对人效力，明确法的效力冲突及其解决方式；熟悉我国现行的法律部门与法律体系；掌握法律关系的含义；明确法律主体的基本分类，掌握各主体的具体内涵；理解非法人组织的相关规定 ②熟悉会计法律制度的构成；掌握会计工作的行政管理部门，明确单位内部的会计工作管理职责；熟悉会计核算的基本要求、会计年度、记账本位币、会计凭证、会计账簿、财务会计报告、账务核对和财产清查；掌握会计档案的归档范围和归档要求、移交和利用、最低保管期限、鉴定和销毁；熟悉社会监督的类型，清楚政府监督的主体和财

续表

	"经济法基础"课程学业质量描述	
	水平一	水平二
专业知识	员的资质要求及管理，清楚代理记账的业务范围，清楚委托人、代理记账机构及其从业人员的义务；知晓会计工作岗位的设置要求、会计人员的任职条件、会计工作的禁入规定；了解伪造、变造会计资料以及编制虚假财务会计报告的法律责任；了解隐匿或者故意销毁会计资料的法律责任；了解授意、指使、强令会计机构及人员从事会计违法行为的法律责任；知晓单位负责人打击报复会计人员的法律责任 ③了解支付结算概念、服务组织和支付结算的工具，知晓支付结算的原则、基本要求；了解银行结算账户的概念和种类，知晓企业银行结算账户的开立要求、变更事项和变更时限、撤销规定；了解银行结算账户的实名制管理、资金管理、变更事项管理、预留银行签章管理、对账管理；知晓票据的概念和种类；知晓票据权利的种类、取得、行使、保全、丧失补救，了解票据责任和票据追索；知晓支票的种类、当事人、适用范围，银行本票的当事人、种类及适用范围，银行汇票的种类及使用范围，商业汇票的分类；了解汇兑和委托收款；知晓银行电子支付方式，即网上银行和条码支付；了解支付机构的概念及支付服务的种类，知晓网络支付和预付卡；知晓支付结算纪律及违反支付结算法律制度的法律责任 ④了解税法的基本要素，知晓现行税种与征收机关；知晓不征收增值税的情形；了解增值税税率和征收率；了解增值税税收优惠；了解增值税纳税义务发生时间、纳税地点、纳税期限；知晓消费税的税目、征税范围，了解消费税的税率形式、纳税义务发生时间、纳税地点、纳税期限；了解城市维护建设税的纳税人、税率、计税依据、税收优惠、征收管理；了解教育费附加的纳税人、征收比率、计征依据、计算公式、减免规定 ⑤知晓企业所得税的纳税人、纳税地点、纳税期限、纳税申报和税率；了解以前年度亏损的弥补、资产的企业所得税处理及企业所得税的税收优惠；知晓个人所得税的纳税人、纳税申报、纳税期限，了解综合所得、经营所得、其他所得适用的税率；了解经营所得应纳税所得额的确定；知晓个人所得税的免税项目、减税项目、其他免税和暂免征税项目	政部门的会计监督；熟悉办理会计事务的组织方式；掌握对代理记账机构及从业人员的资质要求及管理，明确代理记账的业务范围，掌握委托人、代理记账机构及其从业人员的义务；熟悉会计工作岗位的设置要求、会计人员的任职条件、会计工作的禁入规定；掌握伪造、变造会计资料以及编制虚假财务会计报告的法律责任；掌握隐匿或者故意销毁会计资料的法律责任；掌握授意、指使、强令会计机构及人员从事会计违法行为的法律责任；熟悉单位负责人打击报复会计人员的法律责任 ③熟悉支付结算概念、服务组织和支付结算的工具，掌握支付结算的原则、基本要求；熟悉银行结算账户的概念和种类，掌握企业银行结算账户的开立要求、变更事项和变更时限、撤销规定；掌握银行结算账户的实名制管理、资金管理、变更事项管理、预留银行签章管理、对账管理；熟悉票据的概念和种类；熟悉票据权利的种类、取得、行使、保全、丧失补救，掌握票据责任和票据追索；熟悉支票的种类、当事人、适用范围，银行本票的当事人、种类及适用范围，银行汇票的种类及使用范围，商业汇票的分类；掌握汇兑和委托收款；熟悉银行电子支付方式，即网上银行和条码支付；理解支付机构的概念及支付服务的种类，掌握网络支付和预付卡；熟悉支付结算纪律及违反支付结算法律制度的法律责任 ④掌握税法的基本要素，熟悉现行税种与征收机关；熟悉不征收增值税的情形；掌握增值税税率和征收率；熟悉增值税税收优惠；理解增值税纳税义务发生时间、纳税地点、纳税期限；熟悉消费税的税目、征税范围，掌握消费税的税率形式、纳税义务发生时间、纳税地点、纳税期限；掌握城市维护建设税的纳税人、税率、计税依据、税收优惠、征收管理；掌握教育费附加的纳税人、征收比率、计征依据、计算公式、减免规定 ⑤熟悉企业所得税的纳税人、纳税地点、纳税期限、纳税申报和税率；掌握以前年度亏损的弥补、资产的企业所得税处理及企业所得税的税收优惠；熟悉个人所得税的

续表

"经济法基础"课程学业质量描述	
	水平一	水平二
专业知识	⑥知晓《税收征收管理法》的适用范围、征税主体的职权及职责、纳税主体的权利和义务；了解税务登记的申请人、主管机关、税务登记内容；知晓账簿设置管理、对纳税人财务会计制度及其处理办法的管理、账簿凭证等涉税资料的保存；知晓纳税申报的内容、方式、要求、延期办理，知晓应纳税额调整的含义、情形、方法、期限，理解应纳税款的当期缴纳和延期缴纳；了解责令缴纳、责令提供纳税担保、采取税收保全措施、采取强制执行措施、欠税清缴、税收优先权、阻止出境等税款征收的保障措施；知晓税收减免、税款的退还、税款的补缴和追征、无欠税证明的开具等税款征收规定；知晓税务检查的范围、措施、意义、被检查人的义务；了解参与纳税信用评价的主体、纳税信用信息采集的范围和实施、纳税信用评价方式、周期、级别、评价结果及应用、纳税信用修复；了解重大税收违法失信案件信息公布；知晓税务行政复议范围、管辖、申请与受理；知晓偷税（逃税）、欠税、抗税、骗税、违反税务管理规定、不配合税务检查的法律责任，知晓首违不罚制度；了解税务行政主体实施税收违法行为的法律责任 ⑦了解劳动关系与劳动合同的概念及特征、《劳动合同法》的适用范围，知晓劳动合同订立的概念和原则；了解劳动合同的必备条款与可备条款，知晓无固定期限劳动合同的订立情形、工时制度、带薪年休假、劳动报酬的基本规定、加班工资、最低工资制度、试用期、服务期、竞业限制；了解集体合同的概念、种类和订立，知晓劳务派遣的概念、特征、适用范围、权利和义务；了解用人单位、劳动者违反劳动合同法律制度的法律责任；知晓职工基本养老保险的覆盖范围、缴费机制、享受条件与待遇；知晓基本医疗保险的覆盖范围、缴费机制、费用结算、医疗期；知晓工伤保险的缴费机制、工伤认定与劳动能力鉴定、工伤保险待遇、特别规定；知晓失业保险的缴纳、享受条件、领取期限、发放标准、停止享受情形；了解社会保险登记、社会保险费缴纳、社会保险基金管理；了解用人单位违反社会保险法的法律责任、骗保行为的法律责任、各类机构的法律责任	纳税人、纳税申报、纳税期限，了解综合所得、经营所得、其他所得适用的税率；掌握经营所得应纳税所得额的确定；熟悉个人所得税的免税项目、减税项目、其他免税和暂免征税项目 ⑥熟悉《税收征收管理法》的适用范围、征税主体的职权及职责、纳税主体的权利和义务；掌握税务登记的申请人、主管机关、税务登记内容；熟悉账簿设置管理、对纳税人财务会计制度及其处理办法的管理、账簿凭证等涉税资料的保存；熟悉纳税申报的内容、方式、要求、延期办理，熟悉应纳税额调整的含义、情形、方法、期限，理解应纳税款的当期缴纳和延期缴纳；掌握责令缴纳、责令提供纳税担保、采取税收保全措施、采取强制执行措施、欠税清缴、税收优先权、阻止出境等税款征收的保障措施；熟悉税收减免、税款的退还、税款的补缴和追征、无欠税证明的开具等税款征收规定；熟悉税务检查的范围、措施、意义、被检查人的义务；掌握参与纳税信用评价的主体、纳税信用信息采集的范围和实施、纳税信用评价方式、周期、级别、评价结果及应用、纳税信用修复；掌握重大税收违法失信案件信息公布；熟悉税务行政复议范围、管辖、申请与受理；熟悉偷税（逃税）、欠税、抗税、骗税、违反税务管理规定、不配合税务检查的法律责任，熟悉首违不罚制度；掌握税务行政主体实施税收违法行为的法律责任 ⑦掌握劳动关系与劳动合同的概念及特征、《劳动合同法》的适用范围，熟悉劳动合同订立的概念和原则；掌握劳动合同的必备条款与可备条款，熟悉无固定期限劳动合同的订立情形、工时制度、带薪年休假、劳动报酬的基本规定、加班工资、最低工资制度、试用期、服务期、竞业限制；掌握集体合同的概念、种类和订立，熟悉劳务派遣的概念、特征、适用范围、权利和义务；掌握用人单位、劳动者违反劳动合同法律制度的法律责任；熟悉职工基本养老保险的覆盖范围、缴费机制、享受条件与待遇；熟悉基本医疗保险的覆盖范围、缴费机制、费用结算、医疗期；熟悉工伤保险的缴费机制、工伤

续表

	"经济法基础"课程学业质量描述	
	水平一	水平二
专业知识		认定与劳动能力鉴定、工伤保险待遇、特别规定；熟悉失业保险的缴纳、享受条件、领取期限、发放标准、停止享受情形；掌握社会保险登记、社会保险费缴纳、社会保险基金管理；掌握用人单位违反社会保险法的法律责任、骗保行为的法律责任、各类机构的法律责任
	水平一	水平二
专业技能	①能分析法律关系的三要素，辨析法律关系的客体；能判断法律事件与法律行为；能明确自然人的概念、出生和死亡时间、住所、民事权利能力、民事行为能力、刑事责任能力；能明确法人的民事权利能力、民事行为能力、住所、组织机构、法定代表人、法人设立中的责任承担、法人的合并、分立、解散、终止、清算；能掌握民事责任、行政责任、刑事责任的本质区别，能掌握三类法律责任的具体形式 ②能进行特殊情况下会计档案的处置；能明确单位内部会计监督的主体、对象、要求、发现问题的处理、不相容职务分离控制；会进行代理记账财务会计报告的签章；能判断会计工作岗位，理解执行回避制度；能区别会计专业职务与会计专业技术资格；能辨析会计工作交接的适用情形，了解交接的基本程序，分清交接责任；能识别违反国家统一会计制度行为的法律责任 ③能根据具体要求，开立和使用企业的基本存款账户、一般存款账户、专用存款账户、临时存款账户；掌握个人银行结算账户的开户管理和使用；能区别出票、背书、承兑、保证四种票据行为和相应的票据当事人；能进行支票的出票及付款，掌握签发空头支票或与预留签章不符的支票的法律责任；能进行银行本票的出票及付款；能进行银行汇票的出票申请、受理与交付、实际结算金额结算、提示付款及退款；能进行商业汇票出票、承兑、背书、贴现及付款；能进行银行卡账户的交易、银行卡计息与收费，掌握银行卡收单业务 ④掌握增值税纳税人和扣缴义务人，能区分增值税一般纳税人和小规模纳税人；掌握增值税征税范围的基本规定，能分析具体业务所属的税目类型，能判断视同销售的业务情形，能区分混	①能准确分析法律关系的三要素，正确辨析法律关系的客体；能准确判断法律事件与法律行为；能深刻理解自然人的概念、出生和死亡时间、住所、民事权利能力、民事行为能力、刑事责任能力；能深刻理解法人的民事权利能力、民事行为能力、住所、组织机构、法定代表人、法人设立中的责任承担、法人的合并、分立、解散、终止、清算；能准确掌握民事责任、行政责任、刑事责任的本质区别，能准确掌握三类法律责任的具体形式 ②能准确进行特殊情况下会计档案的处置；能深刻理解单位内部会计监督的主体、对象、要求、发现问题的处理、不相容职务分离控制；能准确进行代理记账财务会计报告的签章；能正确判断会计工作岗位，理解执行回避制度；能准确区别会计专业职务与会计专业技术资格；能正确辨析会计工作交接的适用情形，熟悉交接的基本程序，分清交接责任；能准确识别违反国家统一会计制度行为的法律责任 ③能根据具体要求，正确开立和使用企业的基本存款账户、一般存款账户、专用存款账户、临时存款账户；熟练掌握个人银行结算账户的开户管理和使用；能准确区别出票、背书、承兑、保证四种票据行为和相应的票据当事人；能准确进行支票的出票及付款，熟练掌握签发空头支票或与预留签章不符的支票的法律责任；能准确进行银行本票的出票及付款；能准确进行银行汇票的出票申请、受理与交付、实际结算金额结算、提示付款及退款；能准确进行商业汇票出票、承兑、背书、贴现及付款；能准确进行银行

续表

| | "经济法基础"课程学业质量描述 |

	水平一	水平二
专业技能	合销售与兼营的税务处理；能根据不同情形确定增值税的销售额，能判断进项税额能否抵扣，能分别运用一般计税方法和简易计税方法计算应纳税额；掌握增值税专用发票的联次及用途、领购、使用管理，明确新办纳税人实行增值税电子专用发票；能判断是否需要缴纳消费税，掌握从价定率、从量定额、复合计税三种计税方法，能计算不同征税环节的消费税；能计算城市维护建设税的应纳税额 ⑤能判断企业所得税的居民企业和非居民企业；掌握企业所得税应纳税所得额的计算公式与原则，能应用及计算应纳税额；掌握企业收入总额，能区分不征税收入与免税收入；掌握所得税税前扣除项目及扣除标准，能计算职工福利费、工会经费、职工教育经费、党组织工作经费、业务招待费、广告费和业务宣传费、公益性捐赠的扣除；能判断个人所得税的居民个人和非居民个人及纳税义务；掌握个人所得税应税所得项目，能判定具体所得的种类；能确定居民个人综合所得应纳税所得额并计算应纳税额，能确定其他所得应纳税所得额并计算应纳税额 ⑥掌握发票管理机关，发票的种类、联次和内容，会进行发票的领购、开具、使用和检查，能开具数电票；能判定各类税款征收方式适用情形，掌握核定应纳税额的情形和方法；能掌握税收违法行为检举管理、税务行政复议的审查和决定 ⑦能掌握对劳动合同订立主体的要求、劳动关系的建立时间、劳动合同订立的形式、劳动合同的生效与无效；能明确劳动合同的履行与变更；能判定劳动合同解除的类型及适用情形、劳动合同终止的情形，掌握对劳动合同解除和终止的限制性规定、经济补偿、法律后果及双方义务；掌握劳动争议的界定及解决方法，明确劳动调解程序、劳动仲裁的申请、基本制度及裁决，熟悉劳动诉讼；能解决职工基本养老保险、基本医疗保险、工伤保险、失业保险的一般问题	卡账户的交易、银行卡计息与收费，熟练掌握银行卡收单业务 ④熟练掌握增值税纳税人和扣缴义务人，能准确区分增值税一般纳税人和小规模纳税人；熟练掌握增值税征税范围的基本规定，能准确分析具体业务所属的税目类型，能准确判断视同销售的业务情形，能正确区分混合销售与兼营的税务处理；能根据不同情形确定增值税的销售额，能准确判断进项税额能否抵扣，能分别运用一般计税方法和简易计税方法准确计算应纳税额；熟练掌握增值税专用发票的联次及用途、领购、使用管理，明确新办纳税人实行增值税电子专用发票；能准确判断是否需要缴纳消费税，熟练掌握从价定率、从量定额、复合计税三种计税方法，能正确计算不同征税环节的消费税；能正确计算城市维护建设税的应纳税额 ⑤能准确判断企业所得税的居民企业和非居民企业；熟练掌握企业所得税应纳税所得额的计算公式与原则，能正确应用及计算应纳税额；熟练掌握企业收入总额，能准确区分不征税收入与免税收入；熟练掌握所得税税前扣除项目及扣除标准，能正确计算职工福利费、工会经费、职工教育经费、党组织工作经费、业务招待费、广告费和业务宣传费、公益性捐赠的扣除；能准确判断个人所得税的居民个人和非居民个人及纳税义务；熟练掌握个人所得税应税所得项目，能准确判定具体所得的种类；能准确确定居民个人综合所得应纳税所得额并计算应纳税额，能准确确定其他所得应纳税所得额并计算应纳税额 ⑥熟练掌握发票管理机关，发票的种类、联次和内容，会正确进行发票的领购、开具、使用和检查，能正确开具数电票；能准确判定各类税款征收方式适用情形，熟练掌握核定应纳税额的情形和方法；能熟练掌握税收违法行为检举管理、税务行政复议的审查和决定 ⑦能熟练掌握对劳动合同订立主体的要求、劳动关系的建立时间、劳动合同订立的形式、劳动合同的生效与无效；能明确劳动合

续表

	"经济法基础"课程学业质量描述	
	水平一	水平二
专业技能		同的履行与变更;能准确判定劳动合同解除的类型及适用情形、劳动合同终止的情形,熟练掌握对劳动合同解除和终止的限制性规定、经济补偿、法律后果及双方义务;熟练掌握劳动争议的界定及解决方法,明确劳动调解程序、劳动仲裁的申请、基本制度及裁决,熟悉劳动诉讼;能熟练解决职工基本养老保险、基本医疗保险、工伤保险、失业保险的一般问题
	水平一	水平二
社会能力	①具有基本的逻辑思维能力和分析解决实际问题的能力 ②初步形成爱岗敬业、诚实守信、严谨细致、客观公正的职业精神,能依法办事、保守秘密、重视诚信 ③基本养成搞好服务和参与管理的职业意识 ④遵守会计职业道德、会计准则和行为规范,坚持原则,具备一定的社会责任感和担当精神 ⑤有一定自我管理能力,基本遵守课堂纪律,基本能完成工作任务和课后作业 ⑥具备基本的沟通能力,能完成基本的学习活动,具备一定的知识迁移能力 ⑦具有基本的团队意识,服从工作安排	①具有较强的逻辑思维能力和分析解决实际问题的能力 ②具备爱岗敬业、诚实守信、严谨细致、客观公正的职业精神,能依法办事、保守秘密、重视诚信 ③养成搞好服务和参与管理的职业意识,初步形成认知财政政策的意识 ④遵守会计职业道德、会计准则和行为规范,坚持原则,具备社会责任感和担当精神,初步养成精益求精的工匠精神 ⑤自我管理能力强,课堂组织纪律性强,按时且认真完成工作任务和课后作业 ⑥沟通能力强,在学习过程中遇到问题能够虚心求教,耐心倾听别人的意见,具备较强的知识迁移能力 ⑦有较强的团队意识,服从工作安排,人际关系和谐,团结协作精神强

六、课程实施

(一)教学要求

"经济法基础"课程教学要全面落实"立德树人"的根本任务,遵循教学规律,把促成会计事务专业核心素养的形成和发展作为主要目标。在教学活动中,教师应准确把握课程目标、课程内容、学业质量的要求,合理设计教学目标、教学方法、教学过程和教学评价,积极进行教学反思,通过相应的教学实施,在学生掌握专业知识和专业技能的同时,促进专业核心素养的提升及水平的达成。在教学实践中,要不断探索和创新教学方式,不仅重视如何教,更要重视如何学,引导学生养成良好的学习习惯,努力激发学生的学习兴趣。在教学活动中，教师应有意识地结合实际教学内容，潜移默化地引导学生遵守国家法律法规，坚守职业道德。

1. 运用"任务驱动"教学模式，设计教学情境

教师在教学的过程中，设计合适的教学情境和工作任务，合理应用任务分配、案例分析、情境创设、实例展示、小组合作、分组讨论等方式展开教学，引导学生观察现象、发现问题，能用法律的思想、方法解决问题，使学生真切体会到经济活动中所需的经济法律职业能力，促进学生对知识的主动认知，提升学生对知识的理解水平，初步形成专业素养。教师进行知识传授、能力培养、价值引导，使学生掌握经济法基本理论，把懂法、守法的基本要求变成自觉行动，从而进一步强化学生法治思维和法律意识的培养。

2. 以典型案例为载体，培养学生分析解决实际问题的能力

案例教学为学生创造了良好的学习预设，可以激起学生的兴趣，促使学生主动地融入教学情境中。通过对案例的分析，在解决案例问题的过程中，提高学生分析和解决经济法律问题的能力，提升学生的情感体验，培养学生科学、乐观和求实的态度，促进学生形成良好的价值观，最终达成"立德树人"根本目标。

3. 加强信息技术的运用，建设信息化教学资源

基于课程内容多、范围广的特点，建设线上课程资源库，为学生课前预习、课后强化复习提供学习资源。同时，利用网络资源，通过视频、动画、图片等形式引导学生进行思考和讨论，把符合学生认知水平的知识分享给学生，开阔学生的眼界，增长学生的学识，促进学生的长期发展。教师在讲解教材上有关的法规知识时，需要充分考虑当前最新的法律法规、政策变化等，弥补教材内容滞后的缺陷，使学生在学习过程中及时接收新的知识，提高学生掌握知识的时效性。另外信息化教学考核如课前预习完成度、课后作业准确度等均有大数据记录，为课程考核提供了数据支撑。

（二）师资条件

1. 专任教师

（1）符合中等职业学校专业课教师的任职条件，具备中等职业学校教师的基本素养和道德要求，热爱教育事业，具有强烈的责任心和使命感。能够落实课程思政要求，挖掘课程中的思政教育元素和资源。

（2）具有高度的敬业精神和专业精神，熟悉国家财经法律法规知识。

（3）具有信息化教学能力，能熟练运用信息化教学平台，善于使用信息化工具，能熟练使用线上教学工具和应用软件的功能，能够开展混合式教学等教法改革。

（4）具备一定的表达能力，能理实结合、深入浅出、通俗易懂地进行教学，能运用各种教学手段和教学工具指导学生进行学习。

（5）具有较强的教科研能力，能够跟踪新经济、新技术发展前沿，开展社会服务。专业教师每年至少1个月在企业或生产性实训基地锻炼，每5年累计不少于6个月的企业实践经历。

（6）学生数与专任教师数比例不高于20∶1，专任教师中具有高级专业技术职务人数不

低于20%,"双师型"教师占专业课教师数比例应不低于50%。

2. 兼职教师

(1) 主要从本专业相关行业企业的高技术技能人才中聘任,应具有扎实的专业知识和丰富的实际工作经验,能针对企业的实际情况进行实践教学。

(2) 原则上应具有中级及以上专业技术职务或在市级及以上职业技能竞赛中获奖。

(3) 了解教育教学规律,能承担专业课程教学、实习实训指导和学生职业发展规划指导等专业教学任务,具有较强的教学组织能力。

(三) 实践教学

1. 实训场地

配备多媒体教学设备、计算机及网络设备、实训软件等设备、扫描仪、高拍仪、票据打印机、票据装订机、电子开票系统、电子票据识别系统等设备及软件的技能实训室。

2. 实训工具设备

配备电子和纸质账证票据资料,配备多种不同用途和版本的办税业务应用软件,提供企业劳动合同,提供案例和网上模拟考试练习。

(四) 教学方法

本课程主要使用下列教学方法:

1. 任务驱动教学法

任务驱动教学法是指在学习过程中,紧紧围绕一个共同的任务活动中心,在强烈的问题动机的驱动下,通过对学习资源的积极主动应用,进行自主探索和互动协作的学习,并在完成既定任务的同时,引导学生产生一种学习实践活动。

2. 案例教学法

以案例为基本素材,通过师生、生生之间的双向和多向互动,让学生把所学的理论知识运用于实践活动中,以提高学生发现问题、分析问题和解决实际问题的能力的一种教学方法。

3. 讲授法

讲授法的特点是能够系统地给学生介绍知识、传授知识,是教师通过口头语言向学生描绘情境、叙述事实、解释概念、论证原理和阐明规律的教学方法。

4. 启发式教学法

在教学过程中,创设和利用问题情境使学生面临具体问题,以刺激学生思维的积极性,引导学生主动学习,启发他们独立地探索问题。运用启发式教学方法,可以培养学生分析问题、解决问题的能力,通过经历问题的解决过程,激发学生的自主学习热情,提高学习兴趣,而且通过对解决问题的方法的探索,可以激发学生的创造热情,培养创新能力。

(五) 教学手段

为了达到预期教学目的,本课程结合教学内容,主要采用以下现代化教学手段:

1. 多媒体教学手段

多媒体教学手段是指在教学过程中,根据教学目标和教学对象的特点,通过教学设计,合理选择和运用现代教学媒体,并与传统教学手段有机组合,共同参与教学全过程,以多种媒体信息作用于学生,形成合理的教学过程结构,达到最优化的教学效果。常见多媒体教学手段主要包括电子课件、音频、视频、Flash 动画演示、教学软件等。

2. 网络教学手段

网络教学作为新兴的教学手段,有着自身的特点和优势。"经济法基础"课程教学应充分利用网络,发挥网络教学的优势,拓展网络教学的平台。利用网络教学资源和网络教学平台指导学生开展学习,调动学生学习兴趣,提高学习效率。

(六) 教材要求

(1) 原则上从国家和省级教育行政部门发布的规划教材目录中选用,国家和省级规划目录中没有的教材,可在职业院校教材信息库选用。不得以岗位培训教材取代专业课程教材。选用的教材必须是通过审核的版本,擅自更改内容的教材不得选用,未按照规定程序取得审核认定意见的教材不得选用。不得选用盗版、盗印教材。

(2) 选用的教材要以习近平新时代中国特色社会主义思想为指导,贯彻国家"三教"改革精神,落实"立德树人"根本任务,充分体现社会主义核心价值观,有助于中职学生形成正确的世界观、人生观、价值观。

(3) 选用的教材要充分体现时代特点和现代意识,同时适应中职学生的认知特点,充分考虑学生身心发展需要,有助于培养学生的社会责任感、动手实践能力和创新创业精神,有助于学生形成良好的个性和健全的人格。

(4) 选用的教材要全面体现"经济法基础"课程标准的理念和要求,有机融合会计事务专业核心素养,要体现学生在学习过程中的参与程度、参与水平和情感态度。

(5) 选用的教材要适合线上线下教育,能发挥传统教学手段和网络教学手段各自的优势,促进教学资源的有效运用,有利于学生运用多种媒介和信息技术开展自主、合作与探究式学习,优化课程实施。

(6) 倡导使用新型活页式、工作手册式教材并配套开发信息化资源,以实现多样化的教材形态,促进教学手段的更新。同时形成纸质教材、电子资料、网络资源相结合的立体化教材体系。

(七) 配套课程资源与利用

中等职业学校"经济法基础"课程配套资源的开发与利用应充分考虑学生的身心发展特点,依据教育性、科学性、发展性的原则,符合教学规律要求,倡导合作共享、因地制宜地开发教学资源,提高教学质量,以利于教学目标的达成。

"经济法基础"课程资源,可以是与教材配套的纸质习题文本,也可以是多媒体资源、网络资源。教师要充分利用现代信息技术,积极开发与利用各种课程资源,制作课堂教学PPT,开发微课、视频、音频、题库等资源,整理、优化课程资源库,逐步形成完善的立体化课程资源体系,为学生自主学习提供更多的机会和途径,鼓励学生创新思维和专业知识的整合，提高学生学习积极性。

同时，教师依托线上教学网络平台，向学生提供直播课程、录播课程、线上练习、在线答疑等多种形式的网络教学资源，优化教与学活动，推动课程教学的优化实施，引导学生在学习过程中结合上述资源进行自主、合作、探究式学习，为进一步开展线上线下混合式教学创造条件。学生在学习过程中实际生成的各种问题、拓展材料及学生成果等，也是一种有意义的课程资源。

校企合作资源也是一种重要的课程资源，要充分利用校企合作平台开展教学活动，通过与相关企业的合作，结合学校实训基地或"校中厂"资源，给学生提供参观、访问企业的机会，让学生直接参与到校企共建实训基地的工作中来，拓宽学生的视野，促进学生会计事务专业核心素养的养成。

（八）线上教学安排

1. 选用教学平台

教师应根据"经济法基础"课程教学内容，结合线上教学方式特点，合理选择使用一个能做到线上线下教学无缝切换的教学平台作为主要线上教学平台。同时，将QQ、微信、钉钉等其他即时通信软件作为备用平台用于课堂应急、临时讨论、即时消息等用途。

2. 准备教学资源

依据"经济法基础"课程标准的要求和具体的教学内容，有选择地、创造性地使用、优化、整合资源，助力学生有效学习。

3. 线上教学实施

教师根据"经济法基础"课程标准，结合教学对象实际情况，考虑课前课中课后三个环节，与学生进行充分的互动交流，将现代信息技术融入线上课程，提高学生上课的参与度和融入感，提高学生的学习效果。通过弹幕、答题、连麦等手段与学生进行在线互动，让学生真正融入线上课堂。

4. 线上教学的管理

为了保证线上教学的有序开展，课程负责人应在校园网络资源平台建设课程页面，发布课程公告、课程学习资源，根据授课进度布置作业，组织课后答疑，及时发布课程过程考核成绩，落实完整的教学过程。通过技术手段对学生进行全过程考核，保证教学质量。

七、教学评价

教学评价是"经济法基础"课程教学活动的重要组成部分，贯穿教学过程的始终，其目的是促进学生学习、改善教师教学、完善课程设计、监控学业质量。

（一）以课程目标为评价依据

"经济法基础"课程学习评价以课程目标作为评价的主要依据，其根本目的是促进学生专业核心素养的提升。评价应反映"以人为本"的教育理念，不仅要关注学生掌握专业知识、专业技能的程度，关注学生会计事务专业核心素养水平的达成，还要关注学生的学习态度、学习方法和学习习惯的养成，从而衡量课程目标达成情况。

（二）注重评价的多元化

应围绕会计事务专业核心素养和课程目标，依据学业要求选择评价内容，注重多种评价方式有机结合与运用，强调多元评价主体的共同参与，以获取较为全面的评价信息。可以通过学生自评、互评、教师评价等方式进行评价。评价不仅要关注学生外在学习结果，更要关注内在学习品质。要重视过程性评价与终结性评价相结合。教师要有意识地利用评价过程与结果，通过评价引导学生学会学习，发现学生学习的个性特点和具体问题，及时引导，提出有针对性的建议，激发学生学习的动力。同时，依据评价结果反思日常教学，优化教学内容，调整教学策略，完善教学过程，为学生会计事务专业核心素养的发展提供有力支持。

（三）重视评价结果的呈现

教学评价的结果要服务教学、反馈教学、促进教学，评价结果的呈现是评价的重要组成部分。教师要充分利用信息技术，收集、整理、分析有关反映学生学习过程和结果的数据，获取教学的反馈信息，通过多元化的评价方式形成的课后作业记录表、单项专业技能评价表、学习表现评价表、学业总评考核表等结果，能够综合反映学生的会计事务专业核心素养水平。

（四）学业水平考试要求

考试是课程评价的重要组成部分，学业水平考试是评价的重要方式。学业水平考试需要对学生不同阶段的学习成果做出综合评价，进行学分评定。

学习每个模块后，根据本课程标准的学业要求和阶段性学业水平对学生的学习成绩进行评定，并根据成绩结果给予相应学分。

总分	$\Sigma \geq 90$	$60 \leq \Sigma < 90$	$\Sigma < 60$
评定等级	优秀	合格	不合格

编写人员：景　莹　武汉市财政学校
　　　　　　李　娜　武汉市财政学校
审核人员：郑　鹏　武汉市财政学校

"电子票据技术应用"课程标准

课程名称	电子票据技术应用	课程类别	专业基础课
适用专业	会计事务	学时 学分	72 学时 4 学分

一、课程性质与设计思路

（一）课程性质

"电子票据技术应用"课程是会计事务专业的一门专业基础课程。随着现代信息技术的发展，财务共享逐渐成为企业财务核算的主流模式，对财务票据的处理能力成为会计工作的一项重要的基本技能。通过本课程的学习，认知会计核算工作涉及的主要票据，掌握基本的票据法规知识，具有企业主要经济业务票据识别、整理、票据影像化处理和电子发票开具等票据业务处理能力。养成遵纪守法、严谨细致的工作作风，为后续会计岗位工作打下坚实的技能基础。

（二）设计思路

本课程根据会计岗位所需求的票据业务的处理能力要求设置。全面系统地介绍了现行财务工作中涉及的主要票据，并按重要程度确定了将发票、银行票据作为本课程的核心内容。课程对于发票业务，以全面数字化的电子发票（以下简称"数电票"）为载体，重点介绍了发票的开具、接收录入等业务。对于银行票据，重点介绍了银行票据业务的基础知识，主要银行票据的开具业务。智能技术已在票据处理中得到广泛应用，在相关章节也设计了诸如智能票据识别等业务活动内容。

二、专业核心素养与课程目标

（一）专业核心素养

会计事务专业核心素养，是指学生通过学习具备能够适应终身发展和社会发展需要的会计职业关键能力和必备品格。会计职业关键能力包括逻辑思维能力、企业运营及资金运动的空间想象能力、数据处理分析能力、账务处理能力、分析和解决实际问题的能力；必备品格包括爱岗敬业、诚实守信、依法办事、保守秘密，养成严谨细致和客观公正的职业精神，以及搞好服务和参与管理的职业意识。

（二）课程目标

通过本课程的学习，使学生树立正确的人生观、价值观，能正确认识会计职业在社会经济发展中的重要作用，培养学生票据处理能力。认知电子票据的产生与发展，理解财务票据的分类；掌握发票业务、银行结算票据的处理，以及财务共享中心票据录入业务；掌握票据智能技术应用。树立职业观念，初步养成财经法律意识，遵守会计职业道德，具有一定的分析问题和解决问题的能力。

三、本课程在专业课程体系中的位置

会计事务专业课程设置主要包括公共基础课程和专业课程。专业课程一般包括专业基础课程、专业核心课程、专业拓展课程，并涵盖实训等有关实践性教学环节。思政教育和会计文化融入课程内容。本课程在专业课程体系中的位置如下图所示。

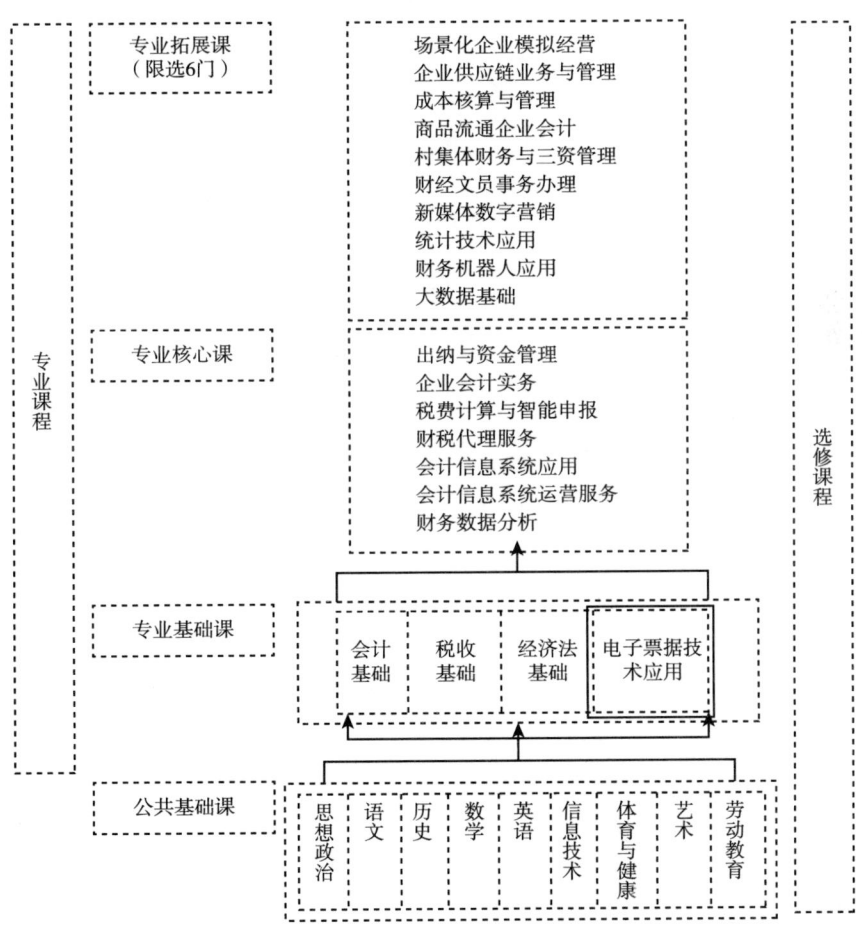

四、课程内容与学时安排

（一）课程内容

"电子票据技术应用"课程内容

序号	教学模块	教学内容描述	能力要求	课时
1	电子票据的产生与发展	• 电子票据的产生与发展 • 电子票据应用的优势 • 电子商业汇票的应用	• 知晓电子票据的概念 • 知晓电子票据的产生与发展 • 知晓电子票据应用的优势 • 知晓电子商业汇票的应用	2课时
2	认识财务票据	• 发票的起源与发展 • 发票的种类 • 发票的管理 • 支付结算票据 • 票据结算基本规定 • 其他票据类型	• 能知晓发票的起源与发展 • 能熟悉发票的种类，掌握发票的管理 • 能熟悉支付结算票据，包括支票、银行本票、银行汇票、商业汇票、电子商业汇票等，熟悉票据结算基本规定 • 能知晓其他票据类型	10课时
3	发票业务处理	• 发票的领用、开具、接收等操作要求 • 发票作废、遗失、毁损、缴销等操作要求 • 税控专用设备丢失、被盗、注销发行等操作要求 • 数电票的开具、报销 • 数字化电子发票系统的应用	• 能够掌握发票票种核定 • 能知晓增值税专用发票最高开票限额审批，掌握税控专用设备初始发行、变更发行，掌握发票领用 • 能掌握发票的开具、代开等日常处理 • 能够掌握税控专用设备丢失、被盗、注销发行等操作要求 • 能够掌握数电票的开具、报销，熟练应用数字化电子发票系统	18课时
4	银行票据业务	• 支票业务基本规定，支票的出票 • 银行本票业务基本规定，银行汇票业务基本规定，银行汇票的出票 • 商业汇票业务基本规定，商业汇票的出票	• 能了解支票业务基本规定，掌握支票的出票操作 • 能了解银行本票业务基本规定，掌握银行本票的出票操作 • 能了解银行汇票业务基本规定，掌握银行汇票的出票操作 • 能了解商业汇票业务基本规定，掌握商业汇票的出票操作	18课时
5	财务共享中心票据录入业务处理	• 财务共享中心票据整理业务的处理 • 财务共享中心票据扫描业务的处理 • 财务共享中心票据录入业务的处理	• 能运用职业判断整理票据 • 能掌握票据扫描业务的处理流程 • 能根据财务共享中心的记账规则，进行票据录入业务的处理	20课时
6	票据智能技术应用	• OCR扫描技术的工作原理 • 票据智能识别的操作 • 票据智能审核的操作	• 知晓OCR扫描技术的工作原理 • 能运用票据智能技术进行票据识别、票据审核	4课时
	合计			72课时

（二）学时安排与学分

"电子票据技术应用"课程共计 72 学时，每 18 学时折算 1 学分，共 4 学分。

五、学业质量

（一）学业质量内涵

学业质量是学生在完成课程学习后的学业成就表现。"电子票据技术应用"课程学业质量标准是以会计事务专业核心素养及其表现水平为主要维度，结合课程内容，对学生"电子票据技术应用"课程学业成就表现的总体刻画。根据项目任务的复杂程度、知识和技能的结构化程度、分析和解决问题的能力等不同水平学业成就表现的关键特征，"电子票据技术应用"课程学业质量标准将学业质量划分为不同水平，并描述了不同水平学习结果的具体表现，不同水平之间具有由低到高逐渐递进的关系，体现课程结束时学生达到的水平，为核心素养评价提供基本依据。

（二）学业质量水平

"电子票据技术应用"课程学业质量水平是"电子票据技术应用"课程目标的综合表现。"电子票据技术应用"课程目标划分为三个不同水平，每一个水平是通过专业核心素养的具体表现和体现课程目标的三个方面进行表述的。会计事务专业核心素养的具体表现参见"专业核心素养与课程目标"，完成课程目标包括与会计事务专业核心素养相关的专业知识、专业技能和社会能力三个方面。

学业质量水平分为优秀、合格和不合格。质量描述中：水平一为合格；水平二为优秀；未达到水平一为不合格。

	"电子票据技术应用"课程学业质量描述	
	水平一	水平二
专业知识	①了解电子票据的产生与发展 ②了解发票的起源与发展，熟悉发票的种类，掌握发票的管理 ③熟悉支付结算票据及票据结算基本规定 ④了解其他票据类型	①熟悉电子票据的产生与发展 ②熟悉发票的起源与发展，认知发票的种类，并做好发票的管理工作 ③熟悉支付结算票据，掌握票据结算基本规定 ④熟悉其他票据类型，包括财政票据、税收票证、境外取得与纳税有关发票或凭证、收款收据等
	水平一	水平二
专业技能	①能领用、开具、接收发票 ②能处理发票作废、遗失、毁损、缴销等异常情况	①能熟练领用、开具、接收发票 ②能熟练处理发票作废、遗失、毁损、缴销等异常情况

续表

	"电子票据技术应用"课程学业质量描述	
	水平一	水平二
专业技能	③能处理税控专用设备丢失、被盗、注销发行等异常情况 ④能够应用数字化电子发票系统，进行数电票的开具、报销 ⑤了解支票业务、银行本票业务、银行汇票业务和商业汇票业务的基本规定；掌握各票据类型的出票操作 ⑥能够处理财务共享中心票据整理、票据扫描、票据录入业务 ⑦能够利用OCR扫描技术，进行票据智能识别、票据智能审核	③能熟练处理税控专用设备丢失、被盗、注销发行等异常情况 ④能够熟练应用数字化电子发票系统，进行数电票的开具、报销 ⑤熟知支票业务、银行本票业务、银行汇票业务和商业汇票业务的基本规定；掌握各票据类型的出票操作 ⑥能够准确处理财务共享中心票据整理、票据扫描、票据录入业务 ⑦能够熟练利用OCR扫描技术，进行票据智能识别、票据智能审核
	水平一	水平二
社会能力	①具有基本的逻辑思维能力和数据处理分析能力 ②初步形成爱岗敬业、诚实守信、严谨细致、客观公正的职业精神，能依法办事、保守秘密、重视诚信 ③基本养成搞好服务和参与管理的职业意识 ④了解会计文化，遵守会计职业道德、会计准则和行为规范，坚持原则，具备一定的社会责任感和担当精神 ⑤有一定自我管理能力，基本遵守课堂纪律、基本能完成工作任务和课后作业 ⑥具备基本的沟通能力，能完成基本的学习活动，具备一定的知识迁移能力 ⑦具有基本的团队意识，服从工作安排	①具有较强的逻辑思维能力和数据处理分析能力 ②具备爱岗敬业、诚实守信、严谨细致、客观公正的职业精神，能依法办事、保守秘密、重视诚信 ③养成搞好服务和参与管理的职业意识，关注市场、初步形成认知财经政策的意识 ④了解会计文化，遵守会计职业道德、会计准则和行为规范，坚持原则，具备社会责任感和担当精神，初步养成精益求精的工匠精神 ⑤自我管理能力强，课堂组织纪律性强，按时且认真完成工作任务和课后作业 ⑥沟通能力强，在学习过程中遇到问题能够虚心求教，耐心倾听别人的意见。具备较强的知识迁移能力 ⑦有较强的团队意识，服从工作安排，人际关系和谐，团结协作精神强

六、课程实施

（一）教学要求

中等职业学校"电子票据技术应用"课程教学要全面落实"立德树人"的根本任务，深入挖掘中职会计专业的育人价值，树立以发展学生会计事务专业核心素养为导向的教学意识，遵循教学规律，始终把促成专业核心素养的形成和发展作为主要目标，将会计事务专业核心素养的培养贯穿于教学活动的全过程。在教学活动中，教师应准确把握课程目标、课程内容、学业质量的要求，合理设计教学目标、教学方法、教学过程和教学评价，积极进行教学反思，通过相应的教学实施，在学生掌握专业知识和专业技能的同时，促进会计事务专业核心素养的提升及水平的达成。在教学实践中，要不断探索和创新教学方式，不仅重视如何教，更要重视如何学，引导学生养成良好的学习习惯，努力激发学生学习会计的兴趣。

1. 制定突出会计事务专业核心素养的教学目标

会计事务专业核心素养是"电子票据技术应用"课程目标的集中体现，是在课程学习的过程中逐步形成的。教师在制定教学目标时要充分关注会计事务专业核心素养的达成；要深入理解会计事务专业核心素养的内涵、表现、水平及其相互联系；要结合实际教学任务，思考会计事务专业核心素养在教学活动中的孕育点、生长点；要注意会计事务专业核心素养与具体教学内容的关联；要关注会计事务专业核心素养目标在教学中的可实现性，探索其融入教学内容和教学过程的具体方式及载体，在此基础上确定教学目标。

2. 促进会计事务专业核心素养的持续发展

教师要以会计事务专业核心素养为导向，明确教学目标的要求和课程内容的重难点，教学过程循序渐进，以不同类型票据的业务处理以及智能技术应用的结合为主线，明晰"电子票据技术应用"课程在形成会计事务专业核心素养中表现出的阶段性和连续性。

"电子票据技术应用"课堂教学活动与课后探究活动是综合提升会计事务专业核心素养的载体。教师应对其进行整体设计，引导学生在活动过程中积累、发现、提出问题，培养学生分析和解决问题的能力，养成学生独立思考与合作交流的习惯。同时，在教学活动中，教师应有意识地结合实际教学内容，介绍电子票据在经济活动中的作用，将专业文化渗透、融入日常教学活动。潜移默化地引导学生遵守《票据法》《电子签名法》等国家法律法规，坚守职业道德，提升学生的社会适应能力和人文素养。

3. 要创设有利于发展会计事务专业核心素养的教学情境和工作任务

基于会计事务专业核心素养的教学活动应该把握专业实质，创设合适的教学情境、设计合适的工作任务，引发学生思考、交流与完成，培育会计事务专业核心素养。教学情境和工作任务应当是多样的、多层次的。

在教学活动中，应结合教学项目、工作任务及其蕴含的会计事务专业核心素养，将理论与实践相结合，设计出合适的教学情境和工作任务，引导学生观察现象、发现问题，能用专业的思想、方法解决问题，初步形成专业素养。在解决问题的过程中，理解教学内容的实质，提高动手能力，促进学生会计事务专业核心素养的形成和发展。教师应通过不断学习、探索、实践，来提升自身的专业素养，开发出符合中职学生认知规律、有助于提升学生会计事务专业核心素养的优秀案例。

4. 采用多样化教学方式，为学生创设自主、合作、探究式的学习条件

教师要把培养、发展学生学习能力作为教学活动的重心，在教学过程中主动创设条件来发展学生学习能力，积极探索有利于促进学生学习的多样化教学方式。要善于根据不同的项目和任务采用不同的教学方式，抓住关键的教学与学习环节，增强教学效果。帮助学生在学习"电子票据技术应用"课程的过程中，初步形成自主学习、合作学习和探究式学习的能力。学生能否有效开展自主、合作与探究式学习是衡量学生学习能力发展水平的重要指标。在教学中，教师要有意识地给予学生指导，为学生创设支持和激励的学习环境。课前合理布

置自学任务，课中组织小组合作学习、共同探究，课后丰富作业形式，提高作业质量，布置适量的拓展性作业。密切关注学生是否通过学习初步形成专业结构化知识，促使学生在教学活动中以合作和探究的方式获得专业知识、发展专业技能、提高专业能力、形成健康人格，强调学生之间相互促进、共同提高，从而培养学生自主、合作、探究的学习能力。

5. 运用信息技术，拓宽学习渠道

信息技术的广泛应用正在对会计专业教学产生重大影响。在"电子票据技术应用"课程中，信息技术是教师教和学生学的重要辅助手段，为教和学提供了丰富多样的资源。教师要把握好技术与"电子票据技术应用"课程教学的关系，合理利用信息技术，注重信息技术与"电子票据技术应用"课程的深度融合，借助信息技术优化整合课堂教学，转变教学与学习方式，创设线上线下一体化的"混合式"学习生态。促进学生在信息化环境中主动学习，实现传统教学手段难以达到的效果。同时，对信息化环境下"电子票据技术应用"课程教学模式，仍需从教学流程、教学资源、教学支持等影响学生学习的各种要素所发生的新变化持续进行探索。

（二）师资条件

1. 专任教师

（1）符合中等职业学校专业课教师的任职条件，具备中等职业学校教师的基本素养和道德要求，热爱教育事业，具有强烈的责任心和使命感。能够落实课程思政要求，挖掘专业课程中的思政教育元素和资源。

（2）具有高度的敬业精神和专业精神，会计理论功底扎实，具有票据相关岗位工作经验，熟悉《票据法》等国家法律法规知识和企业会计准则。

（3）具有会计、财务管理等相关专业学历，精通各行业会计核算业务的理论知识，能熟练开展会计核算工作，熟练操作电子票据软件。

（4）具备一定的表达能力，能理实结合、深入浅出、通俗易懂地进行教学，能运用各种教学手段和教学工具指导学生进行理论学习和开展实践教学。

（5）具有较强的教科研能力，能够运用信息技术开展混合式教学等教法改革；能够跟踪新经济、新技术发展前沿，开展社会服务。专业教师每年至少1个月在企业或生产性实训基地锻炼，每5年累计不少于6个月的企业实践经历。

（6）学生数与专任教师数比例不高于20∶1，专任教师中具有高级专业技术职务人数不低于20%，"双师型"教师占专业课教师数比例应不低于50%。

2. 兼职教师

（1）主要从本专业相关行业企业的高技术技能人才中聘任，应具有扎实的专业知识和丰富的实际工作经验，能针对企业的实际情况进行电子票据实践教学。

（2）原则上应具有中级及以上专业技术职务或在市级及以上职业技能竞赛中获奖。

（3）了解教育教学规律，能承担专业课程教学、实习实训指导和学生职业发展规划指导等专业教学任务，具有较强的教学组织能力。

（三）实践教学

1. 实训场地

配备多媒体教学设备、计算机及网络设备、扫描仪、高拍仪、票据打印机、票据装订机、电子开票系统、电子票据识别系统等设备及软件的电子票据基本技能实训室。

2. 实训工具设备

配备会计工作所需的各类办公设施及基本文具，如打印机、扫描仪、计算器、文件柜及各种日常耗材等。配置具有网络，能够流畅运行实训软件的计算机设备。

3. 实训软件

智能化实训室应配备"电子票据技术应用"课程相关实训软件，满足理实一体化教学需求。

4. 仿真实训资料

配备"电子票据技术应用"课程相关仿真教学软件指导手册、实训指导微课、教学配套 PPT 等。

（四）教学方法

本课程主要使用下列教学方法：

1. 任务驱动教学法

任务驱动教学法是指在学习过程中，紧紧围绕一个共同的任务活动中心，在强烈的问题动机驱动下，通过对学习资源的积极主动应用，进行自主探索和互动协作的学习，并在完成既定任务的同时，引导学生产生一种学习实践活动。

2. 案例教学法

案例教学法是一种通过模拟或者重现现实生活中的一些场景，让学生把自己纳入案例场景，通过讨论或者研讨来进行学习的教学方法。教学中既可以通过分析、比较，研究各种各样成功的经验，从中抽象出某些一般性的结论或原理，也可以让学生通过自己的思考或者他人的思考来拓宽视野，丰富知识。

3. 讲授法

讲授法是教师通过口头语言向学生描绘情境、叙述事实、解释概念、论证原理和阐明规律的教学方法。

4. 项目教学法

项目教学法是师生通过共同实施一个完整的教学项目而进行的教学活动。将一个相对独立的项目，交由学生自己处理。信息的收集、方案的设计、项目的实施及最终的评价，都由学生自己负责。学生通过该项目的进行，了解并把握整个过程及每一环节中的基本要求。

（五）教学手段

为了达到预期教学目的，本课程结合教学内容，主要采用以下现代化教学手段：

1. 多媒体教学手段

多媒体教学手段是指在教学过程中，根据教学目标和教学对象的特点，通过教学设计，合理选择和运用现代教学媒体，并与传统教学手段有机组合，共同参与教学全过程，以多种媒体信息作用于学生，形成合理的教学过程结构，达到最优化的教学效果。常见多媒体教学手段主要包括电子课件、音频、视频、Flash 动画演示、教学软件等。

2. 网络教学手段

网络教学作为新兴的教学手段，有着自身的特点和优势。"电子票据技术应用"课程教学应充分利用网络，发挥网络教学的优势，拓展实践教学的平台。利用网络教学资源和网络教学平台指导学生开展学习，调动学生学习兴趣，提高学习效率。

（六）教材要求

（1）原则上从国家和省级教育行政部门发布的规划教材目录中选用，国家和省级规划目录中没有的教材，可在职业院校教材信息库选用。不得以岗位培训教材取代专业课程教材。选用的教材必须是通过审核的版本，擅自更改内容的教材不得选用，未按照规定程序取得审核认定意见的教材不得选用。不得选用盗版、盗印教材。

（2）选用的教材要以习近平新时代中国特色社会主义思想为指导，贯彻国家"三教"改革精神，落实"立德树人"根本任务，充分体现社会主义核心价值观，有助于中职学生形成正确的世界观、人生观、价值观。

（3）选用的教材要充分体现时代特点和现代意识，同时适应中职学生的认知特点，充分考虑学生身心发展需要，有助于培养学生的社会责任感、动手实践能力和创新创业精神，有助于学生形成良好的个性和健全的人格。

（4）选用的教材要全面体现"电子票据技术应用"课程标准的理念和要求，有机融合会计事务专业核心素养，符合会计事务专业核心素养发展规律。既要关注学生学习知识的结果，也要注重学生在学习过程中对专业技术和文化的理解与体验，更要体现学生在学习过程中的参与程度、参与水平和情感态度。

（5）选用的教材要适合线上线下教育，能发挥传统教学手段和网络教学手段各自的优势，促进教学资源的有效运用，有利于学生运用多种媒介和信息技术开展自主、合作与探究式学习，优化课程实施。

（6）倡导使用新型活页式、工作手册式教材并配套开发信息化资源，以实现多样化的教材形态，促进教学手段的更新。同时形成纸质教材、电子资料、网络资源相结合的立体化教材体系。

（七）配套课程资源与利用

中等职业学校"电子票据技术应用"课程配套资源的开发与利用应充分考虑学生的身心发展特点，依据教育性、科学性、发展性的原则，符合教学规律要求，倡导合作共享、因地制宜地开发教学资源，提高教学质量，以利于教学目标的达成。

"电子票据技术应用"课程资源，可以是与教材配套的纸质习题文本，也可以是多媒体资源、网络资源。教师要充分利用现代信息技术，积极开发与利用各种课程资源，制作课堂教学PPT，开发微课、视频、音频等资源，整理、优化课程资源库，逐步形成完善的立体化课程资源体系，为学生自主学习提供更多的机会和途径，鼓励学生创新思维和专业知识的整合，提高学生学习积极性。

同时，教师依托校园网络平台，向学生提供直播课程、录播课程、线上练习、在线答疑等多种形式的网络教学资源，优化教与学活动，推动课程教学的优化实施，引导学生在学习过程中结合上述资源进行自主、合作、探究式学习，为进一步开展线上线下混合式教学创造条件。要充分利用校企合作平台开展教学活动，通过与相关企业的合作，结合学校实训基地或"校中厂"资源，给学生提供参访企业的机会，让学生熟悉实际工作。

（八）线上教学安排

1. 选用教学平台

教师应根据"电子票据技术应用"课程教学内容，结合线上教学方式特点，合理选择使用一个能做到线上线下教学无缝切换的教学平台作为主要线上教学平台。同时，将QQ、微信、钉钉等其他即时通信软件作为备用平台用于课堂应急、临时讨论、即时消息等用途。

2. 准备教学资源

教师应充分发挥主观能动性和创造性，依据"电子票据技术应用"课程标准的要求和具体的教学内容，有选择地、创造性地使用、优化、整合资源，助力学生有效学习。要提前谋划，储备资源，通过网盘、U盘等工具随身携带重要教学资源，做好线上教学的充分准备。

3. 线上教学实施

教师根据"电子票据技术应用"课程标准，结合教学对象实际情况，考虑课前课中课后三个环节，与学生进行充分的互动交流，将新变化、新事物、现代信息技术融入线上课程，提高学生上课的参与度和融入感，提高学生的学习效果。

课前通过网络平台将视频、课件及相关资料推送给学生阅览，并给学生布置一定的任务。引导学生主动学习，带着任务听课，提高教学效果。课中由教师讲述重要知识点，配合教学资源，积极引导学生思考，通过弹幕、答题、连麦等手段与学生进行在线互动，让学生真正融入线上课堂。融合思政教学，帮助学生树立正确的价值观、学习观，促进学生健康成长。课后布置与教学内容相匹配的课后作业，通过聊天软件对学生进行课后辅导，为学生答疑解惑。

4. 线上教学的管理

为了保证线上教学的有序开展，课程负责人应在校园网络资源平台建设课程页面，教师通过课程页面，发布课程公告、课程学习资源，布置并批改作业，组织课后答疑，及时发布课程过程考核成绩，落实完整的教学过程。通过技术手段对学生进行全过程考核，确保学生到课听课率，保证教学质量。

要严格落实线上教学管理制度。课程负责人应确保线上课程框架体系完整，教学资源内容全面、科学合理、无政治性及学术性错误，严把课程质量关。课程主讲教师应严格按照教学计划开展线上教学，不得随意进行线上合班或更换授课时间、授课教师。

七、教学评价

教学评价是"电子票据技术应用"课程教学活动的重要组成部分，贯穿教学过程的始终，其目的是促进学生学习、改善教师教学、完善课程设计、监控学业质量。

（一）以课程目标为评价依据

"电子票据技术应用"课程学习评价以课程目标作为评价的主要依据，其根本目的是促进学生专业核心素养的提升。评价应反映"以人为本"的教育理念，不仅要关注学生掌握专业知识、专业技能的程度，关注学生会计事务专业核心素养水平的达成，还要关注学生的学习态度、学习方法和学习习惯的养成，从而衡量课程目标达成情况。

（二）注重评价的多元化

应围绕会计事务专业核心素养和课程目标，依据学业要求选择评价内容，注重多种评价方式有机结合与运用，强调多元评价主体的共同参与，以获取较为全面的评价信息。可以通过学生自评、互评、教师评价等方式进行评价。评价不仅要关注学生外在学习结果，更要关注内在学习品质。要重视过程性评价与终结性评价相结合。教师要有意识地利用评价过程与结果，通过评价引导学生学会学习，发现学生学习的个性特点和具体问题，及时引导，提出有针对性的建议，激发学生学习的动力。同时，依据评价结果反思日常教学，优化教学内容，调整教学策略，完善教学过程，为学生会计事务专业核心素养的发展提供有力支持。

（三）重视评价结果的呈现

教学评价的结果要服务教学、反馈教学、促进教学，评价结果的呈现是评价的重要组成部分。教师要充分利用信息技术，收集、整理、分析有关反映学生学习过程和结果的数据，获取教学的反馈信息，通过多元化的评价方式形成的课后作业记录表、单项专业技能评价表、学习表现评价表、学业总评考核表等结果，能够综合反映学生的会计事务专业核心素养水平。

（四）学业水平考试要求

考试是课程评价的重要组成部分，学业水平考试是评价的重要方式。学业水平考试需要对学生不同阶段的学习成果做出综合评价，进行学分评定。

学习每个模块后，根据本课程标准的学业要求和阶段性学业水平对学生的学习成绩进行评定，并根据成绩结果给予相应学分。

总分	$\Sigma \geqslant 90$	$60 \leqslant \Sigma < 90$	$\Sigma < 60$
评定等级	优秀	合格	不合格

编写人员：陈艺茹　厦门网中网软件有限公司
　　　　　陈月红　厦门网中网软件有限公司
　　　　　林月香　厦门网中网软件有限公司
审核人员：徐建宁　厦门网中网软件有限公司
　　　　　郑　鹏　武汉市财政学校

专业核心课程标准

"出纳与资金管理"课程标准

课程名称	出纳与资金管理	课程类别	专业核心课
适用专业	会计事务	学时 学分	72 学时 4 学分

一、课程性质与设计思路

（一）课程性质

"出纳与资金管理"课程是会计事务专业的专业核心课程。本课程根据出纳与资金管理岗位的职业能力要求设置，依据我国《会计法》《会计基础工作规范》《支付结算法律制度》以及新的支付结算方式，对接国家财税新政策，全面、系统、科学地介绍出纳与资金管理的基本理论和基本知识、出纳核算的基本方法和基本技能。通过本课程的学习，逐步培养学生的资金管理理念，熟悉出纳工作流程，养成诚信为本、操守为重、坚持原则、不做假账的职业精神，具备出纳与资金管理工作的基本职业能力。

（二）设计思路

本课程是一门实践性和操作性较强的课程。总体设计思路是在分析、调查出纳与资金管理岗位工作任务的基础上，以企业的实际工作过程为导向，以资金管理、现金收付、银行结算等典型工作任务为载体，强调学生的主体地位和能力培养，重视工作任务的完成和训练，实现理论与实践的统一，为其他专业核心课程与拓展课程的学习打下坚实的基础，并能适应会计相关岗位群的需要。教学内容方面突出学生应用能力的培养，强调理论必须、技能够用。遵循从简单到复杂，由具体到抽象的认知规律，进行课程教学内容的设计和安排。本课程结合中等职业教育会计事务专业教学标准，引导学生初步了解数字化技术对出纳与资金管理工作的影响，同时将典型工作任务纳入教学内容。教学组织方面倡导任务驱动、知行合一、理实一体化教学，以提高学生解决实际问题的能力。

二、专业核心素养与课程目标

（一）专业核心素养

"出纳与资金管理"课程应服务于会计事务专业核心素养的养成。会计事务专业核心素养,是指学生通过学习具备能够适应终身发展和社会发展需要的会计职业关键能力和必备品格。会计职业关键能力包括逻辑思维能力、企业运营及资金运动的空间想象能力、数据处理分析能力、账务处理能力、分析和解决实际问题的能力;必备品格包括爱岗敬业、诚实守信、依法办事、保守秘密,养成严谨细致和客观公正的职业精神,以及搞好服务和参与管理的职业意识。

(二)课程目标

通过本课程的学习,使学生树立正确的人生观、价值观,能正确认识出纳与资金管理工作在社会经济发展中的重要作用,培养学生的资金管理能力和依据流程办理相关业务的操作能力。理解出纳的职能、任务、对象、要素;掌握出纳基本技能、理论知识和专业技能,能完成现金收付点验、票据印鉴保管、银行结算、日记账登记、资金报告编制等工作;树立职业观念,初步养成财经法律意识,遵守职业道德;了解行业的业态变化对出纳与资金管理工作的影响,具有一定的分析问题和解决问题的能力。

三、本课程在专业课程体系中的位置

会计事务专业课程设置主要包括公共基础课程和专业课程。专业课程一般包括专业基础课程、专业核心课程、专业拓展课程,并涵盖实训等有关实践性教学环节。思政教育和会计文化融入课程内容。本课程在专业课程体系中的位置如下图所示。

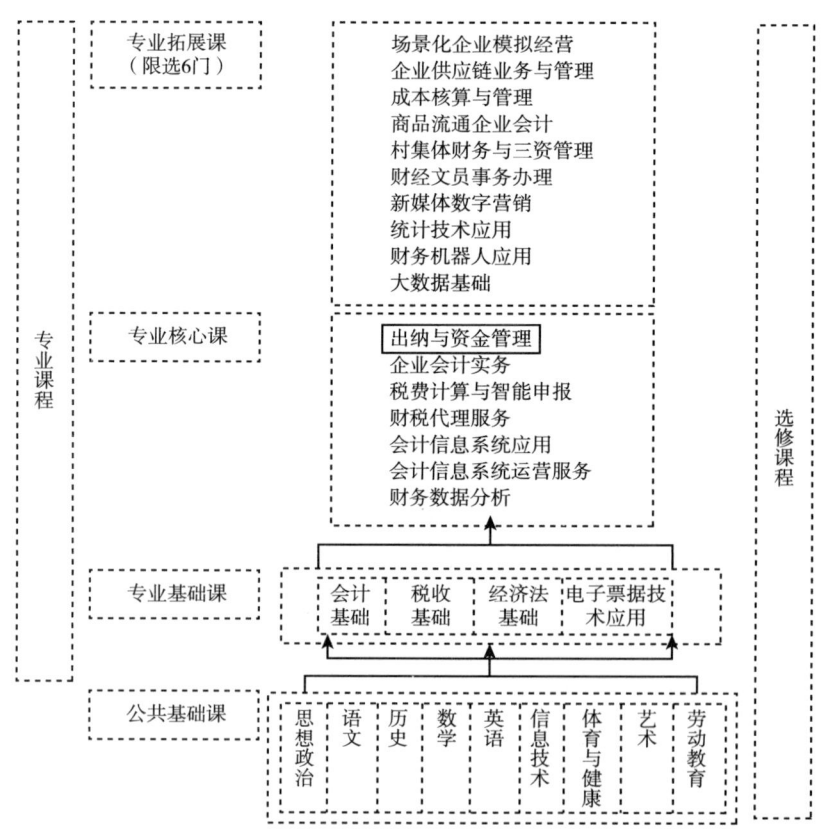

四、课程内容与学时安排

（一）课程内容

"出纳与资金管理"课程内容

序号	教学模块	教学内容描述	能力要求	课时
1	认识出纳	• 出纳工作岗位 • 出纳任职要求 • 大数据思维及大数据技术 • 代理记账 • 现代信息技术对出纳工作的影响	• 能区分出纳与会计 • 能梳理出纳的工作任务和工作流程 • 能阐述出纳的任职要求	4课时
2	出纳岗位基本技能	• 点钞、验钞、处理残币 • 规范书写大小写数字、金额、日期及常用会计符号 • 保管现金、印鉴与票证 • "五证合一"的办理 • 办理收银业务	• 能熟练清点纸币、硬币并处理残币 • 能正确识别人民币的真伪 • 能规范书写大小写数字、金额、日期及常用会计符号 • 能妥善保管现金、印鉴与票证 • 能办理新设企业"五证合一"业务 • 能办理企业证照变更业务 • 能熟练操作收银设备工具，会处理账单卡券业务	4课时
3	资金管理	• 资金管理的目标 • 货币的时间价值 • 资金预算与计划 • 现金流分析 • 资金使用效率分析 • 资金风险管理	• 能理解企业资金管理的目标和重要性 • 能理解货币的时间价值 • 能运用简单的利息计算方法来评估不同时间点的资金价值 • 能根据企业的经营情况编制简单的资金预算 • 能收集和分析企业的现金流量数据 • 能计算和分析常用的财务比率 • 能识别企业资金管理中可能面临的风险	8课时
4	现金业务	• 现金管理制度 • 库存现金限额的计算和申请 • 办理现金收付业务 • 办理现金存取业务 • 现金业务相关单据的开具方法 • 现金业务相关单据的审核方法 • 启用、登记现金日记账 • 现金日记账的对账、结账 • 实施现金盘点	• 能准确计算库存现金限额并填写库存现金限额申请批准书 • 能办理资金收付业务 • 能办理现金存取业务 • 能开具、审核现金业务相关单据 • 能启用、登记现金日记账并对账、结账 • 能清查现金并处理长短款	16课时
5	银行业务	• 开立、使用、管理银行结算账户 • 外汇及外汇账户 • 开通、使用网上银行 • 核算银行存款、借款业务	• 能开立、使用、管理银行结算账户 • 能开设外汇账户 • 能开通、使用网上银行 • 能办理银行存款、借款业务	30课时

续表

序号	教学模块	教学内容描述	能力要求	课时
		• 启用、登记银行存款日记账 • 银行存款日记账的对账、结账 • 实施银行对账，编制银行存款余额调节表 • 银行对账RPA智能工具应用场景 • 票据结算基础知识 • 支票结算 • 银行汇票结算 • 商业汇票结算 • 银行本票结算 • 汇兑结算 • 委托收款结算 • 托收承付结算 • 信用卡结算 • 外汇结算 • 支付宝和微信支付 • 电子单证的生成与智能记账	• 能启用、登记银行存款日记账并对账、结账 • 能编制银行存款余额调节表 • 能填制银行结算相关票据 • 能处理支票结算、银行汇票结算、商业汇票结算、银行本票结算、汇兑结算、委托收款结算、托收承付结算、信用卡结算业务 • 能处理外汇结算业务 • 能利用支付宝和微信等第三方平台办理收付款手续	
6	出纳账簿及凭证交接	• 管理往来账 • 票据备查簿的格式及填写方法 • 电子账簿的生成 • 会计资料的归档业务 • 会计电子档案 • 出纳工作交接	• 能妥善管理往来账 • 能熟练填写票据备查簿 • 能整理、保管会计资料 • 能办理出纳工作交接 • 能填制移交清册	4课时
7	资金报表	• 现金日报表 • 资金变动表 • 现金流量结余表 • 报表数据的可视化呈现	• 能编制现金日报表、资金变动表、现金流量结余表等资金报表	6课时
	合计			72课时

（二）学时安排与学分

"出纳与资金管理"课程共计72学时，每18学时折算1学分，共4学分。

五、学业质量

（一）学业质量内涵

学业质量是学生在完成课程学习后的学业成就表现。"出纳与资金管理"课程学业质量标准是以会计事务专业核心素养及其表现水平为主要维度，结合课程内容，对学生"出纳与资金管理"课程学业成就表现的总体刻画。根据项目任务的复杂程度、知识和技能的结构化程度、分析和解决问题的能力等不同水平学业成就表现的关键特征，将学业质量划分为不同水平,并描述了不同水平学习结果的具体表现,不同水平之间具有由低到高逐渐递进的关系,体现课程结束时学生达到的水平,为核心素养评价提供基本依据。

(二) 学业质量水平

"出纳与资金管理"课程学业质量水平是课程目标的综合表现,划分为三个不同水平,每一个水平是通过专业核心素养的具体表现和专业知识、专业技能和社会能力三个方面进行表述的。

学业质量水平分为优秀、合格和不合格。质量描述中:水平一为合格;水平二为优秀;未达到水平一的为不合格。

	"出纳与资金管理"课程学业质量描述	
	水平一	水平二
专业知识	①了解出纳的含义、职能,以及出纳与会计的区别;熟悉出纳的工作内容、工作流程;了解出纳的任职要求 ②了解大小写数字、金额的标准写法;掌握手持式、手按式点钞法及硬币清点方法;了解人民币防伪特征及残币处理;了解保险柜、点钞机、支付密码器的使用方法;了解印鉴的使用及管理 ③了解现金管理制度;掌握库存现金限额的计算方法;掌握现金缴款单、现金支票、增值税发票、收款收据的填开方法;了解常见结算凭证的审核方法;掌握现金存取、收支业务的账务处理程序 ④了解银行结算账户的类型和特点;了解开立、变更、撤销单位银行结算账户基本流程;了解银行结算账户的日常管理;了解网银收付款业务的基本操作及处理程序 ⑤了解空白支票请购单、进账单、银行本票业务委托书、银行本票、银行汇票业务委托书、托收凭证、委托收款凭证、汇兑业务委托书的填写方法;掌握转账支票、商业承兑汇票、银行承兑汇票的签发方法;了解银行汇票、托收凭证、商业承兑汇票、银行承兑汇票的审核方法;掌握转账支票、银行汇票、商业承兑汇票、银行承兑汇票、委托收款收付款业务的处理程序;了解凭证的购买、启用、登记及保管 ⑥了解借款申请书的填写方法及借款合同的拟订方法;掌握银行存款、借款、借款利息业务的办理程序;熟悉利息费用的计算方法	①熟悉出纳的含义、职能,以及出纳与会计的区别;掌握出纳的工作内容、工作流程;熟悉出纳的任职要求 ②掌握大小写数字、金额的标准写法;掌握手持式、手按式点钞法及硬币清点方法;掌握人民币防伪特征及残币处理;掌握机械式、电子式保险柜的开启、关闭、更换密码方法,点钞机的使用方法,支付密码器的操作方法;掌握印鉴的使用及管理;了解"五证合一"的办理 ③熟悉现金管理制度;掌握库存现金限额的计算方法及申请库存现金限额的程序;掌握现金缴款单、现金支票、增值税发票、收款收据的填开方法;掌握借款单、差旅费报销单、工资汇总表等结算凭证的审核方法;掌握现金存取、收支业务的账务处理程序 ④了解银行结算账户的类型和特点;掌握银行开户所需资料;掌握开立、变更、撤销单位银行结算账户基本流程;熟悉银行结算账户的日常管理;掌握网银收付款业务的基本操作及处理程序;掌握信用卡的分类和有关规定;掌握外汇结算方法 ⑤掌握空白支票请购单、进账单、银行本票业务委托书、银行本票、银行汇票业务委托书、托收凭证、委托收款凭证、汇兑业务委托书的填写方法;掌握转账支票、商业承兑汇票、银行承兑汇票的签发方法;掌握银行汇票、托收凭证、商业承兑汇票、银行承兑汇票的审核方法;掌握转账支票、银行本票、银行汇票、商业承兑汇票、银行承兑汇票、汇兑、委托收款、托收承付收付款业务的处理程序;熟悉凭证的购买、启用、登记及保管;掌握票据贴现利息的计算

续表

	"出纳与资金管理"课程学业质量描述	
	水平一	水平二
专业知识	⑦了解现金的盘点方法及现金盘点报告表的填写方法；掌握现金、银行存款盘点业务的处理程序及银行存款余额调节表的编制方法 ⑧掌握现金日记账、银行存款日记账的启用、登记和对账、结账方法；了解票据备查簿的格式及填写方法 ⑨熟悉会计资料的整理、保管方法；了解出纳工作的交接；了解资料移交的基本程序及移交清册的填制方法 ⑩了解资金报表的编制 ⑪理解企业资金管理的目标和重要性；理解货币时间价值的概念；了解资金预算的概念；理解现金流分析的基本概念；了解资金管理中常用的财务比率；理解资金风险的基本概念	⑥掌握借款申请书的填写方法及借款合同的拟订方法；掌握银行存款、借款、借款利息业务的办理程序；掌握利息费用的计算方法 ⑦掌握现金的盘点方法及现金盘点报告表的填写方法；掌握现金、银行存款盘点业务的处理程序及银行存款余额调节表的编制方法 ⑧了解各类日记账格式，掌握现金日记账、银行存款日记账的启用、登记和对账、结账方法；熟悉票据备查簿的格式及填写方法 ⑨掌握会计资料的整理、保管方法；掌握出纳工作的交接；掌握资料移交的基本程序及移交清册的填制方法 ⑩掌握资金报表的编制 ⑪掌握企业资金管理的目标和重要性；掌握货币时间价值的概念及其对资金管理的影响；理解资金预算的概念；掌握现金流分析的基本概念，识别现金流入和流出的主要来源；理解资金管理中常用的财务比率；掌握资金风险的基本概念，识别企业资金管理过程中可能遇到的风险因素
	水平一	水平二
专业技能	①能区分出纳与会计，理解出纳的工作内容和工作流程 ②能规范书写大小写数字、金额；能清点纸币、硬币；能正确识别人民币真伪；能规范使用保险柜、点钞机、支付密码器；能使用、管理印鉴 ③会计算库存现金限额、填写库存现金限额申请批准书；能开具现金支票、增值税发票、收款收据；会审核常见结算凭证；能进行现金存取、收支业务的账务处理 ④会填写开立单位银行结算账户申请书、变更银行账户内容申请书、撤销银行账户申请书；能管理单位银行结算账户；能完成网银收付款业务基本操作及账务处理；能利用支付宝和微信等第三方平台办理收付款手续	①能区分出纳与会计，能梳理出纳的工作内容和工作流程 ②能正确规范书写大小写数字、金额；能熟练运用手持式、手按式点钞法清点纸币；能熟练清点硬币；能正确识别人民币真伪并处理残币；会办理"五证合一"业务；能规范正确地使用机械式、电子式保险柜；能正确使用点钞机点钞、验钞；能准确进行计算支付密码、修改出纳口令、查询历史记录的操作；能正确使用、管理印鉴 ③能准确计算库存现金限额并填写库存现金限额申请批准书；能准确开具现金缴款单、现金支票、增值税发票、收款收据；能准确审核借款单、差旅费报销单、工资汇总表等结算凭证；能准确进行现金存取、收支业务的账务处理

续表

"出纳与资金管理"课程学业质量描述		
	水平一	水平二
专业技能	⑤会填写空白支票请购单、进账单、银行汇票业务委托书、委托收款凭证；能准确签发转账支票、商业承兑汇票、银行承兑汇票；会审核银行汇票、托收凭证、商业承兑汇票、银行承兑汇票；能进行转账支票、银行汇票、商业承兑汇票、银行承兑汇票、汇兑、委托收款收付款业务的账务处理；会购买、启用、登记及保管凭证 ⑥会填写借款申请书；能进行银行存款、借款、借款利息业务账务处理；会计算借款利息费用 ⑦会盘点现金，能填写现金盘点报告表并进行现金盘点业务的账务处理；会编制银行存款余额调节表 ⑧能启用、登记现金日记账和银行存款日记账并对账、结账 ⑨能整理、保管会计资料；能进行出纳工作交接并填制移交清册 ⑩能填列现金日报表、资金变动表、现金流量结余表中的主要项目 ⑪能运用单利计算方法评估单一时间点的资金价值；能根据企业的经营情况编制简单的资金预算；能收集和分析企业的现金流量数据；能计算和分析常用的财务比率；能识别企业资金管理中可能面临的风险	④能准确准备开户资料；能准确填写开立单位银行结算账户申请书、变更银行账户内容申请书、撤销银行账户申请书；能管理单位银行结算账户；能准确完成网银收付款业务基本操作及账务处理；会进行外汇结算；能利用支付宝和微信等第三方平台办理收付款手续 ⑤能准确填写空白支票请购单、进账单、银行本票业务委托书、银行本票、银行汇票业务委托书、托收凭证、委托收款凭证、汇兑业务委托书；能准确签发转账支票、商业承兑汇票、银行承兑汇票；能准确审核银行汇票、托收凭证、商业承兑汇票、银行承兑汇票；能准确进行转账支票、银行本票、银行汇票、商业承兑汇票、银行承兑汇票、汇兑、委托收款、托收承付收付款业务的账务处理；会购买、启用、登记及保管凭证；会计算票据贴现利息 ⑥能准确填写借款申请书并拟订借款合同；能准确进行银行存款、借款、借款利息业务账务处理；能准确计算借款利息费用 ⑦能准确盘点现金、填写现金盘点报告表、进行现金盘点业务的账务处理；能准确进行账单核对并编制银行存款余额调节表 ⑧能准确启用、登记现金日记账和银行存款日记账并对账、结账；会填写票据备查簿 ⑨能准确整理会计资料并妥善保管；能进行出纳工作交接并准确填制移交清册 ⑩能熟练编制现金日报表、资金变动表、现金流量结余表等资金报表 ⑪能运用复利计算方法评估多个时间点的资金价值；能根据企业的经营情况编制资金预算，并分析和解释资金预算与实际资金流动的差异；能收集和分析企业的现金流量数据，识别现金流量的趋势和异常；能计算和分析常用的财务比率并根据分析结果提出提高资金使用效率的建议；能识别企业资金管理中可能面临的风险，提出基本的资金风险控制措施和建议

续表

	"出纳与资金管理"课程学业质量描述	
	水平一	水平二
社会能力	①了解出纳职业道德规范，初步形成严谨认真、耐心细致、吃苦耐劳的职业素养，公私分明、廉洁自律的道德操守 ②了解出纳与资金管理工作要求，掌握出纳基本技能，初步形成客观公正、实事求是的工作态度，严格遵守财经法律法规及会计准则 ③基本养成服务意识、管理意识、安全意识、风险意识、自律意识 ④具备基本的沟通能力，能完成基本的学习活动，具备一定的知识迁移能力 ⑤有一定自我管理能力，基本遵守课堂纪律，基本能完成工作任务和课后作业 ⑥具有基本的团队意识，服从工作安排	①熟悉出纳职业道德规范，具备严谨认真、耐心细致、吃苦耐劳的职业素养，公私分明、廉洁自律的道德操守，一丝不苟、精益求精的工匠精神 ②熟悉出纳与资金管理工作要求，掌握出纳基本技能，具备有条不紊的工作作风，客观公正、实事求是的工作态度，遵纪守法、公平公正的法治意识，严格遵守财经法律法规及会计准则 ③具备较强的服务意识、管理意识、安全意识、风险意识、自律意识，自律能力强，自觉遵守保密守则 ④沟通能力强，在学习过程中遇到问题能够虚心求教，耐心倾听别人的意见，具备较强的知识迁移能力 ⑤自我管理能力强，课堂组织纪律性强，按时且认真完成工作任务和课后作业 ⑥有较强的团队意识，服从工作安排，人际关系和谐，团结协作精神强

六、课程实施

（一）教学要求

新课程改革要求中等职业学校教学在考虑企业用人需求的同时，充分重视学生自身发展需求，坚持"以人为本"的教学理念并将其贯穿到整个教学活动中。教师在教授学生"出纳与资金管理"课程知识与技能的同时，应当注重对学生思想动态的把握与引导，促进学生整体素质提升，使其认识到出纳与资金管理工作重要性，并树立起良好的法律道德意识与优秀人文素养，确保学生在出纳与资金管理工作中能够真正融入社会并服务于社会。

1. 以企业需求为导向制定教学目标

"出纳与资金管理"课程教学目标的制定应当紧密围绕企业对出纳与资金管理岗位的实际需求来展开。教师应根据市场调研结果，以企业需求为导向，设定具体、明确、可衡量的教学目标，确保学生掌握必要的理论知识和实践技能。同时，教学目标应与企业实际要求保持同步，及时更新和调整课程教学目标，反映行业的新趋势、新技术和新规范。

2. 以职业能力发展为依据，整体把控课程教学内容

"出纳与资金管理"课程教学内容应以培养学生的专业核心素养为宗旨，整体规划和设计。这项教学要求在以企业需求为导向制定教学目标的基础上，进一步强调了以职业能力发

展为依据，对教学内容的精细化把控，以确保学生能够全面、系统地掌握出纳与资金管理的知识和技能。教师应根据出纳与资金管理岗位的职业能力要求，将教学内容划分为不同的模块，如资金管理、现金收付、银行结算业务等，并确保学生全面掌握相关知识和技能。同时，教师应注重理论与实践相结合，通过案例分析、模拟操作等方式，让学生在实际工作场景中学习和应用所学知识。

此外，教师还应关注学生的个性化发展，根据学生的兴趣和特长，提供相应的学习机会和拓展活动，帮助学生提升自身专业核心素养。同时加强校企合作，了解企业的需求和期望，不断更新教学内容和方法，确保课程教学内容适应行业的发展和变化。

3. 创设以出纳与资金管理工作流程为导向的教学情境和工作任务

在明确教学目标和教学内容的基础上，教师根据出纳与资金管理日常工作任务，创设一系列与实际工作相符的模拟情境，让学生扮演出纳员、资金管理人员等工作角色，深入体验实际工作流程。通过虚拟仿真实训，学生不仅能够将所学的专业知识应用到实际工作中，还能获得超出课本的职业经验。这种以工作流程为导向的情境教学设计不仅有助于学生理解和掌握课程的核心知识、技能，还能够提高学生解决实际问题的能力，为未来的职业生涯做好充分准备。

4. 采用多样化教学方式，为学生创设自主、合作、探究式的学习条件

教师要积极探索有利于促进学生学习的多样化教学方式。要善于根据不同的项目和任务采用不同的教学方式，抓住关键的教学与学习环节，增强教学效果。帮助学生在学习"出纳与资金管理"课程的过程中，初步形成自主学习、合作学习和探究式学习的能力。在教学中，教师要有意识地给予学生指导，为学生创设支持和激励的学习环境。课前合理布置自学任务，课中组织小组合作学习、共同探究，课后丰富作业形式，提高作业质量，布置适量的拓展性作业。密切关注学生是否通过学习初步形成专业结构化知识，促使学生在教学活动中以合作和探究的方式获得专业知识、发展专业技能、提高专业能力、形成健康人格，强调学生之间相互促进、共同提高，从而培养学生自主、合作、探究的学习能力。

此外，教师应在教学过程中加强学习方法指导，培养学生自主学习的能力，帮助学生感受学习专业知识的价值和意义，学会选择适合自己的学习方法和学习策略，鼓励学生主动参与学习活动并养成自我反思的习惯。

5. 运用信息技术，拓宽学习渠道，探索"互联网+"时代教与学的转变

在"互联网+"时代，信息技术的广泛应用正在对会计专业教学产生重大影响。在"出纳与资金管理"课程中，信息技术是教师教和学生学的重要辅助手段，为教和学提供了丰富多样的资源。要把握好技术与"出纳与资金管理"课程教学的关系，合理利用信息技术，注重信息技术与"出纳与资金管理"课程的深度融合，结合会计专业"1+X"证书制度，书证融通，借助信息技术优化整合课堂教学，转变教学与学习方式，创设线上线下一体化的"混合式"学习生态，形成虚拟仿真学习环境，引导学生经历多样化的学习过程，帮助学生有效地投入出纳与资金管理学习，促进学生在信息化环境中主动学习，实现传统教学手段难以达到的效果。同时，对信息化环境下的"出纳与资金管理"课程教学模式，仍需从教学流程、教学资源、教学支持等影响学生学习的各种要素所发生的新变化持续进行探索。

（二）师资条件

1. 专任教师

（1）符合中等职业学校专业课教师的任职条件，具备中等职业学校教师的基本素养和道德要求，热爱教育事业，具有强烈的责任心和使命感。能够落实课程思政要求，挖掘专业课程中的思政教育元素和资源。

（2）具有高度的敬业精神和专业精神，会计理论功底扎实，具有出纳与资金管理岗位工作经验，熟悉企业会计准则和支付结算法律制度。

（3）具有会计、财务管理等相关专业学历，精通各行业会计核算业务的理论知识，能熟练开展出纳与资金管理工作，熟练操作会计电算化软件。

（4）具备一定的表达能力，能理实结合、深入浅出、通俗易懂地进行教学，能运用各种教学手段和教学工具指导学生进行理论学习和开展实践教学。

（5）具有较强的教科研能力，能够运用信息技术开展混合式教学等教法改革；能够跟踪新经济、新技术发展前沿，开展社会服务。专业教师每年至少1个月在企业或生产性实训基地锻炼，每5年累计不少于6个月的企业实践经历。

（6）学生数与专任教师数比例不高于20∶1，专任教师中具有高级专业技术职务人数不低于20%，"双师型"教师占专业课教师数比例应不低于50%。

2. 兼职教师

（1）主要从本专业相关行业企业的高技术技能人才中聘任，应具有扎实的专业知识和丰富的实际工作经验，能针对企业的实际情况进行出纳与资金管理实践教学。

（2）原则上应具有中级及以上专业技术职务或在市级及以上职业技能竞赛中获奖。

（3）了解教育教学规律，能承担专业课程教学、实习实训指导和学生职业发展规划指导等专业教学任务，具有较强的教学组织能力。

（三）实践教学

1. 实训场地

配备多媒体教学设备、计算机及网络设备、ERP会计信息系统等设备及软件的会计信息化实训室。

2. 实训工具设备

配备出纳与资金管理工作所需的各类办公设施及基本文具，如打印机、扫描仪、计算器、文件柜及各种日常耗材等。配置具有网络、能够流畅运行实训软件的计算机设备。

3. 实训软件

配备具有工业企业常见经济业务账务处理功能的会计仿真核算软件。

4. 仿真实训资料

配备各种空白原始凭证（如增值税专用发票、增值税普通发票、领料单、入库单、差旅费报销单、通用报销单等）、通用记账凭证、会计账簿、科目汇总表、资产负债表和利润表。配备仿真的工业企业经济业务资料及其他相关资料。

（四）教学方法

本课程主要使用下列教学方法：

1. 任务驱动教学法

任务驱动教学法是指在学习过程中，紧紧围绕一个共同的任务活动中心，在强烈的问题动机的驱动下，通过对学习资源的积极主动应用，进行自主探索和互动协作的学习，并在完成既定任务的同时，引导学生产生一种学习实践活动。

2. 案例教学法

案例教学法是一种通过模拟或者重现现实生活中的一些场景，让学生把自己纳入案例场景，通过讨论或者研讨来进行学习的教学方法。教学中既可以通过分析、比较、研究各种各样成功的经验，从中抽象出某些一般性的结论或原理，也可以让学生通过自己的思考或者他人的思考来拓宽视野，丰富知识。

3. 讲授法

讲授法是教师通过口头语言向学生描绘情境、叙述事实、解释概念、论证原理和阐明规律的教学方法。

4. 项目教学法

项目教学法就是在教师的指导下，将一个相对独立的项目交由学生自己处理，信息的收集、方案的设计、项目实施及最终评价，都由学生自己负责，学生通过该项目的进行，了解并把握整个过程及每一个环节中的基本要求。

（五）教学手段

为了达到预期教学目的，本课程结合教学内容，主要采用以下现代化教学手段：

1. 多媒体教学手段

多媒体教学手段是指在教学过程中，根据教学目标和教学对象的特点，通过教学设计，合理选择和运用现代教学媒体，并与传统教学手段有机组合，共同参与教学全过程，以多种媒体信息作用于学生，形成合理的教学过程结构，达到最优化的教学效果。常见多媒体教学手段主要包括电子课件、音频、视频、Flash动画演示、教学软件等。

2. 网络教学手段

网络教学作为新兴的教学手段，有着自身的特点和优势。"出纳与资金管理"课程教学应充分利用网络，发挥网络教学的优势，拓展实践教学的平台。利用网络教学资源和网络教学平台指导学生开展学习，调动学生学习兴趣，提高学习效率。

（六）教材要求

（1）原则上从国家和省级教育行政部门发布的规划教材目录中选用，国家和省级规划目录中没有的教材，可在职业院校教材信息库选用。不得以岗位培训教材取代专业课程教材。选用的教材必须是通过审核的版本，擅自更改内容的教材不得选用，未按照规定程序取得审核认定意见的教材不得选用。不得选用盗版、盗印教材。

（2）选用的教材要以习近平新时代中国特色社会主义思想为指导，贯彻国家"三教"改革精神，落实"立德树人"根本任务，充分体现社会主义核心价值观，有助于中职学生形成正确的世界观、人生观、价值观。

（3）选用的教材要充分体现时代特点和现代意识，同时适应中职学生的认知特点，充分考虑学生身心发展需要，有助于培养学生的社会责任感、动手实践能力和创新创业精神，有助于学生形成良好的个性和健全的人格。

（4）选用的教材要全面体现"出纳与资金管理"课程标准的理念和要求，有机融合会计事务专业核心素养，符合会计事务专业核心素养发展规律。

（5）选用的教材要适合线上线下教育，能发挥传统教学手段和网络教学手段各自的优势，促进教学资源的有效运用，有利于学生运用多种媒介和信息技术开展自主、合作与探究式学习，优化课程实施。

（6）倡导使用新型活页式、工作手册式教材并配套开发信息化资源，以实现多样化的教材形态，促进教学手段的更新。同时形成纸质教材、电子资料、网络资源相结合的立体化教材体系。

（七）配套课程资源与利用

中等职业学校"出纳与资金管理"课程配套资源的开发与利用应充分考虑学生的身心发展特点，依据教育性、科学性、发展性的原则，符合教学规律要求，倡导合作共享、因地制宜地开发教学资源，提高教学质量，以利于教学目标的达成。

"出纳与资金管理"课程资源，可以是与教材配套的纸质习题文本，也可以是多媒体资源、网络资源。教师要充分利用现代信息技术，积极开发与利用各种课程资源，制作课堂教学PPT，开发微课、视频、音频等资源，整理、优化课程资源库，逐步形成完善的立体化课程资源体系，为学生自主学习提供更多的机会和途径，鼓励学生创新思维和专业知识的整合，提高学生学习积极性。

同时，教师依托校园网络平台，向学生提供直播课程、录播课程、线上练习、在线答疑等多种形式的网络教学资源，优化教与学活动，推动课程教学的优化实施，引导学生在学习过程中结合上述资源进行自主、合作、探究式学习，为进一步开展线上线下混合式教学创造条件。学生在学习过程中实际生成的各种问题、拓展材料及学生成果等，也是一种有意义的课程资源。

校企合作资源也是一种重要的课程资源，要充分利用校企合作平台开展教学活动，通过与相关企业的合作，结合学校实训基地或"校中厂"资源，给学生提供参观、访问企业的机会，让学生直接参与到校企共建实训基地的工作中来，拓宽学生的视野，促进学生会计事务专业核心素养的养成。

（八）线上教学安排

对"出纳与资金管理"课程线上教学作如下考虑：

1. 选用教学平台

教师应根据"出纳与资金管理"课程教学内容,结合线上教学方式特点,合理选择使用一个能做到线上线下教学无缝切换的教学平台作为主要线上教学平台。同时,将QQ、微信、钉钉等其他即时通信软件作为备用平台用于课堂应急、临时讨论、即时消息等用途。

2. 准备教学资源

教师应充分发挥主观能动性和创造性,依据"出纳与资金管理"课程标准的要求和具体的教学内容,有选择地、创造性地使用、优化、整合资源,助力学生有效学习。要提前谋划,储备资源,通过网盘、U盘等工具随身携带重要教学资源,做好线上教学的充分准备。

3. 线上教学实施

教师根据"出纳与资金管理"课程标准,结合教学对象实际情况,考虑课前课中课后三个环节,与学生进行充分的互动交流,将新变化、新事物、现代信息技术融入线上课程,提高学生上课的参与度和融入感,提高学生的学习效果。

课前通过网络平台将视频、课件及相关资料推送给学生阅览,并给学生布置一定的任务。引导学生主动学习,带着任务听课,提高教学效果。课中由教师讲述重要知识点,配合教学资源,积极引导学生思考,通过弹幕、答题、连麦等手段与学生进行在线互动,让学生真正融入线上课堂。融合思政教学,帮助学生树立正确的价值观、学习观,促进学生健康成长。课后布置与教学内容相匹配的课后作业,通过聊天软件对学生进行课后辅导,为学生答疑解惑。

4. 线上教学的管理

为了保证线上教学的有序开展,课程负责人应在校园网络资源平台建设课程页面,教师通过课程页面,发布课程公告、课程学习资源,布置并批改作业,组织课后答疑,及时发布课程过程考核成绩,落实完整的教学过程。通过技术手段对学生进行全过程考核,确保学生到课听课率,保证教学质量。

要严格落实线上教学管理制度。课程负责人应确保线上课程框架体系完整,教学资源内容全面、科学合理、无政治性及学术性错误,严把课程质量关。课程主讲教师应严格按照教学计划开展线上教学,不得随意进行线上合班或更换授课时间、授课教师。教务部门定期对课程线上线下混合式教学情况进行抽查,对课程在线建设情况进行普查。

七、教学评价

教学评价是"出纳与资金管理"课程教学活动的重要组成部分,贯穿教学过程的始终,其目的是促进学生学习、改善教师教学、完善课程设计、监控学业质量。

(一) 以课程目标为评价依据

"出纳与资金管理"课程学习评价以课程目标作为评价的主要依据,其根本目的是促进学生专业核心素养的提升。评价应反映"以人为本"的教育理念，不仅要关注学生掌握专业知识、专业技能的程度，关注学生会计事务专业核心素养水平的达成，还要关注学生的学习态度、学习方法和学习习惯的养成，从而衡量课程目标达成情况。

（二）注重评价的多元化

应围绕会计事务专业核心素养和课程目标，依据学业要求选择评价内容，注重多种评价方式有机结合与运用，强调多元评价主体的共同参与，以获取较为全面的评价信息。可以通过学生自评、互评、教师评价等方式进行评价。评价不仅要关注学生外在学习结果，更要关注内在学习品质。要重视过程性评价与终结性评价相结合。教师要有意识地利用评价过程与结果，通过评价引导学生学会学习，发现学生学习的个性特点和具体问题，及时引导，提出有针对性的建议，激发学生学习的动力。同时，依据评价结果反思日常教学，优化教学内容，调整教学策略，完善教学过程，为学生会计事务专业核心素养的发展提供有力支持。

（三）重视评价结果的呈现

教学评价的结果要服务教学、反馈教学、促进教学，评价结果的呈现是评价的重要组成部分。教师要充分利用信息技术，收集、整理、分析有关反映学生学习过程和结果的数据，获取教学的反馈信息，通过多元化的评价方式形成的课后作业记录表、单项专业技能评价表、学习表现评价表、学业总评考核表等结果，能够综合反映学生的会计事务专业核心素养水平。

（四）学业水平考试要求

考试是课程评价的重要组成部分，学业水平考试是评价的重要方式。学业水平考试需要对学生不同阶段的学习成果做出综合评价，进行学分评定。

学习每个模块后，根据本课程标准的学业要求和阶段性学业水平对学生的学习成绩进行评定，并根据成绩结果给予相应学分。

总分	$\Sigma \geq 90$	$60 \leq \Sigma < 90$	$\Sigma < 60$
评定等级	优秀	合格	不合格

编写人员： 柯　珂　武汉市财政学校
　　　　　　刘　颖　武汉市财政学校
审核人员： 曾　钧　武汉市财政学校
　　　　　　方　毅　武汉市财政学校

"企业会计实务" 课程标准

课程名称	企业会计实务	课程类别	专业核心课
适用专业	会计事务、金融事务、纳税事务	学时 学分	180 学时 10 学分

一、课程性质与设计思路

（一）课程性质

"企业会计实务"课程是会计事务专业的专业核心课程。本课程是在"会计基础"课程学习基础上的专业深化学习，并为后续"会计信息系统应用""财务数据分析"等专业课程的学习奠定基础。本课程依据我国《会计法》和《企业会计准则》，以及先进的会计理论、方法，结合最近颁布的会计法规、税收制度等，全面、系统、科学地介绍企业常规经济业务的会计处理原则及具体会计处理方法。通过本课程的学习，学生能掌握企业常规经济业务的核算方法，培养职业判断能力，掌握会计核算与监督工作的核心技能。

（二）设计思路

本课程的总体设计思路是在对会计岗位典型工作任务分析和调查的基础上，以企业的会计工作过程为导向，以典型会计工作任务为载体，融入"1+X"职业技能等级证书的要求，强调学生的主体地位和能力培养，重视工作任务的完成和训练，培养学生掌握会计核算与监督工作的核心技能，适应会计相关岗位群的需要。

教学内容方面，与会计岗位的典型工作任务对接，根据会计岗位典型工作任务，合理设计教学单元，设置核算资金筹集业务、采购与应付业务、销售与应收业务、固定资产业务、无形资产业务、职工薪酬业务、期间费用业务、财务成果业务以及编制财务报表等学习项目。采用以任务驱动的项目教学法，使学生通过课程的学习能够全面地掌握常规经济业务的会计处理原则及具体会计处理方法。突出学生应用能力的培养，强调理论必须、技能够用。强调课证融通，对接职业资格证书要求，引导学生初步了解大数据等新信息技术对会计工作的影响，将数电票、财务云、流程自动化、电子会计档案、业财融合等新技术、新规范以及典型生产案例纳入教学内容。

教学组织方面倡导任务驱动、知行合一、理实一体化教学，教学过程与工作过程对接，以实现教学向岗位的迁移，创设业财融合的工作场景，引导学生进行专业分析与判断，充分体现工学结合的教学模式，培养学生分析问题、解决问题的能力，以提高学生会计专业判断与探究学习的能力。

二、专业核心素养与课程目标

（一）专业核心素养

会计事务专业核心素养，是指学生通过学习具备能够适应终身发展和社会发展需要的会计职业关键能力和必备品格。会计职业关键能力包括逻辑思维能力、企业运营能力、账务处理能力、职业判断能力、数据处理分析能力、分析和解决实际问题的能力；必备品格包括爱岗敬业、诚实守信、依法办事、保守秘密，养成严谨细致和客观公正的职业精神，以及搞好服务和参与管理的职业意识。

（二）课程目标

通过本课程的学习，旨在培养学生常规经济业务的核算与监督能力，具体包括知识目标、技能目标和素质目标。

1. 知识目标

（1）掌握企业日常经济业务的确认和计量；
（2）掌握企业日常经济业务核算与监督的工作流程。

2. 技能目标

（1）能够独立完成会计凭证的填制、审核及会计账簿的登记工作；
（2）能够根据经济业务实质进行会计专业分析与判断；
（3）能够按照《企业会计准则》的要求编制资产负债表和利润表；
（4）能够按照会计档案管理要求，整理、归档、保管会计档案资料。

3. 素质目标

（1）树立职业观念，养成财经法律意识，遵守会计职业道德；
（2）具备较强的沟通交流能力和团队合作精神；
（3）具有分析问题、解决问题的探究学习能力。

三、本课程在专业课程体系中的位置

会计事务专业课程设置主要包括公共基础课程和专业课程。专业课程一般包括专业基础课程、专业核心课程、专业拓展课程，并涵盖实训等有关实践性教学环节。思政教育和会计文化融入课程内容。本课程在专业课程体系中的位置如下图所示。

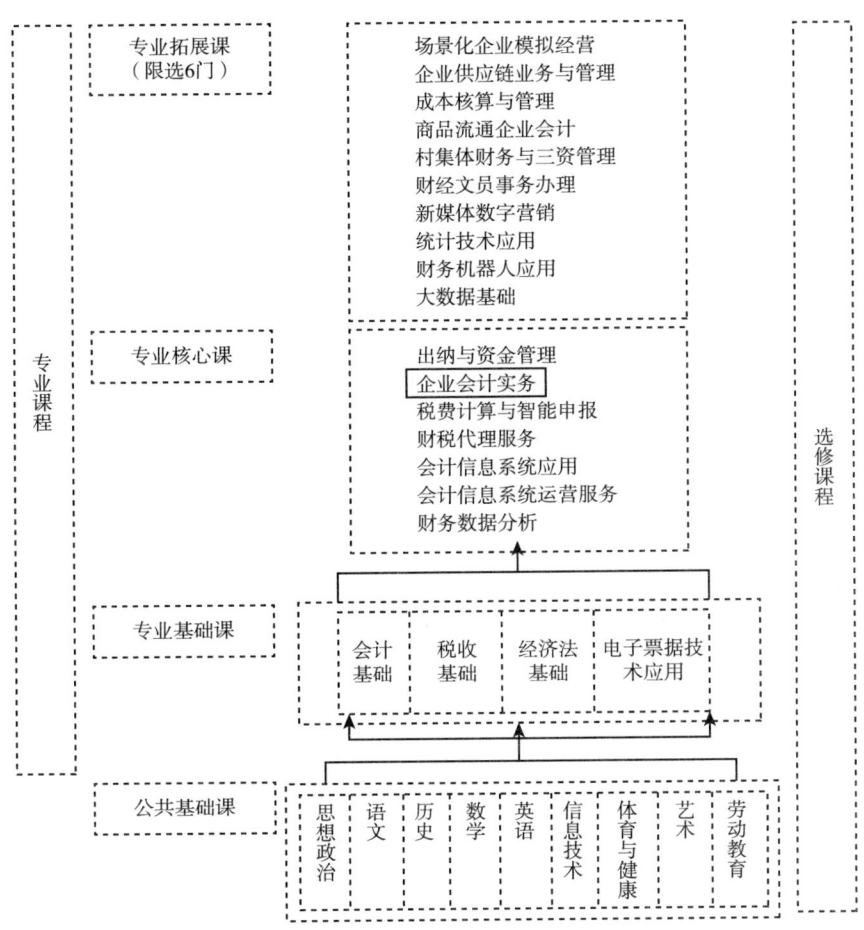

四、课程内容与学时安排

（一）课程内容

"企业会计实务"课程内容

序号	教学模块	教学内容描述	能力要求	课时
1	核算资金筹集业务	• 企业筹资渠道 • 核算接受货币资产投资业务 • 核算接受非货币资产投资业务 • 核算短期借款业务 • 核算长期借款业务 • 核算取得交易性金融资产业务 • 核算交易性金融资产持有期间业务 • 核算处置交易性金融资产业务	• 了解企业筹资渠道及其对财务的影响 • 能确定不同资产投入企业的入账科目与入账价值 • 能掌握接受货币资产和非货币资产投资业务的账务处理 • 能识别短期借款及长期借款 • 能计算短期借款和长期借款的借款利息 • 能掌握借入短期借款、计提及支付	26课时

续表

序号	教学模块	教学内容描述	能力要求	课时
			• 能掌握借入短期借款、计提及支付短期借款利息、归还短期借款业务的账务处理 • 能掌握借入长期借款、计提及支付长期借款利息、归还长期借款业务的账务处理 • 能掌握取得交易性金融资产业务的账务处理 • 能掌握交易性金融资产持有期间业务的账务处理 • 能掌握处置交易性金融资产业务的账务处理	
2	核算采购与应付业务	• 采购与应付业务一般流程和财务审核要点 • 确认存货取得成本 • 采用实际成本核算存货采购业务 • 采用计划成本核算存货采购业务 • 确定发出存货成本 • 采用实际成本核算发出存货业务 • 采用计划成本核算发出存货业务 • 存货出入库流程与基本管理要求 • 核算应付账款业务 • 核算应付票据业务 • 核算预付账款业务 • 核算其他应付款业务 • 核算委托加工物资业务 • 实施存货盘点 • 核算存货盘盈盘亏业务 • 核算存货减值业务	• 了解信息化管理条件下采购与应付业务一般流程和财务审核要点 • 会计算并确认存货采购成本、加工成本和其他成本 • 能采用实际成本核算存货采购业务 • 能采用计划成本核算存货采购业务 • 能掌握并运用个别计价法、先进先出法、月末一次加权平均法、移动加权平均法等发出存货计价方法 • 能采用实际成本核算发出存货业务 • 能采用计划成本核算发出存货业务 • 了解信息化管理条件下仓储出入库流程与基本管理要求 • 会计算应付账款、应付票据、预付账款、其他应付款的入账价值 • 能掌握应付账款、应付票据、预付账款、其他应付款业务的账务处理 • 会计算委托加工物资业务的入账价值 • 能掌握委托加工物资业务的账务处理 • 会实施库存存货盘点 • 会计算存货盘盈盘亏金额 • 能掌握存货清查业务的账务处理 • 会计算应计提的存货减值金额 • 能掌握存货减值业务的账务处理	34 课时

续表

序号	教学模块	教学内容描述	能力要求	课时
3	核算销售与应收业务	• 销售与应收业务一般流程和财务审核要点 • 确认销售收入和销售成本 • 核算在某一时点履行履约义务的销售业务 • 核算在某一时段履行履约义务的销售业务 • 核算应收账款业务 • 核算应收票据业务 • 核算预收款项业务 • 核算其他应收款业务 • 核算应收账款减值业务	• 了解信息化管理条件下销售与应收业务一般流程和财务审核要点 • 会根据收入确认和计量步骤计算、确认销售收入，会计算并结转销售成本 • 能掌握在某一时点履行履约义务销售业务的账务处理：包括一般商品销售业务、商业折扣、现金折扣、销售折让与退回等业务的账务处理 • 能掌握在某一时段履行履约义务销售业务的账务处理 • 会计算应收账款、应收票据、预收账款、其他应收款的入账价值 • 能掌握应收账款、应收票据、预收款项、其他应收款业务的账务处理 • 会计算应计提的坏账准备金额 • 能掌握应收账款减值业务的账务处理	30课时
4	核算固定资产业务	• 固定资产取得、使用、处置、清查业务一般流程和财务审核要点 • 确定固定资产核算范围 • 核算外购固定资产业务 • 核算自行建造固定资产业务 • 核算出包建造固定资产业务 • 确定固定资产折旧范围及方法 • 计提固定资产折旧 • 核算固定资产后续支出业务 • 核算固定资产出售和报废毁损业务 • 核算固定资产盘盈盘亏业务 • 核算固定资产减值业务	• 了解固定资产取得、使用、处置、清查业务一般流程和财务审核要点 • 能掌握固定资产的概念、分类和确认条件 • 能确认不同取得方式下固定资产的入账价值 • 能掌握外购、自行建造、出包建造等方式取得固定资产的账务处理 • 能确定固定资产折旧范围及方法 • 会采用年限平均法、工作量法、双倍余额递减法、年数总和法计算固定资产折旧额 • 能进行固定资产折旧的账务处理 • 能进行固定资产后续支出的账务处理 • 会计算固定资产处置的净损益 • 能进行固定资产处置的账务处理 • 会计算固定资产盘盈盘亏金额 • 能掌握固定资产盘盈盘亏业务的账务处理 • 会计算应计提的固定资产减值准备金额 • 能掌握固定资产减值业务的账务处理	24课时

续表

序号	教学模块	教学内容描述	能力要求	课时
5	核算无形资产业务	• 无形资产取得、使用、处置、清查业务一般流程和财务审核要点 • 确定无形资产核算范围 • 核算外购无形资产业务 • 核算自行研发无形资产业务 • 确定无形资产摊销范围及方法 • 计提无形资产摊销 • 核算无形资产出售和报废业务 • 核算转让无形资产使用权业务 • 核算无形资产盘盈盘亏业务 • 核算无形资产减值业务	• 了解无形资产取得、使用、处置、清查业务一般流程和财务审核要点 • 能掌握无形资产的概念和主要形式 • 能计算外购、自行研发等方式取得无形资产的入账价值 • 能掌握外购、自行研发等方式取得无形资产的账务处理 • 能确定无形资产摊销范围及方法 • 会采用直线法计提无形资产摊销 • 能进行无形资产摊销的账务处理 • 会计算无形资产处置的净损益 • 能进行无形资产处置的账务处理 • 能掌握转让无形资产使用权业务的账务处理 • 会计算无形资产盘盈盘亏的金额 • 能掌握无形资产盘盈盘亏业务的账务处理 • 会计算应计提的无形资产减值准备的金额 • 能掌握无形资产减值业务的账务处理	16课时
6	核算职工薪酬业务	• 职工薪酬计提、发放业务一般流程和财务审核要点 • 确定工资薪金核算范围 • 核算职工工资、奖金、津贴、补贴业务 • 核算职工福利费业务 • 核算社会保险费和住房公积金业务 • 核算非货币薪酬业务	• 了解职工薪酬计提、发放业务一般流程和财务审核要点 • 了解职工薪酬基本构成 • 会计算应付工资和实发工资 • 能掌握计提、发放职工工资、奖金、津贴、补贴业务的账务处理 • 能掌握计提、发放职工福利费业务的账务处理 • 能掌握社会保险费和住房公积金业务的账务处理 • 能掌握非货币薪酬业务的账务处理	14课时
7	核算与控制期间费用	• 期间费用发生、结转业务一般流程和财务审核要点 • 确定期间费用的核算范围 • 核算销售费用业务 • 核算管理费用业务 • 核算财务费用业务	• 了解期间费用发生、结转业务一般流程和财务审核要点 • 了解期间费用的核算范围 • 能进行销售费用的账务处理 • 能进行管理费用的账务处理 • 能进行财务费用的账务处理	12课时

续表

序号	教学模块	教学内容描述	能力要求	课时
8	核算财务成果	• 利润形成、分配业务一般流程和财务审核要点 • 计算利润总额 • 计算所得税费用 • 结转本年利润业务 • 分配本年利润业务	• 了解利润形成、分配业务一般流程和财务审核要点 • 熟悉企业利润总额的组成 • 能计算所得税费用 • 能掌握营业利润、利润总额、净利润的计算公式，并正确计算利润 • 能掌握留存收益、利润分配的内容 • 能进行利润形成与分配的账务处理	10课时
9	编制会计报表	• 编制会计报表一般流程和财务审核要点 • 财务报表的含义及构成 • 财务报表的作用 • 财务报表的种类和编制要求 • 编制资产负债表 • 编制利润表 • 认知现金流量表 • 报送财务报表的步骤 • 会计档案的归档与管理 • 会计人员的工作交接 • 财务数字化 • 会计电子档案	• 了解编制会计报表一般流程和财务审核要点 • 熟悉企业会计报表体系 • 能掌握资产负债表的作用、格式、结构，会编制资产负债表 • 能掌握利润表的作用、格式、结构，会编制利润表 • 能阅读现金流量表 • 明确企业财务报表报送的目的和报送对象，知晓财务报表报送的工作流程 • 熟悉会计档案的内容、保管期限以及归档、保管要求，明确会计人员工作交接的要求和程序 • 了解财务数字化应用 • 了解会计电子档案的各项要求	14课时
	合计			180课时

（二）学时安排与学分

"企业会计实务"课程共计180学时，每18学时折算1学分，共10学分。

五、学业质量

（一）学业质量内涵

学业质量是学生在完成课程学习后的学业成就表现。"企业会计实务"课程学业质量标准是以会计事务专业核心素养及其表现水平为主要维度，结合课程内容，对学生"企业会计实务"课程学业成就表现的总体刻画。根据项目任务的复杂程度、知识和技能的结构化程度、分析和解决问题的能力等不同水平学业成就表现的关键特征,"企业会计实务"课程学业质量标准将学业质量划分为不同水平,并描述了不同水平学习结果的具体表现,不同水平之间具有由低到高逐渐递进的关系,体现课程结束时学生达到的水平,为核心素养评价提供基本依据。

(二)学业质量水平

"企业会计实务"课程学业质量水平是"企业会计实务"课程目标的综合表现。"企业会计实务"课程目标划分为三个不同水平,每一个水平是通过专业核心素养的具体表现和体现课程目标的三个方面进行表述的。会计事务专业核心素养的具体表现参见"专业核心素养与课程目标",完成课程目标包括与会计事务专业核心素养相关的专业知识、专业技能和社会能力三个方面。

学业质量水平分为优秀、合格和不合格。质量描述中:水平一为合格;水平二为优秀;未达到水平一为不合格。

"企业会计实务"课程学业质量描述

	水平一	水平二
专业知识	①了解企业筹资渠道;掌握接受货币和非货币资产投资业务的账务处理;掌握短期借款和长期借款业务的账务处理;掌握取得、持有、处置交易性金融资产业务的账务处理 ②能确认存货取得成本;分别采用实际成本和计划成本核算存货采购业务;确定发出存货成本;分别采用实际成本和计划成本核算发出存货业务;掌握应付账款、应付票据、预付账款、其他应付款业务的账务处理;掌握委托加工物资业务的账务处理;掌握存货盘盈盘亏业务的账务处理;掌握存货减值业务的账务处理 ③能确认销售收入和销售成本;掌握在某一时点履行履约义务的销售业务的账务处理;掌握在某一时段履行履约义务的销售业务的账务处理;掌握应收账款、应收票据、预收款项、其他应收款业务的账务处理;掌握应收账款减值业务的账务处理 ④掌握固定资产概念、分类和确认条件;掌握外购、自行建造、出包建造固定资产业务的账务处理;能确定固定资产折旧范围及方法;掌握计提固定资产折旧业务的账务处理;掌握固定资产后续支出业务的账务处理;掌握固定资产出售和报废毁损业务的账务处理;掌握固定资产盘盈盘亏业务的账务处理;掌握固定资产减值业务的账务处理	①知晓企业筹资渠道及其对财务的影响;熟练掌握接受货币和非货币资产投资业务的账务处理;熟练掌握短期借款和长期借款业务的账务处理;熟练掌握取得、持有、处置交易性金融资产业务的账务处理 ②能准确确认存货取得成本;熟练采用实际成本和计划成本核算存货采购业务;准确确定发出存货成本;熟练采用实际成本和计划成本核算发出存货业务;熟练掌握应付账款、应付票据、预付账款、其他应付款业务的账务处理;熟练掌握委托加工物资业务的账务处理;熟练掌握存货盘盈盘亏业务的账务处理;熟练掌握存货减值业务的账务处理 ③能准确确认销售收入和销售成本;熟练掌握在某一时点履行履约义务的销售业务的账务处理;熟练掌握在某一时段履行履约义务的销售业务的账务处理;熟练掌握应收账款、应收票据、预收款项、其他应收款业务的账务处理;熟练掌握应收账款减值业务的账务处理 ④熟练掌握固定资产概念、分类和确认条件;熟练掌握外购、自行建造、出包建造固定资产业务的账务处理;能正确确定固定资产折旧范围及方法;熟练掌握计提固定资

续表

	"企业会计实务"课程学业质量描述	
	水平一	水平二
专业知识	⑤掌握无形资产的概念和主要形式；掌握外购、自行研发等方式取得无形资产的账务处理；能确定无形资产摊销范围及方法；能进行无形资产摊销的账务处理；能进行无形资产处置的账务处理；掌握转让无形资产使用权业务的账务处理；掌握无形资产盘盈盘亏业务的账务处理；掌握无形资产减值业务的账务处理 ⑥了解职工薪酬基本构成；掌握计提、发放职工工资、奖金、津贴、补贴业务的账务处理；掌握计提、发放职工福利费业务的账务处理；掌握"五险一金"业务的账务处理；掌握非货币薪酬业务的账务处理 ⑦了解期间费用的核算范围；能进行销售费用、管理费用、财务费用的账务处理 ⑧了解企业利润总额的组成；掌握营业利润、利润总额、净利润的计算公式；掌握留存收益、利润分配的内容；能进行利润形成与分配的账务处理 ⑨了解企业会计报表体系；掌握资产负债表的作用、格式、结构和编制方法；掌握利润表的作用、格式、结构和编制方法；了解现金流量表；了解企业财务报表报送的目的和报送对象；了解财务报表报送的工作流程；了解会计档案的内容、保管期限以及归档、保管要求；了解会计人员工作交接的要求和程序；了解财务数字化应用；了解会计电子档案的各项要求	产折旧业务的账务处理；熟练掌握固定资产后续支出业务的账务处理；熟练掌握固定资产出售和报废毁损业务的账务处理；熟练掌握固定资产盘盈盘亏业务的账务处理；熟练掌握固定资产减值业务的账务处理 ⑤熟练掌握无形资产的概念和主要形式；熟练掌握外购、自行研发等方式取得无形资产的账务处理；能准确确定无形资产摊销范围及方法；能熟练进行无形资产摊销的账务处理；能熟练进行无形资产处置的账务处理；熟练掌握转让无形资产使用权业务的账务处理；熟练掌握无形资产盘盈盘亏业务的账务处理；熟练掌握无形资产减值业务的账务处理 ⑥知晓职工薪酬基本构成；熟练掌握计提、发放职工工资、奖金、津贴、补贴业务的账务处理；熟练掌握计提、发放职工福利费业务的账务处理；熟练掌握"五险一金"业务的账务处理；熟练掌握非货币薪酬业务的账务处理 ⑦知悉期间费用的核算范围；能熟练进行销售费用、管理费用、财务费用的账务处理 ⑧理解企业利润总额的组成；理解并熟练掌握营业利润、利润总额、净利润的计算公式；熟练掌握留存收益、利润分配的内容；能熟练进行利润形成与分配的账务处理 ⑨熟悉企业会计报表体系；熟练掌握资产负债表的作用、格式、结构和编制方法；熟练掌握利润表的作用、格式、结构和编制方法；能阅读现金流量表；明确企业财务报表报送的目的和报送对象；知晓财务报表报送的工作流程；熟悉会计档案的内容、保管期限以及归档、保管要求；明确会计人员工作交接的要求和程序；熟悉财务数字化应用；熟悉会计电子档案的各项要求
	水平一	水平二
专业技能	①能确定不同资产投入企业的入账科目与入账价值；识别短期借款及长期借款；计算短期借款和长期借款的借款利息；在教师引导下，分析工业企业与资金筹集相关的主要经济业务，并独立编制相应会计分录	①能准确确定不同资产投入企业的入账科目与入账价值；正确识别短期借款及长期借款；准确计算短期借款和长期借款的借款利息；能准确分析工业企业与资金筹集相关的主要经济业务，并独立编制相应会计分录

续表

	"企业会计实务"课程学业质量描述	
	水平一	水平二
专业技能	②了解采购与应付业务一般流程和财务审核要点；能计算存货取得成本；计算发出存货成本；了解存货出入库流程与基本管理要求；计算应付账款、应付票据、预付账款、其他应付款的入账价值；计算委托加工物资的入账价值；实施存货盘点；计算存货盘盈盘亏金额；计算应计提的存货跌价准备金额；在教师引导下，分析工业企业与采购、应付相关的主要经济业务，并独立编制相应会计分录 ③了解销售与应收业务一般流程和财务审核要点；能计算销售收入和销售成本；计算应收账款、应收票据、预收账款、其他应收款的入账价值；计算应计提的坏账准备金额；在教师引导下，分析工业企业与销售、应收相关的主要经济业务，并独立编制相应会计分录 ④了解固定资产取得、使用、处置、清查业务一般流程和财务审核要点；能确认不同取得方式下固定资产的入账价值；会采用年限平均法、工作量法、双倍余额递减法、年数总和法计算固定资产折旧额；计算固定资产处置的净损益；计算固定资产盘盈盘亏金额；计算应计提的固定资产减值准备金额；在教师引导下，分析工业企业与固定资产相关的主要经济业务，并独立编制相应会计分录 ⑤了解无形资产取得、使用、处置、清查业务一般流程和财务审核要点；能计算外购、自行研发等方式取得无形资产的入账价值；会采用直线法计提无形资产摊销；会计算无形资产处置的净损益；会计算无形资产盘盈盘亏的金额；会计算应计提的无形资产减值准备的金额；在教师引导下，分析工业企业与无形资产相关的主要经济业务，并独立编制相应会计分录 ⑥了解职工薪酬计提、发放业务一般流程和财务审核要点；会计算应付工资和实发工资；在教师引导下，分析工业企业与应付职工薪酬相关的主要经济业务，并独立编制相应会计分录 ⑦了解期间费用发生、结转业务一般流程和财务审核要点；在教师引导下，分析工业企业与期间费用相关的主要经济业务，并独立编制相应会计分录 ⑧了解利润形成、分配业务一般流程和财务	②知晓采购与应付业务一般流程和财务审核要点；能准确计算存货取得成本；准确计算发出存货成本；知晓存货出入库流程与基本管理要求；准确计算应付账款、应付票据、预付账款、其他应付款的入账价值；准确计算委托加工物资的入账价值；熟练实施存货盘点；准确计算存货盘盈盘亏金额；准确计算应计提的存货跌价准备金额；能准确分析工业企业与采购、应付相关的主要经济业务，并独立编制相应会计分录 ③知晓销售与应收业务一般流程和财务审核要点；能准确计算销售收入和销售成本；准确计算应收账款、应收票据、预收账款、其他应收款的入账价值；准确计算应计提的坏账准备金额；能准确分析工业企业与销售、应收相关的主要经济业务，并独立编制相应会计分录 ④知悉固定资产取得、使用、处置、清查业务一般流程和财务审核要点；能准确确认不同取得方式下固定资产的入账价值；会采用年限平均法、工作量法、双倍余额递减法、年数总和法正确计算出固定资产折旧额；会正确计算固定资产处置的净损益；会正确计算固定资产盘盈盘亏金额；会正确计算应计提的固定资产减值准备金额；能准确分析工业企业与固定资产相关的主要经济业务，并独立编制相应会计分录 ⑤知悉无形资产取得、使用、处置、清查业务一般流程和财务审核要点；能准确计算外购、自行研发等方式取得无形资产的入账价值；会采用直线法正确计提无形资产摊销；会正确计算无形资产处置的净损益；会正确计算无形资产盘盈盘亏的金额；会正确计算应计提的无形资产减值准备的金额；能准确分析工业企业与无形资产相关的主要经济业务，并独立编制相应会计分录 ⑥知悉职工薪酬计提、发放业务一般流程和财务审核要点；会正确计算应付工资和实发工资；能准确分析工业企业与应付职工薪酬相关的主要经济业务，并独立编制相应会计分录

续表

	"企业会计实务"课程学业质量描述	
	水平一	水平二
专业技能	审核要点；能计算所得税费用；能计算营业利润、利润总额、净利润；在教师引导下，分析工业企业与利润形成、分配相关的主要经济业务，并独立编制相应会计分录 ⑨了解编制会计报表一般流程和财务审核要点；会计算资产负债表的主要项目，编制资产负债表；会计算利润表的主要项目，编制利润表；了解报表数据的可视化呈现形式	⑦知悉期间费用发生、结转业务一般流程和财务审核要点；能准确分析工业企业与期间费用相关的主要经济业务，并独立编制相应会计分录 ⑧知悉利润形成、分配业务一般流程和财务审核要点；能正确计算所得税费用；能正确计算营业利润、利润总额、净利润；能准确分析工业企业与利润形成、分配相关的主要经济业务，并独立编制相应会计分录 ⑨知悉编制会计报表一般流程和财务审核要点；会正确计算资产负债表的主要项目，能准确编制资产负债表；会正确计算利润表的主要项目，能准确编制利润表；知悉报表数据的可视化呈现形式
	水平一	水平二
社会能力	①具有基本的逻辑思维能力和账务处理能力 ②形成爱岗敬业、诚实守信、严谨细致、客观公正的职业精神，能依法办事、保守秘密、重视诚信 ③基本养成搞好服务和参与管理的职业意识 ④了解会计文化，遵守会计职业道德、会计准则和行为规范，坚持原则，具备一定的社会责任感和担当精神 ⑤有一定自我管理能力，基本遵守课堂纪律，基本能完成工作任务和课后作业 ⑥具备基本的沟通能力，能完成基本的学习活动，具备一定的知识迁移能力 ⑦具有基本的团队意识，服从工作安排	①具有较强的逻辑思维能力和账务处理能力 ②具备爱岗敬业、诚实守信、严谨细致、客观公正的职业精神，能依法办事、保守秘密、重视诚信 ③养成搞好服务和参与管理的职业意识，关注市场，形成认知财经政策的意识 ④了解会计文化，遵守会计职业道德、会计准则和行为规范，坚持原则，具备社会责任感和担当精神，养成精益求精的工匠精神 ⑤自我管理能力强，课堂组织纪律性强，按时且认真完成工作任务和课后作业 ⑥沟通能力强，在学习过程中遇到问题能够虚心求教，耐心倾听别人的意见，具备较强的知识迁移能力 ⑦有较强的团队意识，服从工作安排，人际关系和谐，团结协作精神强

六、课程实施

（一）教学要求

中等职业学校"企业会计实务"课程教学要全面落实"立德树人"的根本任务，深入挖掘中职会计专业的育人价值，树立以发展学生会计事务专业核心素养为导向的教学意识，遵循教学规律，始终把促成专业核心素养的形成和发展作为主要目标，将会计事务专业核心素养的培养贯穿于教学活动的全过程。

在教学活动中，教师应准确把握课程目标、课程内容、学业质量的要求，合理设计教学目标、教学方法、教学过程和教学评价，积极进行教学反思，通过相应的教学实施，在学生掌握专业知识和专业技能的同时，促进会计事务专业核心素养的提升及水平的达成。在教学实践中，要不断探索和创新教学方式，不仅重视如何教，更要重视如何学，引导学生养成良好的学习习惯，努力激发学生学习会计的兴趣。

1. 要明确"企业会计实务"课程的教学目标

教学中要引导学生理解企业典型经济业务的处理，熟悉企业筹资、投资、采购、生产、销售、费用报销和利润分配等业务流程，能熟练运用会计职业判断能力分析企业日常经济业务；掌握会计确认、计量、记录、报告的专业技能，熟悉资产负债表、利润表、现金流量表的结构和编制方法。培养学生的逻辑思维能力、账务处理能力和分析、解决实际问题的能力。积累专业基本实践经验，提升社会能力，促进学生会计事务专业核心素养的不断提升。

2. 整体把控课程教学内容，创设合适的教学情境和工作任务

本课程基于项目课程的教学理念，以典型岗位工作项目为载体，以任务驱动组织教学活动，采用理实一体化的课堂形式，以项目成果作为主要学习成果。课程以制造业生产经营活动为教学情境，结合企业财务核算、内部控制等岗位职责要求，确定出企业典型的经济业务项目为核算资金筹集业务、采购与应付业务、销售与应收业务、固定资产业务、无形资产业务、职工薪酬业务、期间费用业务、财务成果业务以及编制财务报表等。突出学生应用能力的培养，融入"1+X"职业技能等级证书的要求，以实现课证融通。

3. 教学中为学生创设自主、合作、探究式的学习条件

在教学过程中积极探索有利于促进学生学习的多样化教学方式。要善于根据不同的项目和任务采用不同的教学方式，抓住关键的教学与学习环节，增强教学效果。帮助学生在学习"企业会计实务"课程的过程中，初步形成自主学习、合作学习和探究式学习的能力。

4. 运用信息技术，拓宽学习渠道

在"企业会计实务"课程中，教师可以将信息技术作为教学的重要辅助手段，为教和学提供丰富多样的资源。结合会计专业"1+X"证书制度，进行书证融通，借助信息技术，优化整合课堂教学，转变教学与学习方式。创设线上线下一体化的"混合式"学习生态，引导学生经历多样化的学习过程，帮助学生有效地投入会计实践学习，促进学生在信息化环境中主动学习。同时，对于信息化环境下的教学流程、教学资源、教学支持等各种要素所发生的新变化，进行持续探索。

（二）师资条件

1. 专任教师

（1）符合中等职业学校专业课教师的任职条件，具备中等职业学校教师的基本素养和

道德要求，热爱教育事业，具有强烈的责任心和使命感。能够落实课程思政要求，挖掘专业课程中的思政教育元素和资源。

（2）具有高度的敬业精神和专业精神，会计理论功底扎实，具有会计岗位工作经验，熟悉国家会计法律法规知识和企业会计准则。

（3）具有会计、财务管理等相关专业学历，精通各行业会计核算业务的理论知识，能熟练开展会计核算工作，熟练操作会计电算化软件。

（4）具备一定的表达能力，能理实结合、深入浅出、通俗易懂地进行教学，能运用各种教学手段和教学工具指导学生进行理论学习和开展实践教学。

（5）具有较强的教科研能力，能够运用信息技术开展混合式教学等教法改革；能够跟踪新经济、新技术发展前沿，开展社会服务。专业教师每年至少 1 个月在企业或生产性实训基地锻炼，每 5 年累计不少于 6 个月的企业实践经历。

（6）学生数与专任教师数比例不高于 20∶1，专任教师中具有高级专业技术职务人数不低于 20%，"双师型"教师占专业课教师数比例应不低于 50%。

2. 兼职教师

（1）主要从本专业相关行业企业的高技术技能人才中聘任，应具有扎实的专业知识和丰富的实际工作经验，能针对企业的实际情况进行会计账务实践教学。

（2）原则上应具有中级及以上专业技术职务或在市级及以上职业技能竞赛中获奖。

（3）了解教育教学规律，能承担专业课程教学、实习实训指导和学生职业发展规划指导等专业教学任务，具有较强的教学组织能力。

（三）实践教学

1. 实训场地

配备多媒体教学设备、计算机及网络设备、ERP 会计信息系统等设备及软件的会计信息化实训室。

2. 实训工具设备

配备会计工作所需的各类办公设施及基本文具，如打印机、扫描仪、计算器、文件柜及各种日常耗材等。配置具有网络、能够流畅运行实训软件的计算机设备。

3. 实训软件

配备具有工业企业常见经济业务账务处理功能的会计仿真核算软件。借助教学软件虚拟真实企业的生产环境、生产工艺流程，帮助学生学习智能化核算和管理。

4. 仿真实训资料

配备各种空白原始凭证（如增值税专用发票、增值税普通发票、领料单、入库单、差旅费报销单、通用报销单等）、通用记账凭证、会计账簿、科目汇总表、资产负债表和利润表。配备仿真的工业企业经济业务资料及其他相关资料。

（四）教学方法

本课程主要使用下列教学方法：

1. 项目教学法

项目教学法是以工作任务为依据设计教学项目,以学生为活动主体实施项目的教学方法,也就是将教学内容融入项目实施过程的一种教学方法。项目教学法是以学生为中心的教学方法,这种教学方法中学生是主动的学习者,教师是学生学习的指导者。每个项目的实施都有一个明确的任务、一个完整的过程,能够取得一个标志性的成果。

2. 任务驱动教学法

任务驱动教学法是指在学习过程中,紧紧围绕一个共同的任务活动中心,在强烈的问题动机的驱动下,通过对学习资源的积极主动应用,进行自主探索和互动协作的学习,并在完成既定任务的同时,引导学生产生一种学习实践活动。

3. 讲授法

讲授法是教师通过口头语言向学生描绘情境、叙述事实、解释概念、论证原理和阐明规律的教学方法。

4. 案例教学法

案例教学法是一种通过模拟或者重现现实生活中的一些场景,让学生把自己纳入案例场景,通过讨论或者研讨来进行学习的教学方法。教学中既可以通过分析、比较,研究各种各样成功的经验,从中抽象出某些一般性的结论或原理,也可以让学生通过自己的思考或者他人的思考来拓宽视野,丰富知识。

5. 启发式教学法

启发式教学是根据教学目的和内容,通过设计启发、引导型问题,培养学生养成多思考、善思考、勤思考的习惯,将问题解决贯穿于教学的每一环节,启迪学生思考,活跃学生思维,促进学生身心发展,提高学生学习的主动性、积极性和创造性。

(五)教学手段

为了达到预期教学目的,本课程结合教学内容,将理论知识和实践操作有机结合,做中学、做中教,在理实一体化教学中强化理论知识,锤炼岗位技能,提升职业素养。

根据教学目标和教学对象的特点,通过教学设计,合理选择和运用课件、微课、慕课等现代教学媒体,并与传统教学手段有机组合,共同参与教学全过程,以多种媒体信息作用于学生,形成合理的教学过程结构,达到最优化的教学效果。

同时可以利用网络教学平台指导学生开展学习,调动学生学习兴趣,提高学习效率。

(六)教材要求

(1)原则上从国家和省级教育行政部门发布的规划教材目录中选用,国家和省级规划目录中没有的教材,可在职业院校教材信息库选用。不得以岗位培训教材取代专业课程教材。选用的教材必须是通过审核的版本,擅自更改内容的教材不得选用,未按照规定程序取得审核认定意见的教材不得选用。不得选用盗版、盗印教材。

(2)选用的教材要以习近平新时代中国特色社会主义思想为指导,贯彻国家"三教"改革精神,落实"立德树人"根本任务,充分体现社会主义核心价值观,有助于中职学生形成正确的世界观、人生观、价值观。

（3）选用的教材要充分体现时代特点和现代意识，同时适应中职学生的认知特点，充分考虑学生身心发展需要，有助于培养学生的社会责任感、动手实践能力和创新创业精神，有助于学生形成良好的个性和健全的人格。

（4）选用的教材要全面体现"企业会计实务"课程标准的理念和要求，有机融合会计事务专业核心素养，符合会计事务专业核心素养发展规律。既要关注学生学习会计知识的结果，也要注重学生在学习过程中对专业技术和会计文化的理解与体验，更要体现学生在学习过程中的参与程度、参与水平和情感态度。

（5）选用的教材要适合线上线下教育，能发挥传统教学手段和网络教学手段各自的优势，促进教学资源的有效运用，有利于学生运用多种媒介和信息技术开展自主、合作与探究式学习，优化课程实施。

（6）倡导使用新型活页式、工作手册式教材并配套开发信息化资源，以实现多样化的教材形态，促进教学手段的更新。同时形成纸质教材、电子资料、网络资源相结合的立体化教材体系。

（七）配套课程资源与利用

中等职业学校"企业会计实务"课程配套资源的开发与利用应充分考虑学生的身心发展特点，依据教育性、科学性、发展性的原则，符合教学规律要求，倡导合作共享、因地制宜地开发教学资源，提高教学质量，以利于教学目标的达成。

"企业会计实务"课程资源，可以是与教材配套的纸质习题文本，也可以是多媒体资源、网络资源。教师要充分利用现代信息技术，积极开发与利用各种课程资源，制作课堂教学PPT，开发微课、视频、音频等资源，整理、优化课程资源库，逐步形成完善的立体化课程资源体系，为学生自主学习提供更多的机会和途径，鼓励学生创新思维和专业知识的整合，提高学生学习积极性。

同时，教师依托校园网络平台，向学生提供直播课程、录播课程、线上练习、在线答疑等多种形式的网络教学资源，优化教与学活动，推动课程教学的优化实施，引导学生在学习过程中结合上述资源进行自主、合作、探究式学习，为进一步开展线上线下混合式教学创造条件。学生在学习过程中实际生成的各种问题、拓展材料及学生成果等，也是一种有意义的课程资源。

校企合作资源也是一种重要的课程资源，要充分利用校企合作平台开展教学活动，通过与相关企业的合作，结合学校实训基地或"校中厂"资源，给学生提供参观、访问企业的机会，让学生直接参与到校企共建实训基地的工作中来，拓宽学生的视野，促进学生会计事务专业核心素养的养成。

（八）线上教学安排

1. 选用教学平台

教师应根据"企业会计实务"课程教学内容，结合线上教学方式特点，合理选择使用一个能做到线上线下教学无缝切换的教学平台作为主要线上教学平台。同时，将QQ、微信、钉钉等其他即时通信软件作为备用平台用于课堂应急、临时讨论、即时消息等用途。

2. 准备教学资源

教师应充分发挥主观能动性和创造性，依据"企业会计实务"课程标准的要求和具体的教学内容，有选择地、创造性地使用、优化、整合资源，助力学生有效学习。要提前谋划，储备资源，通过网盘、U盘等工具随身携带重要教学资源，做好线上教学的充分准备。

3. 线上教学实施

教师根据"企业会计实务"课程标准，结合教学对象实际情况，考虑课前课中课后三个环节，与学生进行充分的互动交流，将新变化、新事物、现代信息技术融入线上课程，提高学生上课的参与度和融入感，提高学生的学习效果。

课前通过网络平台将视频、课件及相关资料推送给学生阅览，并给学生布置一定的任务。引导学生主动学习，带着任务听课，提高教学效果。课中由教师讲述重要知识点，配合教学资源，积极引导学生思考，通过弹幕、答题、连麦等手段与学生进行在线互动，让学生真正融入线上课堂。融合思政教学，帮助学生树立正确的价值观、学习观，促进学生健康成长。课后布置与教学内容相匹配的课后作业，通过聊天软件对学生进行课后辅导，为学生答疑解惑。

4. 线上教学的管理

为了保证线上教学的有序开展，课程负责人应在校园网络资源平台建设课程页面，教师通过课程页面，发布课程公告、课程学习资源，布置并批改作业，组织课后答疑，及时发布课程过程考核成绩，落实完整的教学过程。通过技术手段对学生进行全过程考核，确保学生到课听课率，保证教学质量。

要严格落实线上教学管理制度。课程负责人应确保线上课程框架体系完整，严把课程质量关。课程主讲教师应严格按照教学计划开展线上教学，不得随意进行线上合班或更换授课时间、授课教师。

七、教学评价

教学评价是"企业会计实务"课程教学活动的重要组成部分，贯穿教学过程的始终，其目的是促进学生学习、改善教师教学、完善课程设计、监控学业质量。

（一）以课程目标为评价依据

"企业会计实务"课程学习评价以课程目标作为评价的主要依据，其根本目的是促进学生专业核心素养的提升。评价应反映"以人为本"的教育理念，不仅要关注学生掌握专业知识、专业技能的程度，关注学生会计事务专业核心素养水平的达成，还要关注学生的学习态度、学习方法和学习习惯的养成，从而衡量课程目标达成情况。

（二）注重评价的多元化

应围绕会计事务专业核心素养和课程目标，依据学业要求选择评价内容，注重多种评价方式有机结合与运用，强调多元评价主体的共同参与，以获取较为全面的评价信息。可以通过学生自评、互评、教师评价等方式进行评价。评价不仅要关注学生外在学习结果，更要关注内在学习品质。要重视过程性评价与终结性评价相结合。教师要有意识地利用评价过程与结果，通过评价引导学生学会学习，发现学生学习的个性特点和具体问题，及时引导，提出有针对性的建议，激发学生学习的动力。同时，依据评价结果反思日常教学，优化教学内容，调整教学策略，完善教学过程，为学生会计事务专业核心素养的发展提供有力支持。

（三）重视评价结果的呈现

教学评价的结果要服务教学、反馈教学、促进教学，评价结果的呈现是评价的重要组成部分。教师要充分利用信息技术，收集、整理、分析有关反映学生学习过程和结果的数据，获取教学的反馈信息，通过多元化的评价方式形成的课后作业记录表、单项专业技能评价表、学习表现评价表、学业总评考核表等结果，能够综合反映学生的会计事务专业核心素养水平。

（四）学业水平考试要求

考试是课程评价的重要组成部分，学业水平考试是评价的重要方式。学业水平考试需要对学生不同阶段的学习成果做出综合评价，进行学分评定。

学习每个模块后，根据本课程标准的学业要求和阶段性学业水平对学生的学习成绩进行评定，并根据成绩结果给予相应学分。

总分	$\Sigma \geqslant 90$	$60 \leqslant \Sigma < 90$	$\Sigma < 60$
评定等级	优秀	合格	不合格

编写人员：方　毅　武汉市财政学校
　　　　　吕　庆　武汉市财政学校
审核人员：曾　钧　武汉市财政学校
　　　　　柯　珂　武汉市财政学校

"税费计算与智能申报"课程标准

课程名称	税费计算与智能申报	课程类别	专业核心课
适用专业	会计事务、纳税事务	学时 学分	72 学时 4 学分

一、课程性质与设计思路

（一）课程性质

"税费计算与智能申报"课程是会计事务专业的专业核心课程。在学习本课程之前，学生已学习过"会计基础""税收基础""电子票据技术应用""出纳与资金管理"等课程。本课程是根据对财税职业认知的要求和税务核算岗位的基本要求设置的。本课程依据我国最新颁布的税收法律法规等，全面、系统、科学地介绍税收的基本知识、税费的计算和智能申报。通过本课程的学习，逐步培养学生的税收思维，熟悉报税工作流程，能够正确进行税费计算与智能申报，培养遵纪守法、依法纳税的工作意识，具备财税工作的基本职业能力。

（二）设计思路

本课程的总体设计思路是在对报税岗位的工作任务分析和调查的基础上，以企业的纳税申报工作过程为导向，以典型纳税申报案例为载体，强调学生的主体地位和能力培养，重视工作任务的完成和训练，并能适应财税相关岗位群的需要。教学内容方面突出学生应用能力的培养，强调理论必备、学以致用。本课程结合中等职业教育会计事务专业教学标准，引导学生初步了解国家税收政策法律法规以及新信息技术对财税工作的影响。近年来，"金税四期"陆续在全国各大省市试点实施，我国将从"以票控税"升级到"以数治税"。"金税四期"是全方位、全业务、全流程、全智能的监管系统，这对企业的合规经营提出了更高的要求，也对中职学校培养财经类技能人才提出了更高的标准。本课程标准倡导在教学过程中运用仿真情境、任务驱动、案例教学，以提高学生解决实际问题的能力。

二、专业核心素养与课程目标

（一）专业核心素养

会计事务专业核心素养，是指学生通过学习具备能够适应终身发展和社会发展需要的会计岗位关键能力和必备品格。会计岗位关键能力包括逻辑思维能力、企业运营及资金运动的空间想象能力、数据处理分析能力、财务处理能力、分析和解决实际问题的能力；必备品格包括爱岗敬业、诚实守信、依法办事、保守秘密，养成严谨细致和客观公正的职业精神，以及搞好服务和参与管理的职业意识。

（二）课程目标

1. 总体目标

通过本课程的学习，使学生树立正确的人生观、价值观，能认识到税费计算与智能申报在会计及相关岗位中的重要作用。本课程可以让学生得到办理税务登记、领购、填开发票、纳税申报方面的实操训练，掌握企业报税工作的基本操作流程和处理方法，能计算企业常见税费的应纳税额，会办理税费的智能申报。

2. 具体目标

（1）知识与技能目标：掌握主要税种的基本法规知识及计算，会办理税款的纳税申报。

（2）过程与方法目标：针对不同的工作任务进行理论教学设计，并设立对应的实践教学内容和方式，通过每个模块的章节练习、案例分析、实战演练、自主实践等，达到"边练边讲、学以致用"的目的。在课程理论内容全部结束后，再以综合实训等方式进行课程的综合实践训练，以提高学生纳税实务能力。

（3）情感态度与价值观目标：在教学过程中突出学生职业能力的培养及职业素质的养成，增强学生的依法纳税意识，使其成为职业素养高、业务能力强的优秀人才。

三、本课程在专业课程体系中的位置

会计事务专业课程设置主要包括公共基础课程和专业课程。专业课程一般包括专业基础课程、专业核心课程、专业拓展课程，并涵盖实训等有关实践性教学环节。思政教育和税收文化融入课程内容。本课程在专业课程体系中的位置如下图所示。

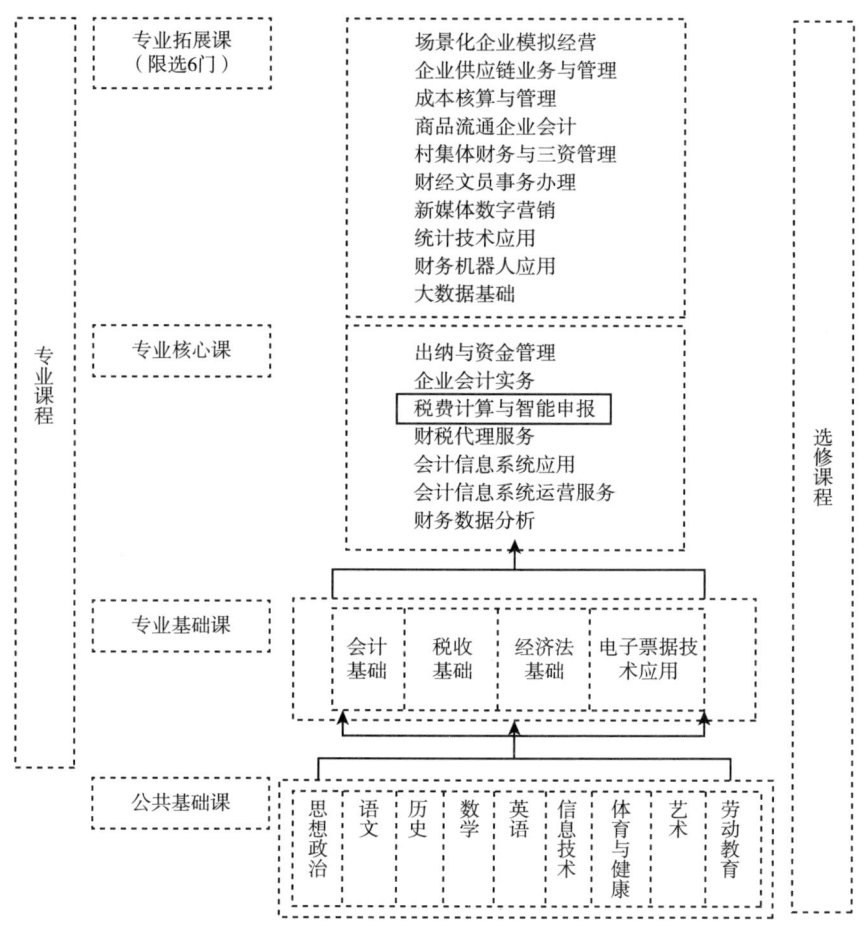

四、课程内容与学时安排

（一）课程内容

"税费计算与智能申报"课程内容

序号	教学模块	教学内容描述	能力要求	课时
1	企业纳税事务办理	• 认知税收 • 设立税务登记 • 发票管理 • 纳税申报与税款缴纳	• 能掌握税收的概念和特征 • 能掌握税法的基本要素 • 能掌握税务管理、税款征收的法律规定 • 能了解税收法律关系 • 能了解税务检查 • 能正确办理税务登记业务 • 会领购、填开发票 • 了解纳税申报与税款缴纳 • 对涉税"1+X"证书有基本了解	4课时

续表

序号	教学模块	教学内容描述	能力要求	课时
2	增值税及附加税费核算与智能申报	• 认知增值税 • 一般纳税人企业增值税及附加税费应纳税额的计算 • 小规模纳税人企业增值税及附加税费应纳税额的计算 • 增值税及附加税费的纳税申报实训	• 能正确认知增值税 • 能掌握增值税的构成要素 • 了解增值税的税收优惠 • 能准确计算小规模纳税人和一般纳税人企业增值税及附加税费的应纳税额 • 能正确进行增值税及附加税费的智能申报	18课时
3	消费税及附加税费核算与智能申报	• 认知消费税 • 消费税应纳税额的计算 • 消费税及附加税费的纳税申报实训	• 能正确认知消费税 • 掌握消费税的构成要素 • 能准确计算消费税及附加税费的应纳税额 • 能正确进行消费税及附加税费的智能申报	6课时
4	企业所得税核算与智能申报	• 认知企业所得税 • 企业所得税应纳税额的计算 • 企业所得税的纳税申报实训	• 能正确认知企业所得税 • 掌握企业所得税的构成要素 • 了解企业所得税的税收优惠政策 • 能准确计算企业所得税应纳税额 • 能正确进行企业所得税的智能申报	18课时
5	个人所得税核算与智能申报	• 认知个人所得税 • 个人所得税应纳税额的计算 • 个人所得税的纳税申报实训	• 能正确认知个人所得税 • 掌握个人所得税的构成要素 • 了解个人所得税的税收优惠政策 • 能准确计算个人所得税应纳税额 • 能正确进行个人所得税的智能申报	8课时
6	关税核算与申报	• 认知关税 • 关税应纳税额的计算 • 关税的纳税申报实训	• 能正确认知关税 • 掌握关税的构成要素 • 了解关税的税收优惠政策 • 能准确计算关税应纳税额 • 能正确进行关税的智能申报	6课时

续表

序号	教学模块	教学内容描述	能力要求	课时
7	其他税种核算与申报	• 认知城市维护建设税及教育费附加、房产税、车船税和印花税 • 城市维护建设税及教育费附加、房产税、车船税和印花税应纳税额的计算 • 城市维护建设税及教育费附加、房产税、车船税和印花税的纳税申报实训	• 能正确认知城建税及教育费附加、房产税、车船税和印花税 • 掌握城建税及教育费附加、房产税、车船税和印花税的构成要素 • 了解城建税及教育费附加、房产税、车船税和印花税的税收优惠政策 • 能准确计算城建税及教育费附加、房产税、车船税和印花税的应纳税额 • 能正确进行城建税及教育费附加、房产税、车船税和印花税的智能申报	6课时
8	综合实训	• 小规模纳税人企业的纳税申报（跨税种）综合实训 • 一般纳税人企业的纳税申报（跨税种）综合实训	• 能准确计算小规模纳税人企业的应纳税额 • 能正确进行小规模纳税人企业的智能申报 • 能准确计算一般纳税人企业的应纳税额 • 能正确进行一般纳税人企业的智能申报	6课时
	合计			72课时

（二）学时安排与学分

"税费计算与智能申报"课程共计72学时，每18学时折算1学分，共4学分。

五、学业质量

（一）学业质量内涵

学业质量是学生在完成课程学习后的学业成就表现。"税费计算与智能申报"课程学业质量标准是以会计事务专业核心素养及其表现水平为主要维度，结合课程内容，对学生"税费计算与智能申报"课程学业成就表现的总体刻画。根据项目任务的复杂程度、知识和技能的结构化程度、分析和解决问题的能力等不同水平学业成就表现的关键特征，"税费计算与智能申报"课程学业质量标准将学业质量划分为不同水平，并描述了不同水平学习结果的具体表现，不同水平之间具有由低到高逐渐递进的关系，体现课程结束时学生达到的水平，为核心素养评价提供基本依据。

（二）学业质量水平

"税费计算与智能申报"课程学业质量水平是"税费计算与智能申报"课程目标的综合表现。"税费计算与智能申报"课程目标划分为三个不同水平，每一个水平是通过专业核心素养的具体表现和体现课程目标的三个方面进行表述的。会计事务专业核心素养的具体表现参见"专业核心素养与课程目标"，完成课程目标包括与会计事务专业核心素养相关的专业知识、专业技能和社会能力三个方面。

学业质量水平分为优秀、合格和不合格。质量描述中：水平一为合格；水平二为优秀；未达到水平一的为不合格。

	"税费计算与智能申报"课程学业质量描述	
	水平一	水平二
专业知识	①知晓税收的概念和特征、税法的基本要素；知晓税务管理、税款征收的法律规定；了解税收法律关系、税务检查 ②知晓增值税的构成要素；知晓小规模纳税人和一般纳税人企业增值税及附加税费应纳税额的计算；了解税收优惠政策 ③知晓消费税的构成要素；知晓消费税及附加税费应纳税额的计算 ④知晓企业所得税的构成要素；知晓企业所得税应纳税额的计算；了解税收优惠政策 ⑤知晓个人所得税的构成要素；知晓个人所得税应纳税额的计算；了解税收优惠政策 ⑥知晓关税的构成要素；知晓关税应纳税额的计算；了解税收优惠政策 ⑦知晓城建税及教育费附加、房产税、车船税和印花税的构成要素；知晓城建税及教育费附加、房产税、车船税和印花税应纳税额的计算；了解税收优惠政策 ⑧知晓小规模纳税人和一般纳税人企业纳税申报（跨税种）的业务流程及应纳税额的计算	①掌握税收的概念和特征、税法的基本要素；掌握税务管理、税款征收的法律规定；掌握税收法律关系、税务检查 ②掌握增值税的构成要素；掌握小规模纳税人和一般纳税人企业增值税及附加税费应纳税额的计算及税收优惠政策 ③掌握消费税的构成要素；掌握消费税及附加税费应纳税额的计算 ④掌握企业所得税的构成要素；掌握企业所得税应纳税额的计算及税收优惠政策 ⑤掌握个人所得税的构成要素；掌握个人所得税应纳税额的计算及税收优惠政策 ⑥掌握关税的构成要素；掌握关税应纳税额的计算及税收优惠政策 ⑦掌握城建税及教育费附加、房产税、车船税和印花税的构成要素；掌握城建税及教育费附加、房产税、车船税和印花税应纳税额的计算及税收优惠政策 ⑧掌握小规模纳税人和一般纳税人企业纳税申报（跨税种）的业务流程及应纳税额的计算
	水平一	水平二
专业技能	①能办理税务登记业务 ②会领购、填开发票 ③能计算小规模纳税人和一般纳税人企业增值税及附加税费应纳税额并进行智能申报 ④能计算消费税及附加税费的应纳税额，能进行消费税及附加税费的智能申报	①能熟练办理税务登记业务 ②能熟练领购发票、准确及时填开发票 ③能准确计算小规模纳税人和一般纳税人企业增值税及附加税费应纳税额，能正确进行增值税及附加税费的智能申报

续表

	"税费计算与智能申报"课程学业质量描述	
	水平一	水平二
专业技能	⑤能计算企业所得税应纳税额，能进行企业所得税的智能申报 ⑥能计算个人所得税应纳税额，能进行个人所得税的智能申报 ⑦能计算关税应纳税额，能进行关税的智能申报 ⑧能计算城建税及教育费附加、房产税、车船税和印花税的应纳税额，能进行城建税及教育费附加、房产税、车船税和印花税的智能申报 ⑨能进行小规模纳税人和一般纳税人企业纳税申报（跨税种）的综合实训	④能准确计算消费税及附加税费的应纳税额，能正确进行消费税及附加税费的智能申报 ⑤能准确计算企业所得税应纳税额，能正确进行企业所得税的智能申报 ⑥能准确计算个人所得税应纳税额，能正确进行个人所得税的智能申报 ⑦能准确计算关税应纳税额，能正确进行关税的智能申报 ⑧能准确计算城建税及教育费附加、房产税、车船税、印花税的应纳税额，能正确进行城建税及教育费附加、房产税、车船税和印花税的智能申报 ⑨能准确、熟练进行一般纳税人企业和小规模纳税人企业纳税申报（跨税种）的综合实训
	水平一	水平二
社会能力	①具有基本的逻辑思维能力和数据处理分析能力 ②初步形成爱岗敬业、诚实守信、严谨细致、客观公正的职业精神，能依法办事、保守秘密、重视诚信 ③基本养成搞好服务和参与管理的职业意识 ④了解税收文化，遵守会计职业道德、会计准则和行为规范，坚持原则，具备一定的社会责任感和担当精神 ⑤有一定自我管理能力，基本遵守课堂纪律，基本能完成工作任务和课后作业 ⑥具备基本的沟通能力，能完成基本的学习活动，具备一定的知识迁移能力 ⑦具有基本的团队意识，服从工作安排	①具有较强的逻辑思维能力和数据处理分析能力 ②具备爱岗敬业、诚实守信、严谨细致、客观公正的职业精神，能依法办事、保守秘密、重视诚信 ③养成搞好服务和参与管理的职业意识，关注市场、初步形成认知财经政策的意识 ④了解税收文化，遵守会计职业道德、会计准则和行为规范，坚持原则，具备社会责任感和担当精神，初步养成精益求精的工匠精神 ⑤自我管理能力强，课堂组织纪律性强，按时且认真完成工作任务和课后作业 ⑥沟通能力强，在学习过程中遇到问题能够虚心求教，耐心倾听别人的意见，具备较强的知识迁移能力 ⑦有较强的团队意识，服从工作安排，人际关系和谐，团结协作精神强

六、课程实施

(一) 教学要求

中等职业学校"税费计算与智能申报"课程教学要全面落实"立德树人"的根本任务。在此前提下,要明确"税费计算与智能申报"课程的功用以及在会计事务专业课程体系中的地位。教师应准确把握课程目标、课程内容、学业质量的要求,合理设计教学目标、教学方法、教学过程和教学评价。在教学实践中,要根据学生的知识基础和学习能力不断改进教学方式,激发学生学习本门课程的兴趣,有效实施因材施教。

1. 明确"税费计算与智能申报"课程的性质及作用

税费计算准确与否对企业非常重要。在实务工作中,税费缴纳不当会给企业带来麻烦,情况严重的话还会引起税务稽查。"税费计算与智能申报"课程是财经类专业的岗位职业能力培养课程,也是会计事务专业的核心课程。在教学过程中,要运用仿真情境、任务驱动、案例训练等方法来组织教学,加深学生对涉税事宜办理流程的理解,强化学生税费核算能力,掌握主要税种纳税申报的工作要点。

2. 培育学生涉税实务应用能力

针对让学生掌握企业报税工作的基本操作流程和处理方法,能计算企业常见税费的应纳税额,会办理税费的智能申报等课程目标。在教学过程中,要结合中小企业实际情况,按照岗位工作过程,融合涉税事宜,引导学生利用所学知识和技能,设计解决方案,激发学生学习本门课程的兴趣,从而提高解决实际问题的能力,培育实务应用能力。

3. 依托虚拟仿真网上报税平台进行实践操作

在实际工作中,网上报税平台是企业与税务局的连接窗口。对于没有使用过网上报税系统的学生来说,难以熟悉和掌握企业网上报税的具体操作流程。在教学过程中,要结合涉税"1+X"证书制度,探索书证融通,利用提供全仿真报税网站、企业登录界面、申报模块的虚拟网上报税平台,让学生运用所学理论知识,身临其境地体验网上办税的整套流程。学生通过亲自动手实践和模拟操作,实现理论与实践的有机结合。

(二) 师资条件

1. 专任教师

(1) 符合中等职业学校专业课教师的任职条件,具备中等职业学校教师的基本素养和道德要求,热爱教育事业,具有强烈的责任心和使命感。能够落实课程思政要求,挖掘专业课程中的思政教育元素和资源。

(2) 具有高度的敬业精神和专业精神,财税理论功底扎实,具有财税岗位工作经验,熟悉国家涉税法律法规知识和企业会计准则。

(3) 具有会计、财务管理、财税等相关专业学历,精通财税理论知识,能熟练开展财税核算工作，熟练操作纳税申报软件。

（4）具备一定的表达能力，能理实结合、深入浅出、通俗易懂地进行教学，能运用各种教学手段和教学工具指导学生进行理论学习和开展实践教学。

（5）具有较强的教科研能力，能够运用信息技术开展混合式教学等教法改革；能够跟踪新经济、新技术发展前沿，开展社会服务。专业教师每年至少1个月在企业或生产性实训基地锻炼，每5年累计不少于6个月的企业实践经历。

（6）学生数与专任教师数比例不高于20∶1，专任教师中具有高级专业技术职务人数不低于20%，"双师型"教师占专业课教师数比例应不低于50%。

2. 兼职教师

（1）主要从本专业相关行业企业的高技术技能人才中聘任，应具有扎实的专业知识和丰富的实际工作经验，能针对企业的实际情况进行税务实践教学。

（2）原则上应具有中级及以上专业技术职务或在市级及以上职业技能竞赛中获奖。

（3）了解教育教学规律，能承担专业课程教学、实习实训指导和学生职业发展规划指导等专业教学任务，具有较强的教学组织能力。

（三）实践教学

1. 实训场地及软件

配备多媒体教学设备、计算机及网络设备、虚拟仿真网上报税平台、报税RPA机器人工具等设备及软件的纳税申报实训室。

2. 实训工具设备

配备财税工作所需的各类办公设施及基本文具，如打印机、扫描仪、计算器、文件柜及各种日常耗材等。配置具有网络、能够流畅运行实训软件的计算机设备。

3. 仿真实训资料

配备各税种空白纳税申报表。配备仿真的工业企业纳税申报业务资料及其他相关资料。

（四）教学方法

本课程主要使用下列教学方法：

1. 任务驱动教学法

将各个项目细分为若干环环相扣的工作任务，然后以工作任务的完成为驱动点，引导知识与技能的学习。教学中以学生为主体，以项目实训、任务操作等为手段引导学生动手动脑，努力把教学过程转化为学生自主学习、主动探索和创造性思考的过程。任务驱动教学法既可以应用于课堂仿真训练，也可以延伸到课后训练。

2. 案例教学法

以不同类型的公司业务情况为背景，要求学生以企业税务会计的身份，完成相关业务处理，并与实际的处理情况进行比对，找出差距。该教学活动的设计，要有明确的目的和可操作性，要以提高学生的岗位能力为出发点，训练的内容要尽量真实，要有利于学生巩固税法知识、掌握账务处理技能，从而提高办理综合涉税事宜的能力。

3. 讲授法

讲授法是教师通过口头语言向学生描绘情境、叙述事实、解释概念、论证原理和阐明规律的教学方法。讲授纳税申报基本知识时，要结合最新的税收法律法规及相关政策；讲解纳税申报时，要在虚拟仿真报税平台上进行实际操作演示，采用高清晰度大屏幕投影或在计算机网络教室采用广播方式进行教学。

（五）教学手段

为了达到预期教学目的，本课程结合教学内容，主要采用以下现代化教学手段：

1. 多媒体教学手段

多媒体教学手段是指在教学过程中，根据教学目标和教学对象的特点，通过教学设计，合理选择和运用现代教学媒体，并与传统教学手段有机组合，共同参与教学全过程，以多种媒体信息作用于学生，形成合理的教学过程结构，达到最优化的教学效果。常见多媒体教学手段主要包括电子课件、音频、视频、Flash 动画演示、教学软件等。

2. 网络教学手段

网络教学作为新兴的教学手段，有着自身的特点和优势。"税费计算与智能申报"课程教学应充分利用网络，发挥网络教学的优势，拓展实践教学的平台。利用网络教学资源和网络教学平台指导学生开展学习，调动学生学习兴趣，提高学习效率。

（六）教材要求

（1）原则上从国家和省级教育行政部门发布的规划教材目录中选用，国家和省级规划目录中没有的教材，可在职业院校教材信息库选用。不得以岗位培训教材取代专业课程教材。选用的教材必须是通过审核的版本，擅自更改内容的教材不得选用，未按照规定程序取得审核认定意见的教材不得选用。不得选用盗版、盗印教材。

（2）选用的教材要以习近平新时代中国特色社会主义思想为指导，贯彻国家"三教"改革精神，落实"立德树人"根本任务，充分体现社会主义核心价值观，有助于中职学生形成正确的世界观、人生观、价值观。

（3）选用的教材要充分体现时代特点和现代意识，同时适应中职学生的认知特点，充分考虑学生身心发展需要，有助于培养学生的社会责任感、动手实践能力和创新创业精神，有助于学生形成良好的个性和健全的人格。

（4）选用的教材要全面体现"税费计算与智能申报"课程标准的理念和要求，有机融合会计事务专业核心素养，符合会计事务专业核心素养发展规律。既要关注学生学习财税知识的结果，也要注重学生在学习过程中对专业技术和税收文化的理解与体验，更要体现学生在学习过程中的参与程度、参与水平和情感态度。

（5）选用的教材要适合线上线下教育，能发挥传统教学手段和网络教学手段各自的优势，促进教学资源的有效运用，有利于学生运用多种媒介和信息技术开展自主、合作与探究式学习，优化课程实施。

（6）倡导使用新型活页式、工作手册式教材并配套开发信息化资源，以实现多样化的教材形态，促进教学手段的更新。同时形成纸质教材、电子资料、网络资源相结合的立体化教材体系。

（七）配套课程资源与利用

中等职业学校"税费计算与智能申报"课程配套资源的开发与利用应充分考虑学生的身心发展特点，依据教育性、科学性、发展性的原则，符合教学规律要求，倡导合作共享、因地制宜地开发教学资源，提高教学质量，以利于教学目标的达成。

"税费计算与智能申报"课程资源，可以是与教材配套的纸质习题文本，也可以是多媒体资源、网络资源。教师要充分利用现代信息技术，积极开发与利用各种课程资源，制作课堂教学PPT，开发微课、视频、音频等资源，整理、优化课程资源库，逐步形成完善的立体化课程资源体系，为学生自主学习提供更多的机会和途径，鼓励学生创新思维和专业知识的整合，提高学生学习积极性。

同时，教师依托校园网络平台，向学生提供直播课程、录播课程、线上练习、在线答疑等多种形式的网络教学资源，优化教与学活动，推动课程教学的优化实施，引导学生在学习过程中结合上述资源进行自主、合作、探究式学习，为进一步开展线上线下混合式教学创造条件。学生在学习过程中实际生成的各种问题、拓展材料及学生成果等，也是一种有意义的课程资源。

校企合作资源也是一种重要的课程资源，要充分利用校企合作平台开展教学活动，通过与相关企业的合作，结合学校实训基地或"校中厂"资源，给学生提供参观、访问企业的机会，让学生直接参与到校企共建实训基地的工作中来，拓宽学生的视野，促进学生会计事务专业核心素养的养成。

（八）线上教学安排

1. 选用教学平台

教师应根据"税费计算与智能申报"课程教学内容，结合线上教学方式特点，合理选择使用一个能做到线上线下教学无缝切换的教学平台作为主要线上教学平台。同时，将QQ、微信、钉钉等其他即时通信软件作为备用平台用于课堂应急、临时讨论、即时消息等用途。

2. 准备教学资源

教师应充分发挥主观能动性和创造性，依据税费计算与智能申报课程标准的要求和具体的教学内容，有选择地、创造性地使用、优化、整合资源，助力学生有效学习。要提前谋划，储备资源，通过网盘、U盘等工具随身携带重要教学资源，做好线上教学的充分准备。

3. 线上教学实施

教师根据"税费计算与智能申报"课程标准，结合教学对象实际情况，考虑课前课中课后三个环节，与学生进行充分的互动交流，将新变化、新事物、现代信息技术融入线上课程，提高学生上课的参与度和融入感，提高学生的学习效果。

课前通过网络平台将视频、课件及相关资料推送给学生阅览，并给学生布置一定的任务，引导学生主动学习，带着任务听课，提高教学效果。课中由教师讲述重要知识点，配合教学资源，积极引导学生思考，通过弹幕、答题、连麦等手段与学生进行在线互动，让学生真正融入线上课堂。融合思政教学，帮助学生树立正确的价值观、学习观，促进学生健康成长。课后布置与教学内容相匹配的课后作业，通过聊天软件对学生进行课后辅导，为学生答疑解惑。

4. 线上教学的管理

为了保证线上教学的有序开展，课程负责人应在校园网络资源平台建设课程页面，教师通过课程页面，发布课程公告、课程学习资源，布置并批改作业，组织课后答疑，及时发布课程过程考核成绩，落实完整的教学过程。通过技术手段对学生进行全过程考核，确保学生到课听课率，保证教学质量。

要严格落实线上教学管理制度。课程负责人应确保线上课程框架体系完整，教学资源内容全面、科学合理、无政治性及学术性错误，严把课程质量关。课程主讲教师应严格按照教学计划开展线上教学，不得随意进行线上合班或更换授课时间、授课教师。

七、教学评价

教学评价是"税费计算与智能申报"课程教学活动的重要组成部分，贯穿教学过程的始终，其目的是促进学生学习、改善教师教学、完善课程设计、监控学业质量。

（一）以课程目标为评价依据

"税费计算与智能申报"课程学习评价以课程目标作为评价的主要依据，其根本目的是促进学生专业核心素养的提升。评价应反映"以人为本"的教育理念，不仅要关注学生掌握专业知识、专业技能的程度，关注学生会计事务专业核心素养水平的达成，还要关注学生的学习态度、学习方法和学习习惯的养成，从而衡量课程目标达成情况。

（二）注重评价的多元化

应围绕会计事务专业核心素养和课程目标，依据学业要求选择评价内容，注重多种评价方式有机结合与运用，强调多元评价主体的共同参与，以获取较为全面的评价信息。可以通过学生自评、互评、教师评价等方式进行评价。评价不仅要关注学生外在学习结果，更要关注内在学习品质。要重视过程性评价与终结性评价相结合。教师要有意识地利用评价过程与结果，通过评价引导学生学会学习，发现学生学习的个性特点和具体问题，及时引导，提出有针对性的建议，激发学生学习的动力。同时，依据评价结果反思日常教学，优化教学内容，调整教学策略，完善教学过程，为学生会计事务专业核心素养的发展提供有力支持。

（三）重视评价结果的呈现

教学评价的结果要服务教学、反馈教学、促进教学，评价结果的呈现是评价的重要组成部分。教师要充分利用信息技术，收集、整理、分析有关反映学生学习过程和结果的数据，获取教学的反馈信息，通过多元化的评价方式形成的课后作业记录表、单项专业技能评价表、学习表现评价表、学业总评考核表等结果，能够综合反映学生的会计事务专业核心素养水平。

（四）学业水平考试要求

考试是课程评价的重要组成部分，学业水平考试是评价的重要方式。学业水平考试需要对学生不同阶段的学习成果做出综合评价，进行学分评定。

学习每个模块后，根据本课程标准的学业要求和阶段性学业水平对学生的学习成绩进行评定，并根据成绩结果给予相应学分。

总分	$\Sigma \geq 90$	$60 \leq \Sigma < 90$	$\Sigma < 60$
评定等级	优秀	合格	不合格

编写人员： 马雪莹　武汉市财政学校
　　　　　　方　毅　武汉市财政学校
审核人员： 曾　钧　武汉市财政学校
　　　　　　李　娜　武汉市财政学校

"财税代理服务"课程标准

课程名称	财税代理服务	课程类别	专业核心课
适用专业	会计事务、纳税事务	学时 学分	36学时 2学分

一、课程性质与设计思路

(二)课程性质

"财税代理服务"课程是会计事务专业的专业核心课程,是理实一体化课程。基于职业院校推进"1+X"证书制度工作需求,该课程以教育部公布的《智能财税职业技能等级标准》(初级)为主要依据,并充分融合社会共享财税代理服务和企业秘书真实业务内容而开发。该课程涵盖了社会共享财税代理服务的真实工作业务,融合财税等相关课程知识,着重于财税咨询、工商、银行、行政等商事服务技能的学习。通过本课程的学习,能够有效提升学生的财税实践能力和适岗能力,快速适应初级财税代理工作岗位任职需要。

(二)设计思路

本课程的总体设计思路是以财税代理服务规范化、标准化的岗位工作流程为基础,基于社会共享财税代理服务和企业秘书的典型业务场景的应用,按照行动导向教学理念,将财税智能化岗位工作转化为学习项目,将工作任务转化为学习任务,并遵循成果导向原则,以职业能力培养为目标,通过完成流程化的工作任务,循序渐进地引导学生有效掌握税务、工商、银行、行政等工作领域的业务流程和实操技能,进一步强化、拓展其职业能力,实现教学过程工作化和工作过程学习化。具体如下:

(1)本课程的课程结构以财务共享模式下财税代理服务工作内容为线索,设计了认知财税代理服务、财税代理服务客户管理、智能财税代理记账、涉税管理、企业设立、变更和信息公示、资金管理等学习项目,做到课岗融合。当项目结束时,工作任务随之完成并获取相应的标志性工作成果,实现专业技能培养目标。

(2)本课程强调课证融通,对接《"1+X"智能财税书证融通课程方案》和初级证书考证要求,将中小微型企业代理服务、企业管家与智能财税共享服务等新技术,以及典型生产案例纳入教学内容。

(3)教学过程中将"保守秘密、诚实守信、遵纪守法、合规、责任和担当"贯穿于全课程,以促进学生健全、高尚人格的塑造和培养,将"术""道"相结合,既注重专业技能的学习,更要注重职业素养和品德的教育,实现育德任务"润物细无声"。

二、专业核心素养与课程目标

（一）专业核心素养

会计事务专业核心素养，是指学生通过学习具备能够适应终身发展和社会发展需要的会计职业关键能力和必备品格。会计职业关键能力包括逻辑思维能力、企业运营及资金运动的空间想象能力、数据处理分析能力、账务处理能力、分析和解决实际问题的能力；必备品格包括爱岗敬业、诚实守信、依法办事、保守秘密，养成严谨细致和客观公正的职业精神，以及搞好服务和参与管理的职业意识。

（二）课程目标

课程目标即本课程在通过与财税代理服务岗位要求完全相同的实际操作中，培养学生的职业意识，提高职业素质，形成工作能力，为即将从事的财税工作打下坚实基础，培养学生成为适应行业发展新要求、新技能、新业态的财会专业人才。

通过本课程的学习，旨在培养学生办理税务、工商、银行、行政等商事服务职业技能，具体包括知识目标、技能目标和素质目标。

1. 知识目标

（1）认知财税代理服务基本工作流程和规范；
（2）熟悉税务登记的时间、需要申报的税种及申报流程；
（3）熟悉企业工商、税务注册的相关法律规定；
（4）区分和识别不同用途的银行账户，准确识别货币资金业务的常见票据；
（5）明确国家专利、商标、特许权管理办理流程和要点。

2. 技能目标

（1）能够整理票据、代理记账；
（2）能够代理涉税事务与管理特殊涉税事项；
（3）能够代理工商、税务注册登记、变更企业登记、管理企业信息公示与注销公司；
（4）能够开立、变更、注销银行账户以及管理企业资金；
（5）能够根据相关需求开展代理资质申办、纳税申请、高新技术企业管理、食品经营许可证和卫生许可证认定与管理等资质证照管理业务。

3. 素质目标

（1）培养学生诚实守信、严谨细致等专业精神；
（2）具备较强的沟通交流能力、团队合作和社会责任等职业精神；
（3）具有分析问题、解决问题的探究学习能力。

三、本课程在专业课程体系中的位置

会计事务专业课程设置主要包括公共基础课程和专业课程。专业课程一般包括专业基础课程、专业核心课程、专业拓展课程，并涵盖实训等有关实践性教学环节。思政教育和会计文化融入课程内容。本课程在专业课程体系中的位置如下图所示。

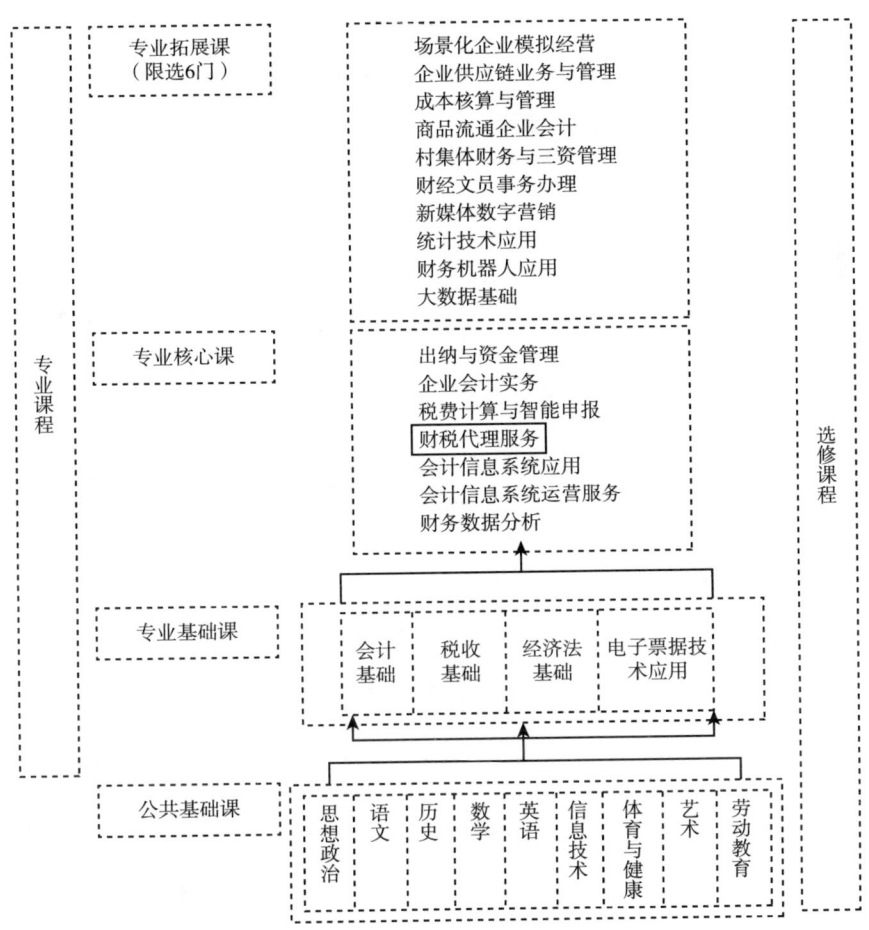

四、课程内容与学时安排

(一) 课程内容

"财税代理服务"课程内容

序号	教学模块	教学内容描述	能力要求	课时
1	认知财税代理服务	• 企业及财税代理服务概念 • 财税代理服务岗位职责 • 财税代理服务岗位胜任力要求	• 能判断企业的组织架构类型 • 能辨别财税代理服务不同岗位 • 能够明确财税代理服务的具体岗位职责 • 能依据财税代理服务岗位要求,判断员工胜任岗位的职业能力	2课时
2	财税代理服务客户管理	• 客户开发与承接 • 客户拓展与维护	• 能够知晓常用客户管理系统(CRM)基本功能 • 能细分定位目标客户群体 • 能收集目标客户信息和填写"客户信息采集表" • 能制订客户开发目标任务计划书 • 能根据资料整理的规范要求完成客户信息资料归档 • 能够分析客户数据、提醒客户事项	4课时
3	智能财税代理记账	• 财税代理服务基本工作流程 • 票据整理 • 代理记账事务	• 能够认知财税代理服务基本工作流程和规范 • 能在平台上办理票据确认接收、编号扫描、采集、识别 • 根据公司具体业务,能够把票据分类整理为采购、销售、费用报销、银行回单和其他单据等,并核查单据 • 能在平台中,根据采购业务的具体业务类型,生成采购业务记账凭证,生成项目、存货和供应商辅助账 • 能够将银行回单与销售业务进行核对,并能够进行客户回款情况分析 • 能在平台中完成结转销售成本的账务处理 • 能够将银行回单与期间费用业务进行核对,并进行员工往来款情况分析 • 能在平台中熟练完成工资表导入 • 能在平台中根据工资表数据自动生成记账凭证 • 能够正确装订凭证	8课时

续表

序号	教学模块	教学内容描述	能力要求	课时
4	涉税管理	• 代理涉税事务 • 特殊涉税事项管理	• 能依据《中华人民共和国税收征收管理法》，明确税务登记的时间、需要申报的税种及申报流程 • 能依据《中华人民共和国税收征收管理法》，整理税务登记所需材料 • 能够在平台上填写和上传税务相关信息 • 能够明确税控授权设备（一证通、云开票等）的托管业务 • 能够熟练登录平台填写发票的领用、验旧、缴销等业务的相关信息，并登记发票的领购、领用、签收和使用等情况 • 能读懂发票信息进行票据分类 • 能正确审核发票的真实性、完整性、合法性和合理性 • 能登录平台完成票据上传工作 • 能在平台完成线上票据的信息采集工作 • 能够在相关开票软件上熟练完成发票开具、认证和报废等业务 • 能在平台上完成主要税费（增值税、企业所得税）网上申报 • 能在平台上办理减免税、出口退（免）税、代扣代缴手续费返还等事务 • 能根据《中华人民共和国税收征收管理法》《中华人民共和国税收征收管理法实施细则》，正确计算印花税、个人所得税 • 能够明确印花税、个人所得税等税种的申报期限及申报地点 • 能够在平台上提交完税证明和股权变更证明	10课时
5	企业设立、变更和信息公示	• 代理工商、税务注册登记事务 • 企业变更登记业务管理 • 企业信息公示填制申报管理 • 公司注销业务管理	• 能根据《公司法》《税收征管法》中关于企业工商、税务注册的相关法律规定，整理企业工商注册的相关材料 • 能熟练使用平台办理企业设立登记，对公司选址、企业名称、认缴金额以及公司章程进行信息录入 • 能根据《中华人民共和国公司法》《中华人民共和国公司登记管理条例》，整理变更登记业务所需的材料 • 能依据企业需要变更的事项，确定企业变更办理部门及办理方式	4课时

续表

序号	教学模块	教学内容描述	能力要求	课时
			• 能明确企业年度信息公示的注意事项以及企业信息公示的时间 • 能够使用国家企业信用信息公示系统，整理信息公示所需的材料 • 能在国家企业信用信息公示系统上正确填写、核查和提交信息 • 能在国家企业信用信息公示系统上查询企业公示的信息 • 能依据《中华人民共和国公司法》，查找公司注销相关事宜所需材料 • 能明确企业注销的办理流程 • 能够在平台上办理工商、银行、社保、公章注销，完成企业注销 • 能够在平台上提交材料进行税务设立、变更、注销登记，并领取税务注销证明文件	
6	资金管理	• 代理银行账户管理事务 • 企业资金日常管理	• 能够区分和识别不同用途的银行账户 • 能在平台上熟练完成申请企业银行账户开立的业务操作 • 能在平台上熟练完成变更银行账户业务 • 能在平台上熟练完成注销银行账户业务 • 能够在平台上熟练完成银行年检事务 • 能准确识别货币资金业务的常见票据 • 能够办理现金、银行收付业务，获取整理银行回单和各种费用支出票据 • 能够明确各岗位人员的职责，并识记现金收入、提款、支出和余额管理以及银行收付款和余额的资金管理流程	2课时
7	资质证照业务管理	• 代理资质申办事务（国家专利、商标、特许权） • 纳税申请 • 高新技术企业管理 • 食品经营许可证和卫生许可证认定与管理	• 能够明确国家专利、商标、特许权管理办理流程和要点 • 能在平台上完成企业有关专利、商标、许可权等申请事务 • 能够根据相关需求准备专利申请文件并办理、提交专利申请 • 能够根据《商标法》及相关法律规定制作商标注册文书，并在平台上提交注册材料	6课时

续表

序号	教学模块	教学内容描述	能力要求	课时
			• 能够根据客户实际需求，为企业选择合适的特许经营许可获得方式 • 能根据相关法律法规的要求申请特许经营许可 • 能够办理一般纳税人登记或小规模纳税人纳税申请 • 能够定位企业所在的高新技术领域并根据高新技术企业认定标准，协助企业准备申报材料 • 能够在平台上办理高新技术企业认定申报 • 能整理和申报食品经营许可证和卫生许可证的相关材料 • 能根据不同类型食品的许可审查要求对食品经营许可证和卫生许可证进行审核与整改 • 能够熟练使用平台，完成餐饮许可证、卫生许可证的登记注册、申请受理、审核通过以及实际领取等具体业务	
	合计			36课时

（二）学时安排与学分

"财税代理服务"课程共计36学时，每18学时折算1学分，共2学分。

五、学业质量

（一）学业质量内涵

学业质量是学生在完成课程学习后的学业成就表现。"财税代理服务"课程学业质量标准是以会计事务专业核心素养及其表现水平为主要维度，结合课程内容，对学生"财税代理服务"课程学业成就表现的总体刻画。根据教学任务的复杂程度、知识和技能的结构化程度、分析和解决问题的能力等不同水平学业成就表现的关键特征，"财税代理服务"课程学业质量标准将学业质量划分为不同水平，并描述了不同水平学习结果的具体表现，不同水平之间具有由低到高逐渐递进的关系，体现课程结束时学生达到的水平，为核心素养评价提供基本依据。

（二）学业质量水平

"财税代理服务"课程学业质量水平是"财税代理服务"课程目标的综合表现。"财税代理服务"课程目标划分为三个不同水平,每一个水平是通过专业核心素养的具体表现和体现课程目标的三个方面进行表述的。会计事务专业核心素养的具体表现参见"专业核心素养与课程目标",完成课程目标包括与会计事务专业核心素养相关的专业知识、专业技能和社会能力三个方面。

学业质量水平分为优秀、合格和不合格。质量描述中:水平一为合格;水平二为优秀;未达到水平一的为不合格。

"财税代理服务"课程学业质量描述		
	水平一	水平二
专业知识	①了解财税代理服务岗位设置的意义和作用 ②了解财税代理服务和企业秘书典型工作场景 ③知晓财税代理服务和企业秘书岗位职责 ④知晓财税代理服务和企业秘书的主要工作内容和业务办理的具体流程 ⑤知晓财税代理服务实际工作中如何运用财税专业知识	①熟悉财税代理服务岗位设置的意义和作用 ②熟悉财税代理服务和企业秘书典型工作场景 ③理解财税代理服务并且能够掌握企业秘书岗位职责 ④掌握财税代理服务和企业秘书的主要工作内容和业务办理的具体流程 ⑤掌握财税代理服务实际工作中如何运用财税专业知识
	水平一	水平二
专业技能	①能在平台上办理票据收件确认、编号扫描、票据整理和凭证装订业务 ②能明确代理记账流程且会应用代账系统进行代理记账 ③能使用平台办理工商注册、变更和注销及工商年报公示业务 ④能办理税务设立、变更、注销登记事务以及企业信息公示填制申报业务 ⑤能够完成申请企业银行账户开立的业务操作 ⑥能够制定企业资金日常管理制度 ⑦能在平台上办理发票领用、验旧、缴销及发票开具、认证和报废业务 ⑧能在平台上办理税控盘托管业务 ⑨能使用平台办理主要税费(增值税、企业所得税)网上申报并能办理减免税、出口退(免)税、代扣代缴手续费返还等业务 ⑩能在平台上完成企业有关专利、商标、许可权等申请业务	①能在平台上熟练办理票据收件确认、编号扫描、票据整理和凭证装订业务 ②能明确代理记账流程且熟练应用代账系统进行代理记账 ③能熟练使用平台办理工商注册、变更和注销及工商年报公示业务 ④能熟练办理税务设立、变更、注销登记事务以及企业信息公示填制申报业务 ⑤能够熟练完成申请企业银行账户开立的业务操作 ⑥能够熟练制定企业资金日常管理制度 ⑦能在平台上熟练办理发票领用、验旧、缴销及发票开具、认证和报废业务 ⑧能在平台上熟练办理税控盘托管业务 ⑨能熟练使用平台办理主要税费(增值税、企业所得税)网上申报并能办理减免税、出口退(免)税、代扣代缴手续费返还等业务 ⑩能在平台上熟练完成企业有关专利、商标、许可权等申请业务

续表

	"财税代理服务"课程学业质量描述	
	水平一	水平二
社会能力	①具备一定的财税代理服务和企业秘书的岗位服务意识 ②初步形成严谨细致、认真负责的工作作风，有社会责任意识，能依法办事、保守秘密、重视诚信 ③基本养成搞好服务和参与管理的职业意识 ④具有良好的会计职业品质、职业道德和心理素质 ⑤有一定自我管理能力，基本遵守课堂纪律，基本能完成工作任务和课后作业 ⑥具备基本的沟通能力，能完成基本的学习活动，具备一定的知识迁移能力 ⑦具有基本的团队意识，服从工作安排	①具备良好的财税代理服务和企业秘书的岗位服务意识 ②具备严谨细致、认真负责的工作作风，有社会责任意识，能依法办事、保守秘密、重视诚信 ③养成搞好服务和参与管理的职业意识，关注市场并且形成认知财经政策的意识 ④具有良好的会计职业品质、职业道德和心理素质，具备社会责任感和担当精神，养成精益求精的工匠精神 ⑤自我管理能力强，课堂组织纪律性强，按时且认真完成工作任务和课后作业 ⑥沟通能力强，在学习过程中遇到问题能够虚心求教，耐心倾听别人的意见，具备较强的知识迁移能力 ⑦有较强的团队意识，服从工作安排，人际关系和谐，团结协作精神强

六、课程实施

（一）教学要求

中等职业学校"财税代理服务"课程教学要全面落实"立德树人"的根本任务，在此前提下，明确"财税代理服务"课程的功用以及在会计事务专业课程体系中的地位。教师应准确把握课程目标、课程内容、学业质量的要求，合理设计教学目标、教学方法、教学过程和教学评价。在教学实践中，要根据学生的知识基础和学习能力不断改进教学方式，激发学生学习本门课的兴趣，有效实施因材施教，有效提升学生的财税理论水平和实践能力。

1. 明确"财税代理服务"课程的功用

随着移动互联网、云计算、大数据、智能化等信息技术带来的企业财务组织形式的变革，依托信息技术，以财税业务流程处理为基础，优化组织结构、提升效率的财税代理服务应运而生。"财税代理服务"课程作为会计事务专业核心课程，教学内容包括财税、工商、银行、行政等商事服务的理论知识和操作技术，学生通过学习能更好地服务企业财税代理需求。

2. 提升学生财税代理服务的实践技能

"财税代理服务"课程是一门理实一体课程，教学内容对接财税代理服务的典型工作任务，教学过程中创设有效的教学情境和工作任务，将理论与实践相结合，设计出合适的教学情境和工作任务，引导学生观察现象、发现问题，能用智能财税的思想、方法解决问题，初步形成专业素养。在解决问题的过程中，理解教学内容的实质，提高动手能力，促进学生会计事务专业核心素养的形成和发展。

3. 创设自主、合作、探究式的学习条件

教师要把培养、发展学生学习能力作为教学活动的重心。在教学过程，教师要有意识地给予学生指导，课前合理布置自学任务，课中组织小组合作学习、共同探究，课后丰富作业形式，提高作业质量，布置适量的拓展性作业。密切关注学生是否通过学习初步形成专业结构化知识，促使学生在教学活动中以合作和探究的方式获得专业知识、发展专业技能、提高专业能力、形成健康人格，强调学生之间相互促进、共同提高，从而培养学生自主、合作、探究的学习能力。

4. 探索信息技术与教学的深度融合

在"财税代理服务"课程中，信息技术是教师教和学生学的重要教学手段，学生需要在平台上操作进行财税、工商、银行、行政等商事服务操作。教师应把握好技术与财税教学的关系，合理利用信息技术，注重信息技术与"财税代理服务"课程的深度融合，结合涉税"1+X"证书制度，书证融通，转变教学与学习方式，创设线上线下一体化的"混合式"学习生态，形成虚拟仿真学习环境，引导学生经历多样化的学习过程，帮助学生有效地投入财税代理服务的实践学习，促进学生在信息化环境中主动学习。同时，对信息化环境下的"财税代理服务"课程教学模式，仍需从教学流程、教学资源、教学支持等影响学生学习的各种要素所发生的新变化持续进行探索。

（二）师资条件

1. 专任教师

（1）符合中等职业学校专业课教师的任职条件，具备中等职业学校教师的基本素养和道德要求，热爱教育事业，具有强烈的责任心和使命感。能够落实课程思政要求，挖掘专业课程中的思政元素和资源。

（2）具有高度的敬业精神和专业精神，既要有扎实的财税专业理论基础，同时需具备较强的财税实践能力和技术应用能力，熟悉企业会计准则和国家现行财税规定。

（3）具备一定的表达能力，能理实结合、深入浅出、通俗易懂地进行教学，能运用各种教学手段和教学工具指导学生进行理论学习和开展实践教学。

（4）具有较强的教科研能力，能够运用信息技术开展混合式教学等教法改革；能够跟踪新经济、新技术发展前沿，开展社会服务。专业教师每年至少1个月在企业或生产性实训基地锻炼，每5年累计不少于6个月的企业实践经历。

2. 兼职教师

（1）主要从财税代理企业的高技术技能人才中聘任，应具有扎实的专业知识和丰富的实际工作经验，能针对企业的实际情况进行财税代理服务的实践教学。

（2）原则上应具有中级及以上专业技术职务或在市级及以上职业技能竞赛中获奖。

（3）了解教育教学规律，能承担专业课程教学、实习实训指导和学生职业发展规划指导等专业教学任务，具有较强的教学组织能力。

（三）实践教学

1. 实训场地

本课程需在具备网络接入、移动互联网信号畅通的理实一体化实训室开展教学。实训室设计应凸显财税代理服务的专业文化，打造真实职业环境，并配备多媒体教学设备、学生用电脑及桌椅等教学设施，以构建云化的财税代理业务处理工作场景。

2. 实训工具设备

配备财税代理服务工作所需的各类办公设施及基本文具，如打印机、扫描仪、计算器、文件柜及各种日常耗材等。配置具有网络、能够流畅运行实训软件的计算机设备。

3. 实训软件

财税代理服务信息系统，第三方平台，如网络银行、电子税局等。借助真实的代理服务操作平台，帮助学生学习财税代理服务的业务处理、审核等相关工作。

4. 仿真实训资料

配备真实的企业案例资料和业务单据。

（四）教学方法

本课程主要使用下列教学方法：

1. 情境教学法

情境教学法是指在教学过程中，教师有目的地引入或创设具有一定情绪色彩的、以形象为主体的生动具体的场景，引起学生一定的态度体验的教学方法。教师通过创设情境引导学生自主探究性学习，从而帮助学生理解教学内容，并使学生的心理机能得到发展，提高学生分析和解决实际问题的能力。

2. 任务驱动教学法

任务驱动教学法是指在学习过程中，紧紧围绕一个共同的任务活动中心，在强烈的问题动机的驱动下，通过对学习资源的积极主动应用，进行自主探索和互动协作的学习，并在完成既定任务的同时，引导学生产生一种学习实践活动。

3. 案例教学法

案例教学法是一种通过模拟或者重现现实生活中的一些场景，让学生把自己纳入案例场景，通过讨论或者研讨来进行学习的教学方法。教学中既可以通过分析、比较，研究各种各样成功的经验，从中抽象出某些一般性的结论或原理，也可以让学生通过自己的思考或者他人的思考来拓宽视野，丰富知识。

4. 讲授法

讲授法是教师通过口头语言向学生描绘情境、叙述事实、解释概念、论证原理和阐明规律的教学方法。

（五）教学手段

为了达到预期教学目的，本课程结合教学内容，主要采用以下现代化教学手段：

1. 多媒体教学手段

多媒体教学手段是指在教学过程中，根据教学目标和教学对象的特点，通过教学设计，合理选择和运用现代教学媒体，并与传统教学手段有机组合，共同参与教学全过程，以多种媒体信息作用于学生，形成合理的教学过程结构，达到最优化的教学效果。常见多媒体教学手段主要包括电子课件、音频、视频、Flash 动画演示、教学软件等。

2. 混合式教学手段

"财税代理服务"课程教学应充分利用网络，利用智慧职教等平台建设课程教学资源库和在线开放课程，教学资源包括教学视频、操作视频、实训案例、题库等，实现线上线下混合教学，发挥网络教学的优势，拓展实践教学的平台。使用智慧职教等教学平台，利用职教云等建设在线开放课程，设计课程教学活动；利用云课堂实施课堂教学。借助职教云的学习活动分析功能及时了解学生的学习情况，进而及时解决学生学习中的问题，并通过建立答疑区、讨论区、分享区等，促使学生进行交互式学习，进而调动学生学习兴趣，实现较好的学习效果，提高学习效率。

（六）教材要求

（1）原则上从国家和省级教育行政部门发布的规划教材目录中选用，国家和省级规划目录中没有的教材，可在职业院校教材信息库选用。不得以岗位培训教材取代专业课程教材。选用的教材必须是通过审核的版本，擅自更改内容的教材不得选用，未按照规定程序取得审核认定意见的教材不得选用。不得选用盗版、盗印教材。

（2）选用的教材要以习近平新时代中国特色社会主义思想为指导，贯彻国家"三教"改革精神，落实"立德树人"根本任务，充分体现社会主义核心价值观，有助于中职学生形成正确的世界观、人生观、价值观。

（3）选用的教材要全面体现"财税代理服务"课程标准的理念和要求，既要关注学生学习财税知识的结果，也要注重学生在学习过程中对专业技术和代理服务的理解与体验，更要体现学生在学习过程中的参与程度、参与水平和情感态度。

（4）选用的教材要适合线上线下教育，能发挥传统教学手段和网络教学手段各自的优势，促进教学资源的有效运用，有利于学生运用多种媒介和信息技术开展自主、合作与探究式学习，优化课程实施。

（5）倡导使用新型活页式、工作手册式教材并配套开发信息化资源，以实现多样化的教材形态，促进教学手段的更新。同时形成纸质教材、电子资料、网络资源相结合的立体化教材体系。

（6）若本课程没有合适的教材，教师可根据课程标准自编课程讲义，经过两轮教学后可推荐给出版社出版发行。

（七）配套课程资源与利用

"财税代理服务"课程资源，可以是与教材配套的纸质习题文本，也可以是多媒体资源、网络资源。教师要充分利用现代信息技术，积极开发与利用各种课程资源，制作课堂教学 PPT，开发微课、视频、音频等资源，整理、优化课程资源库，逐步形成完善的立体化课程资源体系，为学生自主学习提供更多的机会和途径，鼓励学生创新思维和专业知识的整合，提高学生学习积极性。

同时，教师依托校园网络平台，向学生提供直播课程、录播课程、线上练习、在线答疑等多种形式的网络教学资源，优化教与学活动，推动课程教学的优化实施，引导学生在学习过程中结合上述资源进行自主、合作、探究式学习，为进一步开展线上线下混合式教学创造条件。学生在学习过程中实际生成的各种问题、拓展材料及学生成果等，也是一种有意义的课程资源。要充分利用校企合作平台开展教学活动，通过与相关企业的合作，结合学校实训基地或"校中厂"资源，给学生提供参观、访问企业的机会。

（八）线上教学安排

1. 选用教学平台

教师应根据"财税代理服务"课程教学内容，结合线上教学方式特点，合理选择使用一个能做到线上线下教学无缝切换的教学平台作为主要线上教学平台。同时，将QQ、微信、钉钉等其他即时通信软件作为备用平台用于课堂应急、临时讨论、即时消息等用途。

2. 准备教学资源

教师应充分发挥主观能动性和创造性，依据"财税代理服务"课程标准的要求和具体的教学内容，有选择地、创造性地使用、优化、整合资源，助力学生有效学习。要提前谋划，储备资源，通过网盘、U盘等工具随身携带重要教学资源，做好线上教学的充分准备。

3. 线上教学实施

教师根据"财税代理服务"课程标准，结合教学对象实际情况，考虑课前课中课后三个环节，与学生进行充分的互动交流，将"新形势"、"新业态"、"新职业"融入线上课程，提高学生上课的参与度和职业体验感，提高学生的学习效果。

课前通过网络平台将视频、课件及相关资料推送给学生阅览，并给学生布置一定的任务。引导学生主动学习，带着任务听课，提高教学效果。课中由教师讲述重要知识点，配合教学资源，积极引导学生思考，通过弹幕、答题、连麦等手段与学生进行在线互动，让学生真正融入线上课堂。融合思政教学，帮助学生树立正确的价值观、学习观，促进学生健康成长。课后布置与教学内容相匹配的课后作业，通过聊天软件对学生进行课后辅导，为学生答疑解惑。

4. 线上教学的管理

为了保证线上教学的有序开展，课程负责人应在校园网络资源平台建设课程页面，教师通过课程页面，发布课程公告、课程学习资源，布置并批改作业，组织课后答疑，及时发布课程过程考核成绩，落实完整的教学过程。通过技术手段对学生进行全过程考核，确保学生到课听课率，保证教学质量。

要严格落实线上教学管理制度。课程负责人应确保线上课程框架体系完整，教学资源内容全面、科学合理、无政治性及学术性错误，严把课程质量关。课程主讲教师应严格按照教学计划开展线上教学，不得随意进行线上合班或更换授课时间、授课教师。

七、教学评价

教学评价是"财税代理服务"课程教学活动的重要组成部分，贯穿教学过程的始终，其目的是促进学生学习、改善教师教学、完善课程设计、监控学业质量。

（一）以课程目标为评价依据

"财税代理服务"课程学习评价以课程目标作为评价的主要依据，其根本目的是促进学生专业核心素养的提升。评价不仅要关注学生专业知识、专业技能的掌握程度，还要关注学生的学习态度、学习方法和学习习惯的养成。

（二）注重评价的多元化

应围绕会计事务专业核心素养和课程目标，依据学业要求选择评价内容，重视过程性评价与终结性评价相结合，注重多种评价方式有机结合与运用。强调多元评价主体的共同参与，以获取较为全面的评价信息，可以通过学生自评、互评、教师评价等方式进行评价。

（三）重视评价结果的分析运用

教学评价的结果要服务教学、反馈教学、促进教学。教师要充分利用信息技术，收集、整理、分析有关反映学生学习过程和结果的数据，获取教学的反馈信息。教师要有意识地利用评价过程与结果，通过评价引导学生学会学习，发现学生学习的个性特点和具体问题，及时引导，提出有针对性的建议，激发学生学习的动力。同时，依据评价结果反思日常教学，优化教学内容，调整教学策略，完善教学过程，为学生会计事务专业核心素养的发展提供有力支持。

（四）学业水平考试要求

考试是课程评价的重要组成部分，学业水平考试是评价的重要方式。学业水平考试需要对学生不同阶段的学习成果做出综合评价，进行学分评定。

学习每个模块后，根据本课程标准的学业要求和阶段性学业水平对学生的学习成绩进行评定，并根据成绩结果给予相应学分。

总分	$\Sigma \geqslant 90$	$60 \leqslant \Sigma < 90$	$\Sigma < 60$
评定等级	优秀	合格	不合格

编写人员：李颖超　北京市商业学校
审核人员：郑　鹏　武汉市财政学校
　　　　　吕　庆　武汉市财政学校

"会计信息系统应用"课程标准

课程名称	会计信息系统应用	课程类别	专业核心课
适用专业	会计事务、纳税事务	学时 学分	108 学时 6 学分

一、课程性质与设计思路

（一）课程性质

"会计信息系统应用"课程是会计事务专业的专业核心课程，是会计事务专业的重要课程之一。本课程依据我国《会计法》《会计电算化管理办法》《会计核算软件基本功能规范》《会计电算化工作规范》《会计基础工作规范》和《会计档案管理办法》等，全面、系统、科学地介绍信息化条件下业财一体的操作流程和典型财务、业务处理方法。通过本课程的学习，学生能够具备会计信息化主要工作岗位所必需的基本知识、技能和方法，能够独立开展中小型工业企业会计信息化核算工作，具备企业主要会计岗位的基本会计信息化处理能力。

（二）设计思路

本课程的总体设计思路是在对会计信息化岗位的工作任务分析和调查的基础上，以企业的会计信息化工作过程为导向，以主要会计信息化工作任务为载体，强调学生的主体地位和能力培养，重视工作任务的完成和训练，并能适应会计相关岗位群的需要。教学内容方面突出学生信息化技术应用能力的培养，将职业能力所必需的理论知识点有机融入教学内容，让学生"做中学，学中做"。遵循由浅入深、循序渐进的认知规律，进行课程教学内容的设计和安排。本课程以会计信息化软件为工具，以会计业务为主线，结合中等职业教育会计事务专业教学标准，引导学生初步了解新信息技术对会计工作的影响，将会计信息化理论知识融入典型案例。教学组织方面倡导任务驱动、理实一体化教学，以提高学生解决实际问题的能力。

二、专业核心素养与课程目标

（一）专业核心素养

会计事务专业核心素养，是指学生通过学习具备能够适应终身发展和社会发展需要的会计职业关键能力和必备品格。会计职业关键能力包括逻辑思维能力、企业运营及资金运动的空间想象能力、数据处理分析能力、账务处理能力、分析和解决实际问题的能力；必备品格包括爱岗敬业、诚实守信、依法办事、保守秘密，严谨细致和客观公正的职业精神，以及搞好服务和参与管理的职业意识。

（二）课程目标

1. 总体目标

通过本课程的学习，使学生树立正确的人生观、价值观，能认识到会计信息系统应用在会计及相关岗位中的重要作用。这门课程可以让学生知晓业财一体信息化业务所必需的基本知识和基本技能，理解业财一体信息化的业务处理逻辑和业务流转过程，掌握业财一体化软件的操作使用和典型业务处理方法，具备应用财务软件处理实际经济业务的能力。

2. 具体目标

（1）知识目标。了解会计信息化的基本概念和基本理论；掌握会计信息子系统的组成，理解各子系统之间的关系；利用财务软件准确为企业建立账套、进行财务分工及进行初始参数设置；完成总账、工资管理、固定资产管理和报表的处理；分析采购和付款业务流程、销售和收款业务流程，完成其在财务软件中的操作。

（2）能力目标。

①能够根据企业实际需要选择合适的会计软件及模块。

②具备配置网络、安装软件并完成会计信息化初始设置的能力。

③具备熟练运用财务软件进行总账处理、工资管理、固定资产管理、报表管理、购销存管理系统操作的能力。

④具备对会计信息系统进行维护和数据管理的能力。

（3）情感态度与价值观目标。具有良好的职业素养和工作态度；具备自主学习、主动探究的能力；具备学以致用、沟通协调和团队合作的能力。

三、本课程在专业课程体系中的位置

会计事务专业课程设置主要包括公共基础课程和专业课程。专业课程一般包括专业基础课程、专业核心课程、专业拓展课程，并涵盖实训等有关实践性教学环节。思政教育和会计文化融入课程内容。本课程在专业课程体系中的位置如下图所示。

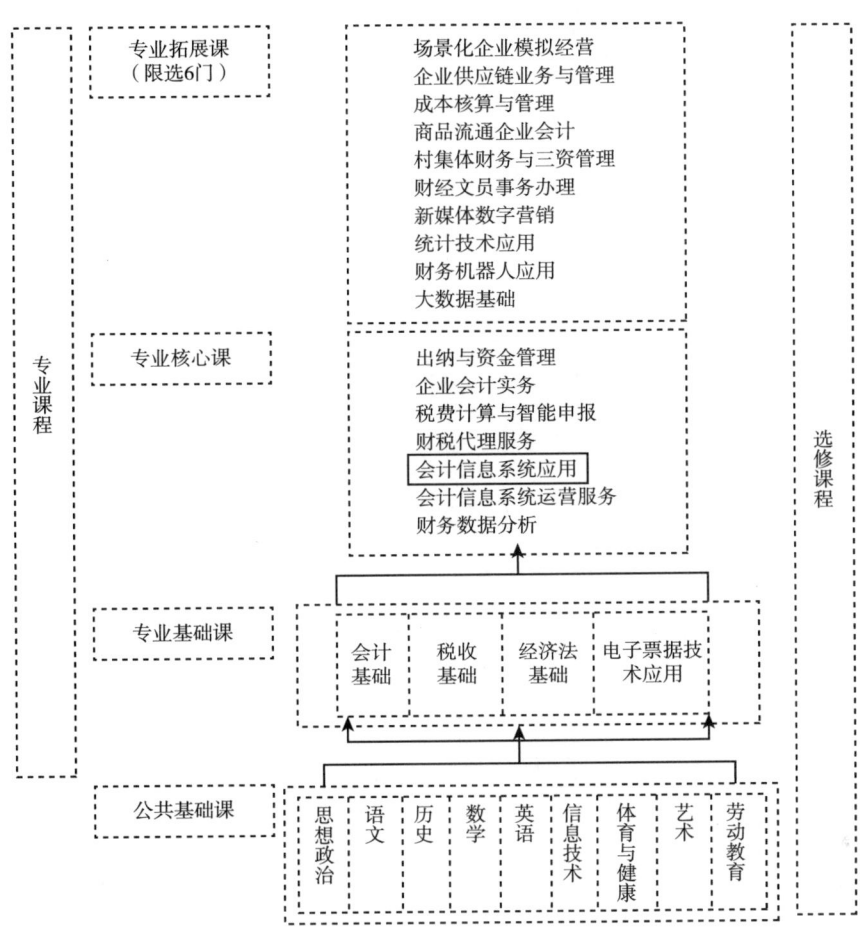

四、课程内容与学时安排

（一）课程内容

"会计信息系统应用"课程内容

序号	教学模块	教学内容描述	能力要求	课时
1	系统管理	• 建立、修改、备份和恢复账套 • 增加操作员，并为操作员设置权限 • 修改操作员权限	• 能熟练建立、修改、备份和恢复账套 • 能熟练增加操作员，并为操作员设置权限 • 对会计"1+X"证书有基本了解	4课时

续表

序号	教学模块	教学内容描述	能力要求	课时
2	基础档案的设置	• 认知会计信息化业务处理的各类基础档案信息 • 建立机构档案、客商档案、财务档案 • 建立收付结算信息、存货和购销存档案等基础档案	• 能根据业务处理需要设置各类基础档案信息 • 能熟练进行机构档案、客商档案、财务档案、收付结算信息、存货和购销存档案等基础档案的上机操作	14课时
3	总账管理系统	• 初始设置总账管理系统，设置总账系统参数，设置辅助核算 • 录入总账管理系统期初余额并进行期初试算平衡 • 处理总账管理系统日常业务的凭证、记账与查账、银行对账 • 设置期末自动转账并生成凭证，处理总账管理系统期末业务	• 能了解总账管理系统初始设置、日常业务处理及期末处理的功能、内容和方法 • 能准确掌握总账系统参数设置、总账期初余额录入、凭证处理、记账与查账、各种辅助核算、银行对账、期末自动转账的上机操作方法	18课时
4	财务报表管理系统	• 设置财务报表管理系统中报表格式和报表定义公式的基本内容 • 设置财务报表管理系统的报表格式和报表公式 • 运用报表模板编制资产负债表和利润表	• 能了解财务报表管理系统中报表格式设置和报表定义公式的基本内容 • 能熟练掌握财务报表管理系统的报表格式设置和报表公式定义的上机操作方法 • 能熟练运用报表模板编制资产负债表和利润表	10课时
5	工资管理系统	• 认知工资管理系统的基本功能和主要业务处理的基本方法 • 启用工资管理系统账套 • 初始设置工资管理系统 • 处理工资管理系统日常业务 • 处理工资管理系统期末业务	• 能了解工资管理系统的基本功能和主要业务处理的基本方法 • 能熟练掌握工资账套的启用、工资管理系统的初始设置、日常业务处理和期末业务处理的上机操作方法	18课时
6	固定资产管理系统	• 认知固定资产管理系统的基本功能和各种业务的处理方法 • 启用固定资产账套 • 初始设置固定资产管理系统 • 处理固定资产管理系统日常业务 • 处理固定资产管理系统期末业务	• 能了解固定资产管理系统的基本功能和各种业务的处理方法 • 能熟练掌握固定资产账套的启用、系统初始设置、日常业务处理、期末业务处理的上机操作方法	18课时

续表

序号	教学模块	教学内容描述	能力要求	课时
7	购销存管理系统	• 认知购销存管理系统各功能模块的基本功能和业务处理方法 • 启用购销存管理系统 • 初始设置购销存管理系统 • 处理购销存管理系统日常业务 • 处理购销存管理系统期末业务	• 能熟练了解购销存管理系统各功能模块的基本功能和业务处理方法 • 能熟练掌握购销存管理系统的初始设置、日常业务处理和期末处理的上机操作方法	24课时
		机动		2课时
	合计			108课时

（二）学时安排与学分

"会计信息系统应用"课程共计108学时，每18学时折算1学分，共6学分。

五、学业质量

（一）学业质量内涵

学业质量是学生在完成课程学习后的学业成就表现。"会计信息系统应用"课程学业质量标准是以会计事务专业核心素养及其表现水平为主要维度，结合课程内容，对学生"会计信息系统应用"课程学业成就表现的总体刻画。根据项目任务的复杂程度、知识和技能的结构化程度、分析和解决问题的能力等不同水平学业成就表现的关键特征，"会计信息系统应用"课程学业质量标准将学业质量划分为不同水平，并描述了不同水平学习结果的具体表现，不同水平之间具有由低到高逐渐递进的关系，体现课程结束时学生达到的水平，为核心素养评价提供基本依据。

（二）学业质量水平

"会计信息系统应用"课程学业质量水平是"会计信息系统应用"课程目标的综合表现。"会计信息系统应用"课程目标划分为三个不同水平，每一个水平是通过专业核心素养的具体表现和体现课程目标的三个方面进行表述的。会计事务专业核心素养的具体表现参见"专业核心素养与课程目标"，完成课程目标包括与会计事务专业核心素养相关的专业知识、专业技能和社会能力三个方面。

学业质量水平分为优秀、合格和不合格。质量描述中：水平一为合格；水平二为优秀；未达到水平一的为不合格。

续表

	"会计信息系统应用"课程学业质量描述	
	水平一	水平二
专业知识	①知晓建立、修改、备份和恢复账套等账套管理的流程；知晓增加操作员并为操作员设置权限的流程 ②了解会计信息化业务处理需要设置的各类基础档案信息；知晓机构档案、客商档案、财务档案、收付结算信息、存货和购销存档案等基础档案的设置流程 ③了解总账管理系统初始设置、日常业务处理及期末处理的功能、内容和原理；知晓总账系统参数设置、总账期初余额录入、凭证处理、记账与查账、各种辅助核算、银行对账、期末自动转账的流程 ④了解财务报表管理系统中报表格式设置和报表定义公式的基本内容；知晓财务报表管理系统的报表格式设置和报表公式定义的流程；知晓运用报表模板编制资产负债表和利润表的流程 ⑤了解工资管理系统的基本功能和主要业务处理的原理；知晓工资账套的建立、工资管理系统的初始设置、日常业务处理和期末业务处理的流程 ⑥了解固定资产管理系统的基本功能和各种业务的处理原理；知晓固定资产账套的建立、系统初始设置、日常业务处理、期末业务处理的流程 ⑦了解购销存管理系统各功能模块的基本功能和业务处理原理；知晓购销存管理系统的初始设置、日常业务处理和期末业务处理的流程	①掌握建立、修改、备份和恢复账套等账套管理的流程；掌握增加操作员并为操作员设置权限的流程 ②明确会计信息化业务处理需要设置的各类基础档案信息；掌握机构档案、客商档案、财务档案、收付结算信息、存货和购销存档案等基础档案的设置流程 ③明确总账管理系统初始设置、日常业务处理及期末处理的功能、内容和原理；掌握总账系统参数设置、总账期初余额录入、凭证处理、记账与查账、各种辅助核算、银行对账、期末自动转账的流程 ④明确财务报表管理系统中报表格式设置和报表定义公式的基本内容；掌握财务报表管理系统的报表格式设置和报表公式定义的流程；掌握运用报表模板编制资产负债表和利润表的流程 ⑤明确工资管理系统的基本功能和主要业务处理的原理；掌握工资账套的建立、工资管理系统的初始设置、日常业务处理和期末业务处理的流程 ⑥明确固定资产管理系统的基本功能和各种业务的处理原理；掌握固定资产账套的建立、系统初始设置、日常业务处理、期末业务处理的流程 ⑦明确购销存管理系统各功能模块的基本功能和业务处理原理；掌握购销存管理系统的初始设置、日常业务处理和期末业务处理的流程
	水平一	水平二
专业技能	①能掌握建立、修改、备份和恢复账套等账套管理的操作；能增加操作员，并为操作员设置权限 ②能进行机构档案、客商档案、财务档案、收付结算信息、存货和购销存档案等基础档案的上机操作 ③能准确掌握总账系统参数设置、总账期初余额录入、凭证处理、记账与查账、各种辅助核算、银行对账、期末自动转账的上机操作方法	①能熟练掌握建立、修改、备份和恢复账套等账套管理的操作；能熟练增加操作员，并为操作员设置权限 ②能熟练进行机构档案、客商档案、财务档案、收付结算信息、存货和购销存档案等基础档案的上机操作 ③能准确掌握总账系统参数设置、总账期初余额录入、凭证处理、记账与查账、各种辅助核算、银行对账、期末自动转账的上机操作方法

续表

	"会计信息系统应用"课程学业质量描述	
	水平一	水平二
专业技能	④能掌握财务报表管理系统的报表格式设置和报表公式定义的上机操作方法;能运用报表模板编制资产负债表和利润表 ⑤能掌握工资账套的建立、工资管理系统的初始设置、日常业务处理和期末业务处理的上机操作方法 ⑥能掌握固定资产账套的建立、系统初始设置、日常业务处理、期末业务处理的上机操作方法 ⑦能掌握购销存管理系统的初始设置、日常业务处理和期末业务处理的上机操作方法	④能熟练掌握财务报表管理系统的报表格式设置和报表公式定义的上机操作方法;能熟练运用报表模板编制资产负债表和利润表 ⑤能熟练掌握工资账套的建立、工资管理系统的初始设置、日常业务处理和期末业务处理的上机操作方法 ⑥能熟练掌握固定资产账套的建立、系统初始设置、日常业务处理、期末业务处理的上机操作方法 ⑦能熟练掌握购销存管理系统的初始设置、日常业务处理和期末业务处理的上机操作方法
	水平一	水平二
社会能力	①具有基本的会计信息化处理能力和逻辑思维能力 ②初步形成爱岗敬业、诚实守信、严谨细致、客观公正的职业精神,能依法办事、保守秘密、重视诚信 ③基本养成搞好服务和参与管理的职业意识 ④了解会计信息化文化,遵守会计职业道德、会计准则和行为规范,坚持原则,具备一定的社会责任感和担当精神 ⑤有一定自我管理能力,基本遵守课堂纪律,基本能完成工作任务和课后作业 ⑥具备基本的沟通能力,能完成基本的学习活动,具备一定的知识迁移能力 ⑦具有基本的团队意识,服从工作安排	①具有较强的会计信息化处理能力和逻辑思维能力 ②具备爱岗敬业、诚实守信、严谨细致、客观公正的职业精神,能依法办事、保守秘密、重视诚信 ③养成搞好服务和参与管理的职业意识,关注市场,初步形成认知财经政策的意识 ④了解会计信息化文化,遵守会计职业道德、会计准则和行为规范,坚持原则,具备社会责任感和担当精神,初步养成精益求精的工匠精神 ⑤自我管理能力强,课堂组织纪律性强,按时且认真完成工作任务和课后作业 ⑥沟通能力强,在学习过程中遇到问题能够虚心求教,耐心倾听别人的意见,具备较强的知识迁移能力 ⑦有较强的团队意识,服从工作安排,人际关系和谐,团结协作精神强

六、课程实施

（一）教学要求

中等职业学校"会计信息系统应用"课程教学要全面落实"立德树人"的根本任务，明确"会计信息系统应用"课程的功用以及在会计事务专业课程体系中的地位。教师应准确把握课程目标、课程内容、学业质量的要求，合理设计教学目标、教学方法、教学过程和教学评价。在教学实践中，根据学生的知识基础和学习能力不断改进教学方式，激发学生学习本门课程的兴趣，有效实施因材施教。

1. 信息技术融合会计实践，培养问题解决能力

在数据驱动的信息时代，掌握大数据处理技能对会计工作至关重要。"会计信息系统应用"课程既是一门研究计算机在财务领域应用的课程，也是会计事务专业的核心课程。在教学过程中，教师要注重培养学生从信息技术发展的角度去理解和思考会计问题，应用信息技术去发现问题，解决问题。

2. 案例驱动教学，培养实践应用能力

针对让学生掌握业财一体化软件的操作使用和典型业务处理方法，具备应用财务软件处理实际经济业务的能力等教学目标。在教学过程中引入典型案例，通过案例让学生理解业财一体信息化的业务处理逻辑和业务流转过程，掌握业财一体信息化业务所必需的基本知识和基本技能，增强学生学习本课程的兴趣，提高会计信息化实践应用能力。

3. 借助财务软件进行虚拟仿真操作

在实际工作中，财务人员要根据企业的实际情况选择适合的会计软件及模块，并且要会进行网络配置并安装会计软件，熟练运用财务软件进行初始设置和账务处理。在教学过程中，要让学生理解会计信息子系统的组成，掌握各子系统之间的关系。采用"理实一体"的教学模式，让学生"做中学，学中做"，学会利用财务软件准确为企业建立账套、进行财务分工及进行初始参数设置；完成总账、工资管理、固定资产管理和报表的处理；分析各种采购和付款业务流程、销售和收款业务流程，完成其在软件中的处理。

4. 运用信息技术，推动"互联网+"时代教与学的转变

在"互联网+"时代，信息技术的广泛应用正在对会计专业教学产生重大影响。在"会计信息系统应用"课程中，要结合会计专业"1+X"证书制度，强化书证融通，借助信息技术优化整合课堂教学，转变教学与学习方式，创设线上线下一体化的"混合式"学习生态，形成虚拟仿真的会计信息化实训环境，引导学生经历多样化的学习过程，帮助学生在信息化环境中主动学习，实现传统教学手段难以达到的效果。

（二）师资条件

1. 专任教师

（1）符合中等职业学校专业课教师的任职条件，具备中等职业学校教师的基本素养和道德要求，热爱教育事业，具有强烈的责任心和使命感。能够落实课程思政要求，挖掘专业课程中的思政教育元素和资源。

（2）具有高度的敬业精神和专业精神，会计理论功底扎实，具有会计岗位工作经验，熟悉国家会计法律法规知识和企业会计准则。

（3）具有会计、财务管理等相关专业学历，精通各行业会计核算业务的理论知识，能熟练开展会计核算工作，熟练操作会计信息化软件。

（4）具备一定的表达能力，能理实结合、深入浅出、通俗易懂地进行教学，能运用各种教学手段和教学工具指导学生进行理论学习和开展实践教学。

（5）具有较强的教科研能力，能够运用信息技术开展混合式教学等教法改革；能够跟踪新经济、新技术发展前沿，开展社会服务。专业教师每年至少1个月在企业或生产性实训基地锻炼，每5年累计不少于6个月的企业实践经历。

（6）学生数与专任教师数比例不高于20∶1，专任教师中具有高级专业技术职务人数不低于20%，"双师型"教师占专业课教师数比例应不低于50%。

2. 兼职教师

（1）主要从本专业相关行业企业的高技术技能人才中聘任，应具有扎实的专业知识和丰富的实际工作经验，能针对企业的实际情况进行会计信息系统实践教学。

（2）原则上应具有中级及以上专业技术职务或在市级及以上职业技能竞赛中获奖。

（3）了解教育教学规律，能承担专业课程教学、实习实训指导和学生职业发展规划指导等专业教学任务，具有较强的教学组织能力。

（三）实践教学

1. 实训场地

本课程使用计算机机房或多媒体教室授课，配备黑（白）板、服务器、投影设备、计算机1人/台。

2. 实训软件

配备具有工业企业常见经济业务账务处理功能的会计信息系统软件，并具有网络安全防护措施。

3. 仿真实训资料

配备仿真的工业企业经济业务资料及其他相关资料。

（四）教学方法

本课程主要使用下列教学方法：

1. 任务驱动教学法

任务驱动教学法是指在学习过程中，紧紧围绕一个共同的任务活动中心，在强烈的问题动机的驱动下，通过对学习资源的积极主动应用，进行自主探索和互动协作的学习，并在完成既定任务的同时，引导学生产生一种学习实践活动。本课程要充分运用多媒体、实训场地等教学手段和设施，按照确定任务—制订计划—实施任务—检查评估—归档应用的思路开展教学。

2. 案例教学法

案例教学法是一种通过模拟或者重现现实生活中的一些场景，让学生把自己纳入案例场景，通过讨论或者研讨来进行学习的教学方法。本课程教学应当结合企业案例，多方搜集或制作总账、工资、固定资产、报表、购销存管理系统的演示录像，采购与付款业务、销售与收款业务操作流程的动画案例、图片案例等，以促进学生对知识的理解和对技能的掌握。

3. 讲授法

讲授法是教师通过口头语言向学生描绘情境、叙述事实、解释概念、论证原理和阐明规律的教学方法。本课程在讲授会计核算软件基本知识时，要结合会计软件和典型会计业务；讲解操作方法时，教师要运用财务软件进行实际操作演示，采用高清晰度大屏幕投影或在计算机网络教室采用广播方式进行教学。

（五）教学手段

为了达到预期教学目的，本课程结合教学内容，主要采用以下现代化教学手段：

1. 多媒体教学手段

多媒体教学手段是指在教学过程中，根据教学目标和教学对象的特点，通过教学设计，合理选择和运用现代教学媒体，并与传统教学手段有机组合，共同参与教学全过程，以多种媒体信息作用于学生，形成合理的教学过程结构，达到最优化的教学效果。常见多媒体教学手段主要包括电子课件、音频、视频、Flash 动画演示、教学软件等。

2. 网络教学手段

网络教学作为新兴的教学手段，有着自身的特点和优势。"会计信息系统应用"课程教学应充分利用网络，发挥网络教学的优势，拓展实践教学的平台。利用网络教学资源和网络教学平台指导学生开展学习，调动学生学习兴趣，提高学习效率。

（六）教材要求

（1）原则上从国家和省级教育行政部门发布的规划教材目录中选用，国家和省级规划目录中没有的教材，可在职业院校教材信息库选用。不得以岗位培训教材取代专业课程教材。选用的教材必须是通过审核的版本，擅自更改内容的教材不得选用，未按照规定程序取得审核认定意见的教材不得选用。不得选用盗版、盗印教材。

（2）选用的教材要以习近平新时代中国特色社会主义思想为指导，贯彻国家"三教"改革精神，落实"立德树人"根本任务，充分体现社会主义核心价值观，有助于中职学生形成正确的世界观、人生观、价值观。

（3）选用的教材要充分体现时代特点和现代意识，同时适应中职学生的认知特点，充分考虑学生身心发展需要，有助于培养学生的社会责任感、动手实践能力和创新创业精神，有助于学生形成良好的个性和健全的人格。

（4）选用的教材要全面体现"会计信息系统应用"课程标准的理念和要求，有机融合会计事务专业核心素养，符合会计事务专业核心素养发展规律。既要关注学生学习会计知识的结果，也要注重学生在学习过程中对专业技术和会计信息化文化的理解与体验，更要体现学生在学习过程中的参与程度、参与水平和情感态度。

（5）选用的教材要适合线上线下教育，能发挥传统教学手段和网络教学手段各自的优势，促进教学资源的有效运用，有利于学生运用多种媒介和信息技术开展自主、合作与探究式学习，优化课程实施。

（6）倡导使用新型活页式、工作手册式教材并配套开发信息化资源，以实现多样化的教材形态，促进教学手段的更新。同时形成纸质教材、电子资料、网络资源相结合的立体化教材体系。

（七）配套课程资源与利用

中等职业学校"会计信息系统应用"课程配套资源的开发与利用应充分考虑学生的身心发展特点，依据教育性、科学性、发展性的原则，符合教学规律要求，倡导合作共享、因地制宜地开发教学资源，提高教学质量，以利于教学目标的达成。"会计信息系统应用"课程资源，可以是与教材配套的纸质习题文本，也可以是多媒体资源、网络资源。教师要充分利用现代信息技术，积极开发与利用各种课程资源，制作课堂教学PPT，开发微课、视频、音频等资源，整理、优化课程资源库，逐步形成完善的立体化课程资源体系，为学生自主学习提供更多的机会和途径，鼓励学生创新思维和专业知识的整合，提高学生学习积极性。

同时，教师依托校园网络平台，向学生提供直播课程、录播课程、线上练习、在线答疑等多种形式的网络教学资源，优化教与学活动，推动课程教学的优化实施，引导学生在学习过程中结合上述资源进行自主、合作、探究式学习，为进一步开展线上线下混合式教学创造条件。同时，要利用校企合作平台开展教学活动，充分利用企业资源。

（八）线上教学安排

1. 选用教学平台

教师应根据"会计信息系统应用"课程教学内容，结合线上教学方式特点，合理选择使用一个能做到线上线下教学无缝切换的教学平台作为主要线上教学平台。同时，将QQ、微信、钉钉等其他即时通信软件作为备用平台用于课堂应急、临时讨论、即时消息等用途。

2. 准备教学资源

教师应充分发挥主观能动性和创造性，依据"会计信息系统应用"课程标准的要求和具体的教学内容，有选择地、创造性地使用、优化、整合资源，助力学生有效学习。要提前谋划，储备资源，通过网盘、U盘等工具随身携带重要教学资源，做好线上教学的充分准备。

3. 线上教学实施

教师根据"会计信息系统应用"课程标准，结合教学对象实际情况，考虑课前课中课后三个环节，与学生进行充分的互动交流，将新变化、新事物、现代信息技术融入线上课程，提高学生上课的参与度和融入感，提高学生的学习效果。

课前通过网络平台将视频、课件及相关资料推送给学生阅览，并给学生布置一定的任务。引导学生主动学习，带着任务听课，提高教学效果。课中由教师讲述重要知识点，配合教学资源，积极引导学生思考，通过弹幕、答题、连麦等手段与学生进行在线互动，让学生真正融入线上课堂。融合思政教学，帮助学生树立正确的价值观、学习观，促进学生健康成长。课后布置与教学内容相匹配的课后作业，通过聊天软件对学生进行课后辅导，为学生答疑解惑。

4. 线上教学的管理

为了保证线上教学的有序开展，课程负责人应在校园网络资源平台建设课程页面，教师通过课程页面，发布课程公告、课程学习资源，布置并批改作业，组织课后答疑，及时发布课程过程考核成绩，落实完整的教学过程。通过技术手段对学生进行全过程考核，确保学生到课听课率，保证教学质量。

要严格落实线上教学管理制度。课程负责人应确保线上课程框架体系完整，教学资源内容全面、科学合理、无政治性及学术性错误，严把课程质量关。课程主讲教师应严格按照课程标准和教学计划开展线上教学，不得随意进行线上合班或更换授课时间、授课教师。

七、教学评价

教学评价是"会计信息系统应用"课程教学活动的重要组成部分，贯穿教学过程的始终，其目的是促进学生学习、改善教师教学、完善课程设计、监控学业质量。

（一）以课程目标为评价依据

"会计信息系统应用"课程学习评价以课程目标作为评价的主要依据，其根本目的是促进学生专业核心素养的提升。评价应反映"以人为本"的教育理念，不仅要关注学生掌握专业知识、专业技能的程度，关注学生会计事务专业核心素养水平的达成，还要关注学生的学习态度、学习方法和学习习惯的养成，从而衡量课程目标达成情况。

（二）注重评价的多元化

应围绕会计事务专业核心素养和课程目标，依据学业要求选择评价内容，注重多种评价方式有机结合与运用，强调多元评价主体的共同参与，以获取较为全面的评价信息。可以通过学生自评、互评、教师评价等方式进行评价。评价不仅要关注学生外在学习结果，更要关注内在学习品质。要重视过程性评价与终结性评价相结合。教师要有意识地利用评价过程与结果，通过评价引导学生学会学习，发现学生学习的个性特点和具体问题，及时引导，提出有针对性的建议，激发学生学习的动力。同时，依据评价结果反思日常教学，优化教学内容，调整教学策略，完善教学过程，为学生会计事务专业核心素养的发展提供有力支持。

（三）重视评价结果的呈现

教学评价的结果要服务教学、反馈教学、促进教学，评价结果的呈现是评价的重要组成部分。教师要充分利用信息技术，收集、整理、分析有关反映学生学习过程和结果的数据，获取教学的反馈信息，通过多元化的评价方式形成的课后作业记录表、单项专业技能评价表、学习表现评价表、学业总评考核表等结果，能够综合反映学生的会计事务专业核心素养水平。

（四）学业水平考试要求

考试是课程评价的重要组成部分，学业水平考试是评价的重要方式。学业水平考试需要对学生不同阶段的学习成果做出综合评价，进行学分评定。

学习每个模块后，根据本课程标准的学业要求和阶段性学业水平对学生的学习成绩进行评定，并根据成绩结果给予相应学分。

总分	$\Sigma \geqslant 90$	$60 \leqslant \Sigma < 90$	$\Sigma < 60$
评定等级	优秀	合格	不合格

编写人员：马雪莹　武汉市财政学校
　　　　　黄亚琴　武汉市财政学校
审核人员：曾　钧　武汉市财政学校

"会计信息系统运营服务"课程标准

课程名称	会计信息系统运营服务	课程类别	专业核心课
适用专业	会计事务	学时 学分	72 学时 4 学分

一、课程性质与设计思路

(一) 课程性质

"会计信息系统运营服务"课程是会计事务专业的专业核心课程。本课程是会计事务专业的岗位技能课程,是根据会计相关从业者对会计信息系统应用和维护的基本要求设置的。本课程依据行业企业的会计信息系统运营服务方法论,以及会计信息系统运营服务工作过程中主要环节和任务等,主要培养学生的会计信息系统实施的基本理论和基本知识、会计信息系统维护的基本方法和基本技能。通过本课程的学习,逐步培养学生的系统思维、问题意识,熟悉会计信息系统实施工作流程,能够解决常见会计信息系统问题,养成严谨细致的工作作风,具备会计软件运营维护工作的基本职业能力。

本课程前置课程为"会计基础""企业会计实务""会计信息系统应用",后期课程为"岗位实习"。

(二) 设计思路

本课程的总体设计思路是在对会计信息系统运营服务岗位的工作任务分析和调查的基础上,以企业的会计信息系统实施、应用、维护项目为导向,以典型会计信息系统维护工作过程任务为载体,强调学生的主体地位和能力培养,重视工作任务的完成和训练,让学生在完成具体项目的过程中学会相应工作技能,并能适应会计信息系统运营服务相关岗位群的需要。教学内容方面突出学生应用能力的培养,强调理论必须、技能够用。遵循从简单到复杂、由具体到抽象的认知规律,进行课程教学内容的设计和安排。本课程结合中等职业教育会计事务专业教学标准,引导学生深入了解信息技术对会计工作的影响,同时将会计数字化技术以及典型工作案例纳入教学内容。教学组织方面倡导任务驱动、知行合一、理实一体化教学,以提高学生解决实际问题的能力。

二、专业核心素养与课程目标

(一) 专业核心素养

会计事务专业核心素养,是指学生通过学习具备能够适应终身发展和社会发展需要的会计职业关键能力和必备品格。会计职业关键能力包括逻辑思维能力、企业运营及资金运动的空间想象能力、数据处理分析能力、账务处理能力、分析和解决实际问题的能力;必备品格包括爱岗敬业、诚实守信、依法办事、保守秘密，养成严谨细致和客观公正的职业精神，以及搞好服务和参与管理的职业意识。

（二）课程目标

通过本课程的学习，使学生树立正确的人生观、价值观，能正确认识会计信息系统在会计行业发展中的重要作用，培养学生的系统思维、逻辑思维和分析问题、解决问题能力。理解会计信息系统的发展、实施规划、需求调研、业务流程、业务功能等基本知识；掌握会计信息系统的软硬件环境配置、数据初始化、常用模块操作等技能，能进行会计信息系统的数据备份和恢复工作，解决日常业务处理中出现的问题；树立会计职业观念，养成谨慎细心的工作作风，不做假账的职业操守。

三、本课程在专业课程体系中的位置

会计事务专业课程设置主要包括公共基础课程和专业课程。专业课程一般包括专业基础课程、专业核心课程、专业拓展课程，并涵盖实训等有关实践性教学环节。思政教育和会计文化融入课程内容。本课程在专业课程体系中的位置如下图所示。

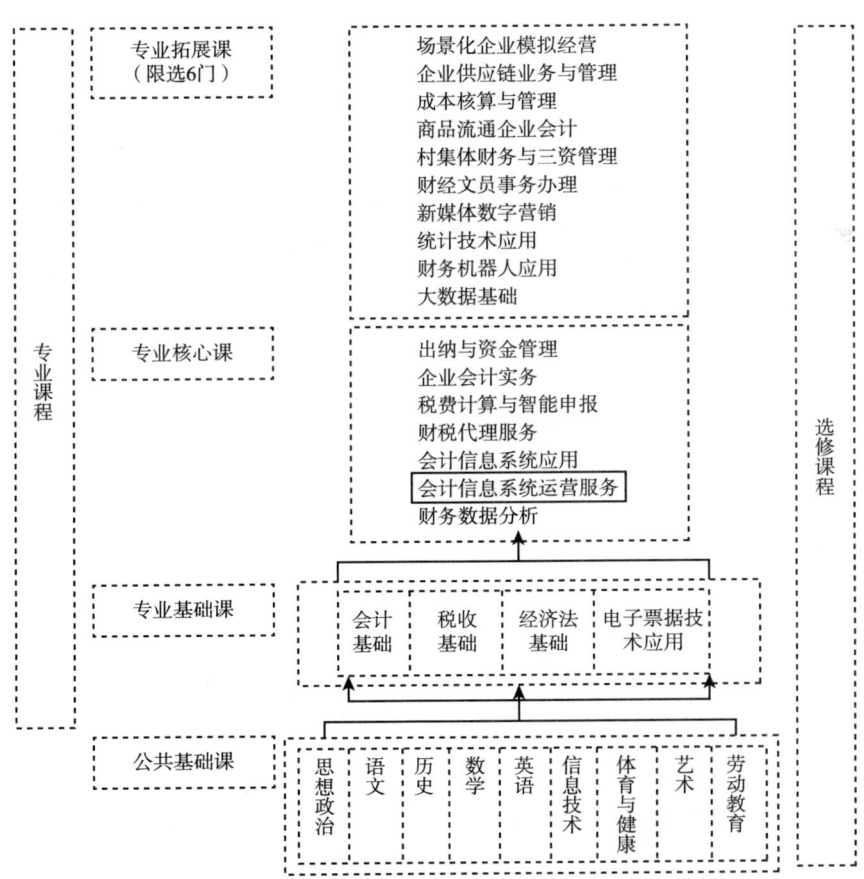

四、课程内容与学时安排

（一）课程内容

"会计信息系统运营服务"课程内容

序号	教学模块	教学内容描述	能力要求	课时
1	制订会计信息系统实施计划	• 会计信息系统基本概念 • 明确会计信息系统实施项目的项目各方，与项目各方进行沟通协作 • 企业在使用会计信息系统时的主要维护任务 • 会计信息系统实施方法论的主要内容 • 企业的基本业务功能及业务流程 • 会计信息系统实施规划的主要内容	• 能掌握会计信息系统项目实施的调研方法 • 能对客户需求信息进行归纳、整理、分析 • 能调查整理业务流程与管理职责，指导客户整理初始化数据 • 能根据客户需求匹配会计信息系统软件功能模块 • 能制订会计信息系统实施计划、实施方案	8课时
2	配置会计信息系统软硬件环境	• 会计信息系统常见的软硬件环境要求 • 分析、建立计算机硬件环境与软件环境 • 会计信息系统软件的安装方法和顺序，补丁程序的安装，数据库系统的安装和配置，保证应用系统正常运行 • 数据库升级与软件备份及恢复的操作	• 能测试系统软硬件环境，并能解决环境测试不通过的常见环境配置问题 • 能正确安装、卸载会计信息系统要求的数据库 • 能安装、卸载会计信息系统软件和应用软件 • 能了解并收集软件安装过程中常见的问题 • 能分析解决数据库升级及数据备份	12课时
3	创建与管理账套信息并设置权限	• 财务岗位设置中基本的内部控制制度 • 收集企业财务岗位设置及岗位职责相关管理信息 • 根据企业在使用、维护会计信息系统时的主要任务分配客户角色权限	• 能根据企业基础信息创建企业财务账套、启用相应功能模块 • 能根据企业岗位职责及内部控制要求增加、修改、删除操作员并设置、维护相应权限 • 能根据企业对财务信息的需求，对账套数据进行备份、恢复与保护	8课时
4	实施会计信息系统初始设置	• 会计信息系统基础资料初始化和业务系统初始化的主要内容 • 会计信息系统基础资料初始化和业务系统初始化的资料收集方法	• 能根据企业财务信息需求，对基础档案进行设置或导入 • 能根据企业财务信息进行初始数据设置或导入 • 能根据企业实际需要，对已经在用的基础档案和初始数据进行调整	8课时

续表

序号	教学模块	教学内容描述	能力要求	课时
5	操作会计信息系统	• 维护技巧和维护应用，诊断各模块常见故障及问题 • 总账核算中业务应用常见问题的解决方法 • 固定资产管理中业务应用常见问题的解决方法 • 薪资管理中业务应用常见问题的解决方法 • 购销存业务应用常见问题的解决方法	• 能解决总账核算中系统业务设置问题、账簿及档案输出打印问题、账簿清理和业务处理中的常见故障及问题 • 能解决固定资产管理、薪资管理中系统选项设置问题、参数含义与业务关系问题、卡片与档案输出问题、单据格式设置问题、机制凭证制单问题 • 能解决采购期初、销售选项、库存选项与日常业务处理的关系问题 • 能处理存货核算处理与业务单据的关联问题 • 能对供应链中折扣、批次、退补、对账不平等业务进行处理	28课时
6	会计信息系统日常维护	• 企业在使用会计信息系统时的主要维护任务 • 数据库的基本概念和常用操作 • 后台相关数据库表及与应用软件的关系 • 后台数据库维护	• 能协助处理会计信息系统应用常见环境问题 • 能协助处理会计信息系统应用常见应用问题 • 对账套中数据库表能在后台进行处理 • 能将前台数据档案在后台中进行查询 • 能掌握简单的数据库操作	8课时
	合计			72课时

（二）学时安排与学分

"会计信息系统运营服务"课程共计72学时，每18学时折算1学分，共4学分。

五、学业质量

（一）学业质量内涵

学业质量是学生在完成课程学习后的学业成就表现。"会计信息系统运营服务"课程学业质量标准是以会计事务专业核心素养及其表现水平为参考维度，结合课程内容，对学生"会计信息系统运营服务"课程学业成就表现的总体刻画。根据项目任务的复杂程度、知识和技能的结构化程度、分析和解决问题的能力等不同水平学业成就表现的关键特征，"会计信息系统运营服务"课程学业质量标准将学业质量划分为不同水平，并描述了不同水平学习结果的具体表现，不同水平之间具有由低到高逐渐递进的关系，体现课程结束时学生达到的水平，为课程评价提供基本依据。

(二) 学业质量水平

"会计信息系统运营服务"课程学业质量水平是课程目标的综合表现，划分为三个不同水平，每一个水平是通过专业核心素养的具体表现和体现课程目标的三个方面进行表述的，包括专业知识、专业技能和社会能力三个方面。

学业质量水平分为优秀、合格和不合格。质量描述中：水平一为合格；水平二为优秀；未达到水平一的为不合格。

<table>
<tr><th colspan="3">"会计信息系统运营服务"课程学业质量描述</th></tr>
<tr><th></th><th>水平一</th><th>水平二</th></tr>
<tr>
<td>专业知识</td>
<td>①了解企业的基本业务功能及业务流程
②知晓会计信息系统项目实施的调研方法
③知晓调查整理业务流程与管理职责
④知晓会计信息系统常见的软硬件环境要求
⑤了解财务岗位设置中基本的内部控制制度
⑥知晓会计信息系统基础资料初始化和业务系统初始化的主要内容
⑦知晓企业在使用会计信息系统时的主要维护任务
⑧了解会计信息系统中各业务应用常见问题的解决方法
⑨了解数据库的基本概念和常用操作</td>
<td>①熟悉企业的基本业务功能及业务流程
②掌握会计信息系统项目实施的调研方法
③熟悉调查整理业务流程与管理职责
④掌握会计信息系统常见的软硬件环境要求
⑤掌握财务岗位设置中基本的内部控制制度
⑥掌握会计信息系统基础资料初始化和业务系统初始化的主要内容
⑦理解企业在使用会计信息系统时的主要维护任务
⑧掌握会计信息系统中各业务应用常见问题的解决方法
⑨掌握数据库的基本概念和常用操作</td>
</tr>
<tr><th></th><th>水平一</th><th>水平二</th></tr>
<tr>
<td>专业技能</td>
<td>①能安装、卸载会计信息系统要求的数据库和应用软件
②能根据企业基础信息创建企业财务账套、启用相应功能模块
③能根据企业岗位职责及内部控制要求增加、修改、删除操作员并设置相应权限
④能根据企业财务信息维护需求，对基础档案进行日常维护
⑤能根据企业财务信息对初始数据进行设置或者导入
⑥能解决总账核算中系统业务设置问题、账簿及档案输出打印问题、账簿清理和业务处理中的常见故障及问题
⑦能解决固定资产管理、薪资管理中系统选项设置问题、参数含义与业务关系问题、卡片与档案输出问题、单据格式设置问题、机制凭证制单问题
⑧能解决采购期初、销售选项、库存选项与</td>
<td>①能正确安装、卸载会计信息系统要求的数据库和应用软件
②能根据企业基础信息准确创建企业财务账套、启用相应功能模块
③能根据企业岗位职责及内部控制要求增加、修改、删除操作员并准确设置、维护相应权限
④能根据企业财务信息维护需求，对基础档案进行日常维护
⑤能根据企业财务信息对初始数据进行设置或者导入
⑥能准确分析解决总账核算中系统业务设置问题、账簿及档案输出打印问题、账簿清理和业务处理中的常见故障及问题
⑦能准确分析解决固定资产管理、薪资管理中系统选项设置问题、参数含义与业务关系问题、卡片与档案输出问题、单据格式设置问题、机制凭证制单问题</td>
</tr>
</table>

续表

	"会计信息系统运营服务"课程学业质量描述	
	水平一	水平二
专业技能	日常业务处理的关系问题 ⑨能处理存货核算处理与业务单据的关联问题 ⑩能解决供应链中折扣、批次、退补、对账不平等的业务处理	⑧能准确分析解决采购期初、销售选项、库存选项与日常业务处理的关系问题 ⑨能准确分析处理存货核算处理与业务单据的关联问题 ⑩能准确分析解决供应链中折扣、批次、退补、对账不平等的业务处理
	水平一	水平二
社会能力	①具有基本的逻辑思维能力和分析问题、解决问题的能力 ②初步形成爱岗敬业、诚实守信、严谨细致、客观公正的职业精神，能依法办事、保守秘密、重视诚信 ③有一定自我管理能力，基本遵守课堂纪律，基本能完成工作任务和课后作业 ④具备基本的沟通能力，能完成基本的学习活动，具备一定的知识迁移能力 ⑤具有基本的团队意识，服从工作安排	①具有较强的逻辑思维能力和分析问题、解决问题的能力 ②具备爱岗敬业、诚实守信、严谨细致、客观公正的职业精神，能依法办事、保守秘密、重视诚信 ③自我管理能力强，课堂组织纪律性强，按时且认真完成工作任务和课后作业 ④沟通能力强，在学习过程中遇到问题能够虚心求教，耐心倾听别人的意见，具备较强的知识迁移能力 ⑤有较强的团队意识，服从工作安排，人际关系和谐，团结协作精神强

六、课程实施

（一）教学要求

中等职业学校"会计信息系统运营服务"课程教学要树立以发展学生会计事务专业核心素养为导向的教学意识，遵循教学规律，将会计事务专业核心素养的培养贯穿于教学活动的全过程。在教学活动中，教师应准确把握课程目标、课程内容、学业质量的要求，合理设计教学目标、教学方法、教学过程和教学评价，积极进行教学反思，通过相应的教学实施，在学生掌握专业知识和专业技能的同时，促进会计事务专业核心素养的提升及水平的达成。在教学实践中，要不断探索和创新教学方式，不仅重视如何教，更要重视如何学，引导学生养成良好的学习习惯。

1. 突出会计事务专业核心素养的教学目标

教师在制定教学目标时要充分关注会计事务专业核心素养的达成；要深入理解会计事务

专业核心素养的内涵、表现、水平及其相互联系；要结合实际教学任务，思考会计事务专业核心素养在教学活动中的孕育点、生长点；要注意会计事务专业核心素养与具体教学内容的关联；要关注会计事务专业核心素养目标在教学中的可实现性，探索其融入教学内容和教学过程的具体方式及载体，在此基础上确定教学目标。

2. 把控课程教学内容，促进学生持续发展

教师要明确教学目标的要求和课程内容的重难点，对其进行整体设计，引导学生在活动过程中积累、发现、提出问题，培养学生分析和解决问题的能力，养成学生独立思考与合作交流的习惯。同时，在教学活动中，教师应有意识地结合实际教学内容，介绍会计信息系统在会计发展中的作用，将财经法规渗透、融入日常教学活动。潜移默化地引导学生遵守国家法律法规，坚守会计职业道德，提升学生的社会适应能力和人文素养。

3. 创设场景化的教学情境和工作任务

"会计信息系统运营服务"的教学活动应该把握课程特点，创设场景化的教学情境、设计合适的工作任务，引发学生思考、交流与完成。在教学活动中，教学情境和工作任务应当是多样的、多层次的，以工作场景为背景、工作任务为内容，引导学生观察现象、发现问题，能用会计的思想、方法解决问题。在解决问题的过程中，理解教学内容的实质，提高动手能力，促进学生职业能力的形成和发展。

4. 采用多样化教学方式

教师要把培养、发展学生学习能力作为教学活动的重心，在教学过程中主动创设条件来发展学生学习能力，积极探索有利于促进学生学习的多样化教学方式。要善于根据不同的项目和任务采用不同的教学方式，抓住关键的教学与学习环节，增强教学效果。帮助学生在学习"会计信息系统运营服务"课程的过程中，初步形成自主学习、合作学习和探究式学习的能力。

5. 运用信息技术拓宽学习渠道

教师要把握好技术与"会计信息系统运营服务"课程教学的关系，合理利用信息技术，注重信息技术与"会计信息系统运营服务"课程的深度融合。结合会计事务专业"1＋X"证书制度，书证融通，借助信息技术优化整合课堂教学，转变教学与学习方式，创设线上线下一体化的"混合式"学习生态，形成虚拟仿真学习环境，引导学生经历多样化的学习过程，帮助学生有效地投入会计实践学习，促进学生在信息化环境中主动学习，实现传统教学手段难以达到的效果。

（二）师资条件

1. 专任教师

（1）符合中等职业学校专业课教师的任职条件，具备中等职业学校教师的基本素养和道德要求，热爱教育事业，具有强烈的责任心和使命感。能够落实课程思政要求，挖掘专业课程中的思政教育元素和资源。

（2）具有高度的敬业精神和专业精神，会计信息化功底扎实，具有会计岗位工作经验，

熟悉国家会计法律法规知识和企业会计准则。

（3）具有会计、财务管理、计算机等相关专业学历，精通会计核算业务的理论知识，能熟练操作会计信息系统软件。

（4）具备一定的表达能力，能理实结合、深入浅出、通俗易懂地进行教学，能运用各种教学手段和教学工具指导学生进行理论学习和开展实践教学。

（5）具有较强的教科研能力，能够运用信息技术开展混合式教学等教法改革；能够跟踪新经济、新技术发展前沿，开展社会服务。专业教师每年至少1个月在企业或生产性实训基地锻炼，每5年累计不少于6个月的企业实践经历。

（6）学生数与专任教师数比例不高于20∶1，专任教师中具有高级专业技术职务人数不低于20%，"双师型"教师占专业课教师数比例应不低于50%。

2. 兼职教师

（1）主要从本专业相关行业企业的高技术技能人才中聘任，应具有扎实的专业知识和丰富的实际工作经验，能针对企业的实际情况进行会计信息系统实践教学。

（2）原则上应具有中级及以上专业技术职务或在市级及以上职业技能竞赛中获奖。

（3）了解教育教学规律，能承担专业课程教学、实习实训指导和学生职业发展规划指导等专业教学任务，具有较强的教学组织能力。

（三）实践教学

1. 实训场地

配备多媒体教学设备、计算机及网络等设备及软件的会计信息化实训室。

2. 实训软件

配备企业真实使用的会计信息化软件。

3. 仿真实训资料

配备仿真的企业经济业务资料及其他相关资料。

（四）教学方法

本课程主要使用下列教学方法：

1. 任务驱动教学法

任务驱动教学法是指在学习过程中，紧紧围绕一个共同的任务活动中心，在强烈的问题动机的驱动下，通过对学习资源的积极主动应用，进行自主探索和互动协作的学习，并在完成既定任务的同时，引导学生产生一种学习实践活动。

2. 案例教学法

案例教学法是一种通过模拟或者重现现实生活中的一些场景，让学生把自己纳入案例场景，通过讨论或者研讨来进行学习的教学方法。教学中既可以通过分析、比较，研究各种各样成功的经验，从中抽象出某些一般性的结论或原理，也可以让学生通过自己的思考或者他人的思考来拓宽视野，丰富知识。

3. 虚拟仿真教学法

虚拟仿真教学法是指将虚拟实验技术与体验式教学相结合，由学习者借助人机交互界面调节虚拟实验中的参数变量，通过观察、总结和归纳计算机仿真模拟结果从而获取相应的知识技能的一种教学方法。

4. 讲授法

讲授法是教师通过口头语言向学生描绘情境、叙述事实、解释概念、论证原理和阐明规律的教学方法。

（五）教学手段

本课程结合教学内容，主要采用以下现代化教学手段：

1. 多媒体教学手段

多媒体教学手段是指在教学过程中，根据教学目标和教学对象的特点，通过教学设计，合理选择和运用现代教学媒体，并与传统教学手段有机组合，共同参与教学全过程，以多种媒体信息作用于学生，形成合理的教学过程结构，达到最优化的教学效果。常见多媒体教学手段主要包括电子课件、音频、视频、Flash动画演示、教学软件等。

2. 网络教学手段

网络教学作为新兴的教学手段，有着自身的特点和优势。"会计信息系统运营服务"课程教学应充分利用网络，发挥网络教学的优势，拓展实践教学的平台。利用网络教学资源和网络教学平台指导学生开展学习，调动学生学习兴趣，提高学习效率。

（六）教材要求

（1）原则上从国家和省级教育行政部门发布的规划教材目录中选用，国家和省级规划目录中没有的教材，可在职业院校教材信息库选用。不得以岗位培训教材取代专业课程教材。选用的教材必须是通过审核的版本，擅自更改内容的教材不得选用，未按照规定程序取得审核认定意见的教材不得选用。不得选用盗版、盗印教材。

（2）选用的教材要以习近平新时代中国特色社会主义思想为指导，贯彻国家"三教"改革精神，落实"立德树人"根本任务，充分体现社会主义核心价值观，有助于中职学生形成正确的世界观、人生观、价值观。

（3）选用的教材要充分体现时代特点和现代意识，同时适应中职学生的认知特点，充分考虑学生身心发展需要，有助于培养学生的社会责任感、动手实践能力和创新创业精神，有助于学生形成良好的个性和健全的人格。

（4）选用的教材要全面体现"会计信息系统运营服务"课程标准的理念和要求，有机融合会计事务专业核心素养，符合会计事务专业核心素养发展规律。

（5）选用的教材要适合线上线下教育，能发挥传统教学手段和网络教学手段各自的优势，促进教学资源的有效运用，有利于学生运用多种媒介和信息技术开展自主、合作与探究式学习，优化课程实施。

（6）倡导使用新型活页式、工作手册式教材并配套开发信息化资源，以实现多样化的教材形态，促进教学手段的更新。同时形成纸质教材、电子资料、网络资源相结合的立体化教材体系。

（七）配套课程资源与利用

中等职业学校"会计信息系统运营服务"课程配套资源的开发与利用应充分考虑学生的身心发展特点，依据教育性、科学性、发展性的原则，符合教学规律要求，倡导合作共享、因地制宜地开发教学资源，提高教学质量，以利于教学目标的达成。

1. 立体化课程资源

课程教学资源可以是与教材配套的纸质习题文本，也可以是多媒体资源、网络资源。教师要充分利用现代信息技术，积极开发与利用各种课程资源，制作课堂教学PPT，开发微课、视频、音频等资源，整理、优化课程资源库，逐步形成完善的立体化课程资源体系，为学生自主学习提供更多的机会和途径，鼓励学生创新思维和专业知识的整合，提高学生学习积极性。

2. 网络教学资源

教师依托校园网络平台，向学生提供直播课程、录播课程、线上练习、在线答疑等多种形式的网络教学资源，优化教与学活动，推动课程教学的优化实施，引导学生在学习过程中结合上述资源进行自主、合作、探究式学习，为进一步开展线上线下混合式教学创造条件。学生在学习过程中实际生成的各种问题、拓展材料及学生成果等，也是一种有意义的课程资源。

3. 校企合作资源

要充分利用校企合作平台开展教学活动，通过与相关企业的合作，结合学校实训基地或"校中厂"资源，给学生提供参观、访问企业的机会，拓宽学生的视野，促进学生会计事务专业核心素养的养成。

（八）线上教学安排

对"会计信息系统运营服务"课程线上教学作如下考虑：

1. 选用教学平台

教师应根据"会计信息系统运营服务"课程教学内容，结合线上教学方式特点，合理选择使用一个能做到线上线下教学无缝切换的教学平台作为主要线上教学平台。同时，将QQ、微信、钉钉等其他即时通信软件作为备用平台用于课堂应急、临时讨论、即时消息等用途。

2. 准备教学资源

教师应充分发挥主观能动性和创造性，依据"会计信息系统运营服务"课程标准的要求和具体的教学内容，有选择地、创造性地使用、优化、整合资源，助力学生有效学习。要提前谋划，储备资源，通过网盘、U 盘等工具随身携带重要教学资源，做好线上教学的充分准备。

3. 线上教学实施

教师根据"会计信息系统运营服务"课程标准，结合教学对象实际情况，考虑课前课中课后三个环节，与学生进行充分的互动交流，将新变化、新事物、现代信息技术融入线上课程，提高学生上课的参与度和融入感，提高学生的学习效果。

课前通过网络平台将视频、课件及相关资料推送给学生阅览，并给学生布置一定的任务。引导学生主动学习，带着任务听课，提高教学效果。课中由教师讲述重要知识点，配合教学资源，积极引导学生思考，通过弹幕、答题、连麦等手段与学生进行在线互动，让学生真正融入线上课堂。融合思政教学，帮助学生树立正确的价值观、学习观，促进学生健康成长。课后布置与教学内容相匹配的课后作业，通过聊天软件对学生进行课后辅导，为学生答疑解惑。

4. 线上教学的管理

为了保证线上教学的有序开展，课程负责人应在校园网络资源平台建设课程页面，教师通过课程页面，发布课程公告、课程学习资源，布置并批改作业，组织课后答疑，及时发布课程过程考核成绩，落实完整的教学过程。通过技术手段对学生进行全过程考核，确保学生到课听课率，保证教学质量。

要严格落实线上教学管理制度。课程负责人应确保线上课程框架体系完整，严把课程质量关。课程主讲教师应严格按照教学计划开展线上教学，不得随意进行线上合班或更换授课时间、授课教师。

七、教学评价

教学评价是"会计信息系统运营服务"课程教学活动的重要组成部分，贯穿教学过程的始终，其目的是促进学生学习、改善教师教学、完善课程设计、监控学业质量。

（一）以课程目标为评价依据

"会计信息系统运营服务"课程学习评价以课程目标作为评价的主要依据，其根本目的是促进学生专业核心素养的提升。评价应反映"以人为本"的教育理念，不仅要关注学生掌握专业知识、专业技能的程度，关注学生会计事务专业核心素养水平的达成，还要关注学生的学习态度、学习方法和学习习惯的养成，从而衡量课程目标达成情况。

（二）注重评价的多元化

应围绕课程目标，依据学业要求选择评价内容，注重多种评价方式有机结合与运用，强调多元评价主体的共同参与，以获取较为全面的评价信息。可以通过学生自评、互评、教师评价等方式进行评价。评价不仅要关注学生外在学习结果，更要关注内在学习品质。要重视过程性评价与终结性评价相结合。教师要有意识地利用评价过程与结果，通过评价引导学生学会学习，发现学生学习的个性特点和具体问题，及时引导，提出有针对性的建议，激发学生学习的动力。同时，依据评价结果反思日常教学，优化教学内容，调整教学策略，完善教学过程，为学生会计事务专业核心素养的发展提供有力支持。

（三）重视评价结果的呈现

教学评价的结果要服务教学、反馈教学、促进教学，评价结果的呈现是评价的重要组成部分。教师要充分利用信息技术，收集、整理、分析有关反映学生学习过程和结果的数据，获取教学的反馈信息，通过多元化的评价方式形成的课后作业记录表、单项专业技能评价表、学习表现评价表、学业总评考核表等结果，能够综合反映学生的会计事务专业核心素养水平。

（四）学业水平考试要求

考试是课程评价的重要组成部分，学业水平考试是评价的重要方式。学业水平考试需要对学生不同阶段的学习成果做出综合评价，进行学分评定。学习每个模块后，根据本课程标准的学业要求和阶段性学业水平对学生的学习成绩进行评定，并根据成绩结果给予相应学分。

总分	$\Sigma \geq 90$	$60 \leq \Sigma < 90$	$\Sigma < 60$
评定等级	优秀	合格	不合格

编写人员：陈二军　广州市财经商贸职业学校
审核人员：徐建宁　厦门网中网软件有限公司
　　　　　柯　珂　武汉市财政学校

"财务数据分析"课程标准

课程名称	财务数据分析	课程类别	专业核心课
适用专业	会计事务	学时 学分	72学时 4学分

一、课程性质与设计思路

（一）课程性质

"财务数据分析"课程是会计事务专业的专业核心课程。本课程是会计事务专业的必修课程，旨在提高学生的财务数据分析能力。

本课程依据我国《企业会计准则》（2017版），以及我国证监会对上市公司财务报告公开的要求等，全面、系统、科学地介绍财务数据分析的基本理论、基本方法和基本技能。通过本课程的学习，认知并计算企业偿债能力、营运能力和盈利能力分析指标，通过对这些指标和数据的分析，判断公司当前整体财务状况、经营成果、现金流量的水平和未来的变化发展趋势，养成遵纪守法、严谨细致的工作作风，具备基本的财务数据分析职业能力。

（二）设计思路

本课程是依据上市公司财务数据分析岗位工作流程设置的。其总体设计思路是，从对某上市公司的报表数据认知开始，首先分析企业的经营数据，具体包括经营风险、财务风险和总风险的估计与分析；其次计算并分析企业偿债能力、营运能力和盈利能力指标；然后对会计报表进行综合财务数据分析；接着对企业的预算执行情况、现金收支情况和财务因素的变动趋势进行分析；最后通过可视化手段呈现出数据的分析结果。

本课程内容突出对学生财务数据分析职业能力的训练，财务分析理论知识的选取紧紧围绕工作任务完成的需要来进行，同时充分考虑了中等职业教育对实践知识学习的需要，融合了"1+X"职业技能等级证书对知识、技能和态度的要求。

项目的设计遵循由浅入深的学生认知规律，先单项分析后综合分析，从认知财务数据指标开始，通过计算和分析，以判断公司的财务状况、经营成果为主线来进行。教学过程中，要通过校企合作，校内实训基地建设等多种途径，采取工学结合、理实一体化等形式，充分开发学习资源，给学生提供丰富的实践机会。教学效果评价采取过程评价与结果评价相结合的方式，通过理论与实践相结合，重点评价学生的财务数据分析能力。

二、专业核心素养与课程目标

（一）专业核心素养

会计事务专业核心素养，是指学生通过学习具备能够适应终身发展和社会发展需要的会计职业关键能力和必备品格。会计职业关键能力包括逻辑思维能力、企业运营及资金运动的空间想象能力、数据处理分析能力、账务处理能力、分析和解决实际问题的能力；必备品格包括爱岗敬业、诚实守信、依法办事、保守秘密，养成严谨细致和客观公正的职业精神，以及搞好服务和参与管理的职业意识。

（二）课程目标

通过本课程的学习，使学生树立正确的人生观、价值观，能正确认识会计职业在社会经济发展中的重要作用，培养学生的财务数据分析能力和企业运营及资金运动的空间想象能力。能够抓取企业的经营数据并进行风险分析；掌握财务报表的编制基础及基本构成；掌握财务指标的计算和分析方法；掌握财务数据的分析程序和分析方法；能够对主要会计报表进行绝对数和相对数分析，以判断企业财务状况、经营成果和现金流量的变化趋势；能够对企业的预算执行情况、现金收支情况和财务因素的变动趋势进行分析；通过可视化手段呈现出数据的分析结果，有助于利益关系集团做出决策。养成及时收集与更新财务数据的习惯，形成做事严谨务实、知难而进的工作作风，具有良好的团队沟通与协作能力。

三、本课程在专业课程体系中的位置

会计事务专业课程设置主要包括公共基础课程和专业课程。专业课程包括专业基础课程、专业核心课程和专业拓展课程，并涵盖实训等有关实践性教学环节。思政教育和会计文化融入课程内容。本课程在专业课程体系中的位置如下图所示。

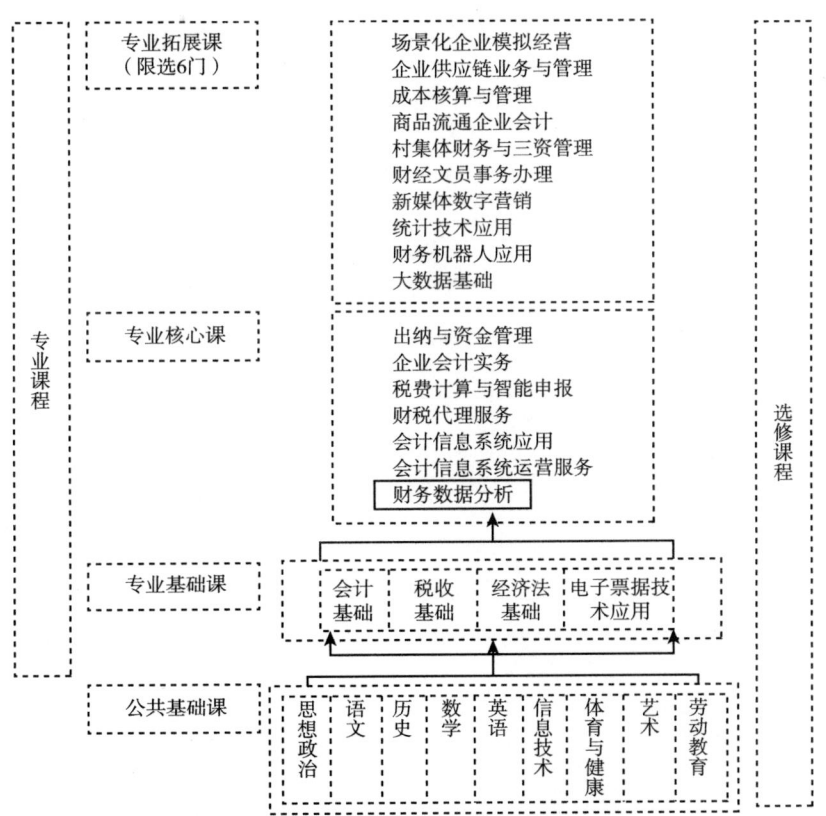

四、课程内容与学时安排

（一）课程内容

"财务数据分析"课程内容

序号	教学模块	教学内容描述	能力要求	课时
1	企业经营数据分析	• 计算经营杠杆系数，估计企业的经营风险 • 计算财务杠杆系数，估计企业的财务风险 • 计算总杠杆系数，估计企业的总风险	• 掌握 Excel 或某种数据处理工具应用方法；能够分析企业的主要经营数据，分析企业的经营风险、财务风险和总风险	12 课时
2	财务指标分析	• 计算企业偿债能力指标；初步分析公司偿债能力的强弱 • 计算企业营运能力指标；初步分析公司营运能力的大小 • 计算企业盈利能力指标；初步分析公司盈利能力的大小 • 运用杜邦财务分析法进行综合财务分析	• 能够计算并分析企业的主要财务指标，并掌握其对企业偿债、营运和盈利能力的影响	16 课时
3	会计报表分析	• 认知并解读资产负债表 • 认知并解读利润表 • 认知并解读现金流量表	• 能够运用比较分析法、比率分析法和因素分析法对主要会计报表数据进行绝对数及相对数分析	12 课时
4	预算执行情况分析	• 编制销售预算、生产预算、采购预算和费用预算 • 分析销售预算、生产预算、采购预算和费用预算的执行情况	• 能够运用比较分析法对预算执行情况进行差异分析	8 课时
5	现金收支分析	• 计算现金流量的分析指标 • 分析公司的现金流量 • 分析现金流量对利润质量的影响 • 分析现金流量的债务风险	• 了解现金流量的含义，会计算现金流量的分析指标，会对公司的现金流量做初步分析；会判断公司现金流量能力强弱	6 课时
6	财务因素趋势分析	• 根据偿债能力指标数据，分析企业偿债能力的变化趋势 • 根据营运能力指标数据，分析企业营运能力的变化趋势 • 根据盈利能力指标数据，分析企业盈利能力的变化趋势	• 能够利用财务数据指标进行偿债能力、营运能力和盈利能力的变化趋势分析	12 课时
7	数据分析结果的可视化	• 财务数据与可视化图表的联动 • 财务报表数据可视化 • 财务指标智能分析可视化	• 能够对财务数据分析结果进行可视化呈现设计，包括三维数据可视化、数据信息可视化、趋势态势分析可视化等	6 课时
	合计			72 课时

（二）学时安排与学分

"财务数据分析"课程共计72学时，每18学时折算1学分，共4学分。

五、学业质量

（一）学业质量内涵

学业质量是学生在完成课程学习后的学业成就表现。"财务数据分析"课程学业质量标准是以会计事务专业核心素养及其表现水平为主要维度，结合课程内容，对学生"财务数据分析"课程学业成就表现的总体刻画。根据项目任务的复杂程度、知识和技能的结构化程度、分析和解决问题的能力等不同水平学业成就表现的关键特征，"财务数据分析"课程学业质量标准将学业质量划分为不同水平，并描述了不同水平学习结果的具体表现，不同水平之间具有由低到高逐渐递进的关系，体现课程结束时学生达到的水平，为核心素养评价提供基本依据。

（二）学业质量水平

"财务数据分析"课程学业质量水平是"财务数据分析"课程目标的综合表现。"财务数据分析"课程目标划分为三个不同水平，每一个水平是通过专业核心素养的具体表现和体现课程目标的三个方面进行表述的。会计事务专业核心素养的具体表现参见"专业核心素养与课程目标"，完成课程目标包括与会计事务专业核心素养相关的专业知识、专业技能和社会能力三个方面。

学业质量水平分为优秀、合格和不合格。质量描述中：水平一为合格；水平二为优秀；未达到水平一的为不合格。

"财务数据分析"课程学业质量描述		
	水平一	水平二
专业知识	①了解行业企业的特点，了解企业的基本情况 ②了解企业文化及新信息技术对财务数据分析工作的影响 ③了解财务数据分析岗位的日常工作流程和岗位职责；熟悉法律法规对财务工作的要求以及财务人员的职业道德内容 ④了解经营风险的概念，会计算经营杠杆系数；了解财务风险的概念，会计算财务杠杆系数；了解总风险的概念，会计算总杠杆系数；初步分析企业所面临的风险 ⑤了解偿债能力概念，会计算偿债能力指标；了解营运能力概念，会计算营运能力指标；了解盈利能力概念，会计算盈利能力指标	①了解行业企业的特点，了解企业的基本情况，了解企业的生产工艺和经营流程 ②熟悉企业文化及新信息技术对财务数据分析工作的影响 ③了解财务数据分析岗位的日常工作流程和岗位职责；熟悉法律法规对财务工作的要求以及财务人员的职业道德内容，知晓企业的业绩考核标准 ④掌握经营风险的概念，熟练计算经营杠杆系数；掌握财务风险的概念，熟练计算财务杠杆系数；了解总风险的概念，熟练计算总杠杆系数；比较全面地分析企业所面临的风险

续表

	"财务数据分析"课程学业质量描述	
	水平一	水平二
专业知识	⑥认知并解读资产负债表、利润表和现金流量表 ⑦会编制销售预算、生产预算、采购预算和费用预算；能够了解销售预算、生产预算、采购预算和费用预算的执行情况 ⑧了解现金流量分析指标的计算公式，具备初步分析公司的现金流量能力 ⑨了解财务数据与可视化图表的联动原理，知晓财务报表数据可视化，知晓财务指标智能分析可视化	⑤了解偿债能力概念，熟练计算偿债能力指标；了解营运能力概念，熟练计算营运能力指标；了解盈利能力概念，熟练计算盈利能力指标 ⑥熟悉资产负债表、利润表和现金流量表的编制结构和方法；深入解读资产负债表、利润表和现金流量表 ⑦会编制销售预算、生产预算、采购预算和费用预算。充分了解企业销售预算、生产预算、采购预算和费用预算的执行情况 ⑧了解现金流量分析指标的计算公式，具备分析公司的现金流量能力 ⑨了解财务数据与可视化图表的联动原理，熟悉财务报表数据可视化的方式和方法，熟悉财务指标智能分析可视化的方式和方法
	水平一	水平二
专业技能	①基本掌握Excel或某种数据处理工具应用方法 ②能够分析企业的主要经营数据，包括企业经营风险、财务风险和总风险的分析 ③能够分析企业的主要财务指标，并掌握其对企业偿债、营运和盈利能力的影响 ④能够运用比较分析法、比率分析法和因素分析法对主要会计报表数据进行绝对数及相对数分析 ⑤能够运用比较分析法对预算执行情况进行差异分析 ⑥会计算现金流量的分析指标，会对公司的现金流量做初步分析；判断公司现金流量能力强弱 ⑦能够利用财务数据指标进行偿债能力、营运能力和盈利能力的变化趋势分析 ⑧能够对财务数据分析结果进行可视化呈现设计	①熟练掌握Excel或某种数据处理工具应用方法 ②熟练分析企业的主要经营数据，包括企业经营风险、财务风险和总风险的分析 ③熟练分析企业的主要财务指标，并熟练掌握其对企业偿债、营运和盈利能力的影响 ④熟练运用比较分析法、比率分析法和因素分析法对主要会计报表数据进行绝对数及相对数分析 ⑤熟练运用比较分析法对预算执行情况进行差异分析 ⑥会计算现金流量的分析指标，会对公司的现金流量做分析；熟练判断公司现金流量能力强弱 ⑦熟练利用财务数据指标进行偿债能力、营运能力和盈利能力的变化趋势分析 ⑧能比较熟练地对财务数据分析结果进行可视化呈现设计
	水平一	水平二
社会能力	①具有基本的财务数据逻辑思维能力和企业运营及资金运动的空间想象能力	①具有较强的财务数据逻辑思维能力和企业运营及资金运动的空间想象能力

续表

	"财务数据分析"课程学业质量描述	
	水平一	水平二
社会能力	②初步形成爱岗敬业、诚实守信、严谨细致、客观公正的职业精神，能依法办事、保守秘密、重视诚信 ③基本养成搞好服务和参与管理的职业意识 ④了解会计文化，遵守会计职业道德、会计准则和行为规范，坚持原则，具备一定的社会责任感和担当精神 ⑤具有一定的自我管理能力，基本遵守课堂纪律，基本能完成工作任务和课后作业 ⑥具备基本的沟通能力，能完成基本的学习活动，具备一定的知识迁移能力 ⑦具有基本的团队意识，服从工作安排	②具备爱岗敬业、诚实守信、严谨细致、客观公正的职业精神，能依法办事、保守秘密、重视诚信 ③养成搞好服务和参与管理的职业意识，关注市场，初步形成认知财经政策的意识 ④熟悉会计文化，遵守会计职业道德、会计准则和行为规范，坚持原则，具备社会责任感和担当精神，初步养成精益求精的工匠精神 ⑤自我管理能力强，课堂组织纪律性强，按时且认真完成工作任务和课后作业 ⑥沟通能力强，在学习过程中遇到问题能够虚心求教，耐心倾听别人的意见，具备较强的知识迁移能力和一定的创新能力 ⑦有较强的团队意识，勇挑重担，有担当精神，人际关系和谐

六、课程实施

（一）教学要求

中等职业学校"财务数据分析"课程教学要全面落实"立德树人"的根本任务，深入挖掘中职会计专业的育人价值，树立以发展学生会计事务专业核心素养为导向的教学意识，遵循教学规律，始终把促成专业核心素养的形成和发展作为主要目标，将会计事务专业核心素养的培养贯穿于教学活动的全过程。在教学活动中，教师应准确把握课程目标、课程内容、学业质量的要求，合理设计教学目标、教学方法、教学过程和教学评价，积极进行教学反思，通过相应的教学实施，在学生掌握专业知识和专业技能的同时，促进会计事务专业核心素养的提升及水平的达成。在教学实践中，要不断探索和创新教学方式，不仅重视如何教，更要重视如何学，引导学生养成良好的学习习惯，努力激发学生学习会计的兴趣。

1. 要制定"财务数据分析"课程的教学目标

会计事务专业核心素养是在课程学习的过程中逐步形成的。教师在制定教学目标时要充分关注会计事务专业核心素养的达成；要深入理解会计事务专业核心素养的内涵、表现、水平及其相互联系；要结合实际教学任务，思考会计事务专业核心素养在教学活动中的融合点；要注意会计事务专业核心素养与具体教学内容的关联；要关注会计事务专业核心素养目标在教学中的可实现性，探索其融入教学内容和教学过程的具体方式及载体。

教师应理解会计事务专业核心素养水平在不同专业课程中的具体要求和表现，不仅关注每一节课的教学目标，更要关注项目、任务的教学目标，明确这些目标对会计事务专业核心素养发展的贡献。在确定教学目标时，要把握好学生会计事务专业核心素养发展各阶段目标之间的关系，合理设计本课程教学目标。教学中要引导学生理解专业基础知识，掌握专业基本技能，积累专业基本实践经验，提升社会能力，促进学生会计事务专业核心素养的不断提升。

2. 整体把控课程教学内容，促进核心素养的可持续发展

教师要以会计事务专业核心素养为导向，明确教学目标的要求和课程内容的重难点，教学过程循序渐进，以知识和能力训练两条教学主线的融合为切入点，以课程知识体系和能力训练体系为要求，体现时代性和动态性，以学生为主体，有创新、有特色。

"财务数据分析"课堂教学活动与课后探究活动是综合提升会计事务专业核心素养的载体。教师应对其进行整体设计，引导学生在活动过程中积累、发现、提出问题，培养学生分析和解决问题的能力，养成学生独立思考与合作交流的习惯。同时，在教学活动中，教师应有意识地结合实际教学内容，介绍财务数据分析在企业发展中的作用，将企业文化渗透、融入日常教学活动。潜移默化地引导学生遵守国家法律法规，坚守会计职业道德，提升学生的社会适应能力和人文素养。

3. 要创设有利于发展会计事务专业核心素养的教学情境和工作任务

基于会计事务专业核心素养的教学活动应该把握专业实质，创设合适的教学情境、设计合适的工作任务，引发学生思考、交流与完成，培育会计事务专业核心素养。教学情境和工作任务应当是多样的、多层次的。

在教学活动中，应结合教学项目、财务数据分析岗位工作任务及其蕴含的核心素养，将理论与实践相结合，设计出合适的教学情境和工作任务，引导学生观察现象、发现问题，能用数据的思维、方法解决问题，初步形成专业素养。在解决问题的过程中，理解教学内容的实质，提高动手能力，促进学生核心素养的形成和发展。教师应通过不断学习、探索、实践，来提升自身的专业素养，开发出符合中职学生认知规律、有助于提升学生会计事务专业核心素养的优秀案例。

4. 采用多样化教学方式，为学生创设自主、合作、探究式的学习条件

教师要把培养、发展学生学习能力作为教学活动的重心，在教学过程中主动创设条件来发展学生学习能力，积极探索有利于促进学生学习的多样化教学方式。要善于根据不同的项目和任务采用不同的教学方式，抓住关键的教学与学习环节，增强教学效果。帮助学生在学习"财务数据分析"课程的过程中，逐渐形成自主学习、合作学习和探究式学习的能力。

在教学中，教师要有意识地给予学生指导，为学生创设支持和激励的学习环境。课前合理布置自学任务，课中组织小组合作学习、共同探究，课后丰富作业形式，提高作业质量，布置适量的拓展性作业。密切关注学生是否通过学习初步形成专业结构化知识，促使学生在教学活动中以合作和探究的方式获得专业知识、发展专业技能、提高专业能力、形成健康人格，强调学生之间相互促进、共同提高，从而培养学生自主、合作、探究的学习能力。

此外，教师应在教学过程中加强学习方法指导，培养学生自主学习的能力，帮助学生感受学习"财务数据分析"课程的意义和价值，学会选择适合自己的学习方法和学习策略，鼓励学生主动参与学习活动并养成自我反思的习惯。

5. 运用信息技术，拓宽学习渠道，探索信息化时代教与学的转变

在信息化时代，信息技术的广泛应用正在对会计事务专业教学产生重大影响。在"财务数据分析"课程中，信息技术是教师教和学生学的重要辅助手段，为教和学提供了丰富多样的资源。要把握好技术与"财务数据分析"课程教学的关系，合理利用信息技术，注重信息技术与"财务数据分析"课程的深度融合，结合会计专业"1+X"证书制度，书证融通，借助信息技术优化整合课堂教学，转变教学与学习方式，创设线上线下一体化的"混合式"学习生态，形成虚拟仿真学习环境，引导学生经历多样化的学习过程，帮助学生有效地投入会计实践学习，促进学生在信息化环境中主动学习。同时，对信息化环境下的"财务数据分析"课程教学模式，仍需从教学流程、教学资源、教学支持等影响学生学习的各种要素所发生的新变化持续进行探索。

（二）师资条件

1. 专任教师

（1）符合中等职业学校专业课教师的任职条件，具备中等职业学校教师的基本素养和道德要求，热爱教育事业，具有强烈的责任心和使命感。能够落实课程思政要求，挖掘专业课程中的思政教育元素和资源。

（2）具有高度的敬业精神和专业精神，具有扎实的会计专业知识，取得助理会计师等非教师系列专业技术职务证书，具有会计岗位工作经验，熟悉国家会计法律法规知识和企业会计准则。

（3）具有会计、财务管理等相关专业学历，知晓各行业会计核算业务的理论知识，能熟练开展会计核算工作，熟练操作会计信息化处理软件。

（4）具备一定的表达能力，能理实结合、深入浅出、通俗易懂地进行教学，能运用各种教学手段和教学工具指导学生进行理论学习和开展实践教学。

（5）具有较强的教科研能力，能够运用信息技术开展混合式教学等教法改革；能够跟踪新经济、新技术发展前沿，开展社会服务。专业教师每年至少1个月在企业或生产性实训基地锻炼，每5年累计不少于6个月的企业实践经历。

（6）学生数与专任教师数比例不高于20∶1，专任教师中具有高级专业技术职务人数不低于20%，"双师型"教师占专业课教师数比例应不低于50%。

2. 兼职教师

（1）主要从本专业相关行业企业的高技术技能人才中聘任，应具有扎实的专业知识和丰富的实际工作经验，能针对企业的实际情况进行财务数据分析实践教学。

（2）原则上应具有中级及以上专业技术职务或在市级及以上职业技能竞赛中获奖。

（3）了解教育教学规律，能承担专业课程教学、实习实训指导和学生职业发展规划指导等专业教学任务，具有较强的教学组织能力。

（三）实践教学

1. 实训场地

配备多媒体教学设备、计算机及网络设备、大数据分析平台等设备及软件的会计信息化

实训室。

2. 实训工具设备

配备会计工作所需的各类办公设施及基本文具，如打印机、扫描仪、计算器、文件柜及各种日常耗材等。配置具有网络、能够流畅运行实训软件的计算机设备。

3. 实训软件

配备具有数据分析功能的仿真教学软件。

（四）教学方法

本课程主要使用下列教学方法：

1. 任务驱动教学法

任务驱动教学法是指在学习过程中，紧紧围绕一个共同的任务活动中心，在强烈的问题动机的驱动下，通过对学习资源的积极主动应用，进行自主探索和互动协作的学习，并在完成既定任务的同时，引导学生产生一种学习实践活动。

2. 案例教学法

案例教学法是一种通过模拟或者重现现实生活中的一些场景，让学生把自己纳入案例场景，通过讨论或者研讨来进行学习的教学方法。教学中既可以通过分析、比较，研究各种各样成功的经验，从中抽象出某些一般性的结论或原理，也可以让学生通过自己的思考或者他人的思考来拓宽视野，丰富知识。

3. 讲授法

讲授法是教师通过口头语言向学生描绘情境、叙述事实、解释概念、论证原理和阐明规律的教学方法。

4. 虚拟仿真教学法

虚拟仿真教学法是指将虚拟实验技术与体验式教学相结合，由学习者借助人机交互界面调节虚拟实验中的参数变量，通过观察、总结和归纳计算机仿真模拟结果从而获取相应的知识技能的一种教学方法。

（五）教学手段

为了达到预期教学目的，本课程结合教学内容，主要采用以下现代化教学手段：

1. 多媒体教学手段

多媒体教学手段是指在教学过程中，根据教学目标和教学对象的特点，通过教学设计，合理选择和运用现代教学媒体，并与传统教学手段有机组合，共同参与教学全过程，以多种媒体信息作用于学生，形成合理的教学过程结构，达到最优化的教学效果。常见多媒体教学手段主要包括电子课件、音频、视频、Flash动画演示、教学软件等。

2. 网络教学手段

网络教学作为新兴的教学手段，有着自身的特点和优势。"财务数据分析"课程教学应充分利用网络，发挥网络教学的优势，拓展实践教学的平台。利用网络教学资源和网络教学平台指导学生开展学习，调动学生学习兴趣，提高学习效率。

（六）教材要求

（1）原则上从国家和省级教育行政部门发布的规划教材目录中选用，国家和省级规划目录中没有的教材，可在职业院校教材信息库选用。不得以岗位培训教材取代专业课程教材。选用的教材必须是通过审核的版本，擅自更改内容的教材不得选用，未按照规定程序取得审核认定意见的教材不得选用。不得选用盗版、盗印教材。

（2）选用的教材要以习近平新时代中国特色社会主义思想为指导，贯彻国家"三教"改革精神，落实"立德树人"根本任务，充分体现社会主义核心价值观，有助于中职学生形成正确的世界观、人生观、价值观。

（3）选用的教材要充分体现时代特点和现代意识，同时适应中职学生的认知特点，充分考虑学生身心发展需要，有助于培养学生的社会责任感、动手实践能力和创新创业精神，有助于学生形成良好的个性和健全的人格。

（4）选用的教材要全面体现"财务数据分析"课程标准的理念和要求，有机融合会计事务专业核心素养，符合会计事务专业核心素养发展规律。既要关注学生学习"财务数据分析"课程知识的结果，也要注重学生在学习过程中对专业技术和企业文化、会计文化的理解与体验，更要体现学生在学习过程中的参与程度、参与水平和情感态度。

（5）选用的教材要适合线上线下教育，能发挥传统教学手段和网络教学手段各自的优势，促进教学资源的有效运用，有利于学生运用多种媒介和信息技术开展自主、合作与探究式学习，优化课程实施。

（6）倡导使用新型活页式、工作手册式教材并配套开发信息化资源，以实现多样化的教材形态，促进教学手段的更新。同时形成纸质教材、电子资料、网络资源、虚拟仿真实训平台相结合的立体化教材体系。

（七）配套课程资源与利用

中等职业学校"财务数据分析"课程配套资源的开发与利用应充分考虑学生的身心发展特点，依据教育性、科学性、发展性的原则，符合教学规律要求，倡导合作共享、因地制宜地开发教学资源，提高教学质量，以利于教学目标的达成。

"财务数据分析"课程资源，可以是与教材配套的纸质习题文本，也可以是多媒体资源、网络资源、虚拟仿真实训平台资源。教师要充分利用现代信息技术，积极开发与利用各种课程资源，制作课堂教学PPT，开发微课、视频、音频等资源，整理、优化课程资源库，逐步形成完善的立体化课程资源体系，为学生自主学习提供更多的机会和途径，鼓励学生创新思维和专业知识的整合，提高学生学习积极性。

同时，教师依托校园网络平台，向学生提供直播课程、录播课程、线上练习、在线答疑等多种形式的网络教学资源，优化教与学活动，推动课程教学的优化实施，引导学生在学习过程中结合上述资源进行自主、合作、探究式学习，为进一步开展线上线下混合式教学创造条件。要充分利用校企合作平台开展教学活动，通过与相关企业的合作，结合学校实训基地或"校中厂"资源，给学生提供参观、访问企业的机会。

（八）线上教学安排

1. 选用教学平台

教师应根据"财务数据分析"课程教学内容，结合线上教学方式特点，合理选择使用一个能做到线上线下教学无缝切换的教学平台作为主要线上教学平台。同时，将QQ、微信、钉钉等其他即时通信软件作为备用平台用于课堂应急、临时讨论、即时消息等用途。

2. 准备教学资源

教师应充分发挥主观能动性和创造性，依据"财务数据分析"课程标准的要求和具体的教学内容，有选择地、创造性地使用、优化、整合资源，助力学生有效学习。要提前谋划，储备资源，通过网盘、U盘等工具随身携带重要教学资源，做好线上教学的充分准备。

3. 线上教学实施

教师根据"财务数据分析"课程标准，结合教学对象实际情况，考虑课前课中课后三个环节，与学生进行充分的互动交流，将新变化、新事物、现代信息技术融入线上课程，提高学生上课的参与度和融入感，提高学生的学习效果。

课前通过网络平台将视频、课件及相关资料推送给学生阅览，并给学生布置一定的任务，引导学生主动学习，带着任务听课，提高教学效果。课中由教师讲述重要知识点，配合教学资源，积极引导学生思考，通过弹幕、答题、连麦等手段与学生进行在线互动，让学生真正融入线上课堂，融合思政教学，帮助学生树立正确的价值观、学习观，促进学生健康成长。课后布置与教学内容相匹配的训练任务，通过聊天软件对学生进行课后辅导，为学生答疑解惑。

4. 线上教学的管理

为了保证线上教学的有序开展，课程负责人应在校园网络资源平台建设并维护课程页面，教师通过课程页面，发布课程公告、课程学习资源，布置并批改作业，组织课后答疑，及时发布课程过程考核成绩，落实完整的教学过程。通过技术手段对学生进行全过程考核，确保学生到课听课率，保证教学质量。

要严格落实线上教学管理制度。课程负责人应确保线上课程框架体系完整，教学资源内容全面、科学合理、无政治性及学术性错误，严把课程质量关。课程主讲教师应严格按照课程标准和教学计划开展线上教学，不得随意进行线上合班或更换授课时间、授课教师。教务部门定期对课程线上线下混合式教学情况进行抽查，对课程在线建设情况进行普查。

七、教学评价

教学评价是"财务数据分析"课程教学活动的重要组成部分，贯穿教学过程的始终，其目的是促进学生学习、改善教师教学、完善课程设计、监控学业质量。

（一）以课程目标为评价依据

"财务数据分析"课程学习评价以课程目标作为评价的主要依据，其根本目的是促进学生专业核心素养的提升。评价应反映"以人为本"的教育理念，不仅要关注学生掌握专业知识、专业技能的程度，关注学生会计事务专业核心素养水平的达成，还要关注学生的学习态度、学习方法和学习习惯的养成，从而衡量课程目标达成情况。

（二）注重评价的多元化

应围绕会计事务专业核心素养和课程目标，依据学业要求选择评价内容，注重多种评价方式有机结合与运用，强调多元评价主体的共同参与，以获取较为全面的评价信息。可以通过学生自评、互评、教师评价等方式进行评价。评价不仅要关注学生外在学习结果，更要关注内在学习品质。要重视过程性评价与终结性评价相结合。教师要有意识地利用评价过程与结果，通过评价引导学生学会学习，发现学生学习的个性特点和具体问题，及时引导，提出有针对性的建议，激发学生学习的动力。同时，依据评价结果反思日常教学，优化教学内容，调整教学策略，完善教学过程，为学生会计事务专业核心素养的发展提供有力支持。

（三）重视评价结果的呈现

教学评价的结果要服务教学、反馈教学、促进教学，评价结果的呈现是评价的重要组成部分。教师要充分利用信息技术，收集、整理、分析有关反映学生学习过程和结果的数据，获取教学的反馈信息，通过多元化的评价方式形成的课后作业记录表、单项专业技能评价表、学习表现评价表、学业总评考核表等结果，能够综合反映学生的会计事务专业核心素养水平。

（四）学业水平考试要求

考试是课程评价的重要组成部分，学业水平考试是评价的重要方式。学业水平考试需要对学生不同阶段的学习成果做出综合评价，进行学分评定。

学习每个模块后，根据本课程标准的学业要求和阶段性学业水平对学生的学习成绩进行评定，并根据成绩结果给予相应学分。

总分	$\Sigma \geq 90$	$60 \leq \Sigma < 90$	$\Sigma < 60$
评定等级	优秀	合格	不合格

编写人员：周会林　南京财经高等职业技术学校
审核人员：曾　钧　武汉市财政学校
　　　　　方　毅　武汉市财政学校

专业拓展课程标准

"成本核算与管理"课程标准

课程名称	成本核算与管理	课程类别	专业拓展课
适用专业	会计事务	学时 学分	72学时 4学分

一、课程性质与设计思路

（一）课程性质

"成本核算与管理"课程是中等职业学校会计事务专业的专业拓展课程。本课程是继"会计基础"课程、"企业会计实务"课程之后开设的一门实务性很强的技术技能应用课程，是根据企业成本核算岗位的基本要求设置的。本课程结合专业人才培养目标，依据我国《会计法》《企业会计准则》和相关财经法规，全面、系统、科学地介绍成本核算与管理的基本知识、基本方法和基本技能，其后续课程包括"会计综合实训"等。

（二）设计思路

对企业成本核算岗位的工作任务进行调查和分析发现，其典型工作任务为成本核算和成本管理，处理两者关系的思路是"算管结合，算为管用"。本课程以企业的成本核算与管理工作过程为主线，以典型成本核算工作任务为载体，强调学生的主体地位和能力培养，重视工作任务的完成和训练，为相关的专业课程的学习打下坚实的基础，并能适应会计相关岗位群的需要。教学内容方面突出学生应用能力的培养，遵循从简单到复杂，由具体到抽象的认知规律，进行课程教学内容的设计和安排。教学组织方面倡导任务驱动、理实一体化教学，以提高学生解决实际问题的能力。

二、专业核心素养与课程目标

（一）专业核心素养

会计事务专业核心素养，是指学生通过学习具备能够适应终身发展和社会发展需要的会计职业关键能力和必备品格。会计职业关键能力包括逻辑思维能力、企业运营及资金运动的空间想象能力、数据处理分析能力、账务处理能力、分析和解决实际问题的能力；必备品格包括爱岗敬业、诚实守信、依法办事、保守秘密，养成严谨细致和客观公正的职业精神，以及搞好服务和参与管理的职业意识。

（二）课程目标

通过本课程的学习，学生能掌握各种要素费用、辅助生产费用、制造费用的归集与分配方法，熟悉成本核算的一般程序；掌握完工产品、在产品的生产费用分配方法，产品成本计算的基本方法及辅助方法中的分类法；掌握分配各项生产费用、结转产品成本的账务处理方法；会编制小企业常用成本报表。在学习过程中，逐步树立正确的人生观、价值观，能正确认识成本核算与管理在企业经营活动中的重要作用，逐步养成遵纪守法、严谨细致的工作作风和良好的会计职业道德，提升分析问题和解决问题的能力，具备从事企业成本核算岗位工作的基本职业能力，提高就业创业能力和终身发展能力。

三、本课程在专业课程体系中的位置

会计事务专业课程设置主要包括公共基础课程和专业课程。专业课程一般包括专业基础课程、专业核心课程、专业拓展课程，并涵盖实训等有关实践性教学环节。思政教育和会计文化融入课程内容。本课程在专业课程体系中的位置如下图所示。

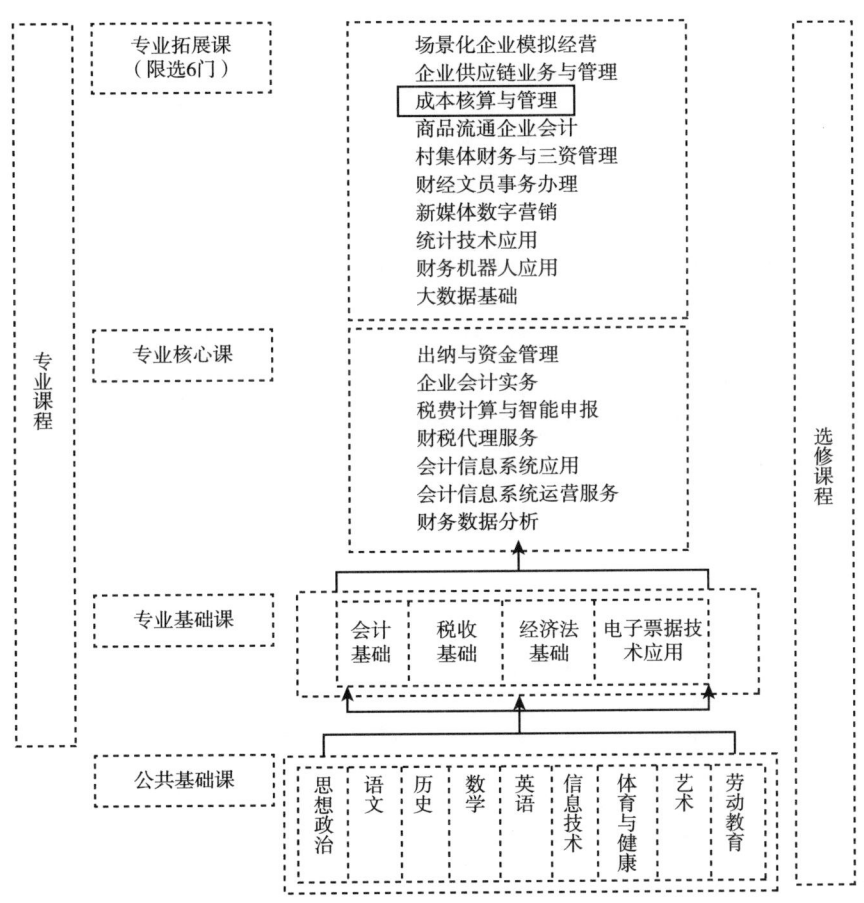

四、课程内容与学时安排

（一）课程内容

"成本核算与管理"课程内容

序号	教学模块	教学内容描述	能力要求	课时
1	认知成本核算	• 区分费用与成本 • 划分生产费用 • 遵循成本核算规范 • 明确成本核算的一般程序	• 能解释成本和产品成本的概念 • 能分清费用与生产费用 • 能进行生产费用分类 • 会判断成本项目 • 了解成本核算的一般要求 • 了解成本核算法规和制度 • 了解成本核算对象 • 知晓成本核算的账户设置 • 能简述成本核算的一般程序	2课时
2	归集和分配要素费用	• 归集材料费用、外购动力费用、职工薪酬费用、折旧费用、其他费用等要素费用 • 计算分配材料费用、外购动力费用、职工薪酬费用、折旧费用、其他费用 • 编制各项生产费用的费用分配表 • 根据各生产费用分配表填制记账凭证 • 根据记账凭证登记基本生产成本明细账	• 理解要素费用归集和分配的原则 • 能理解要素费用分配一般方法的基本原理 • 能按照受益对象归集要素费用 • 能解释材料费用的构成 • 能运用材料定额消耗量比例法、材料定额成本比例法等方法计算分配材料费用 • 能解释什么是外购动力费用 • 能运用生产工时比例法等方法计算分配外购动力费用 • 能解释什么是职工薪酬费用 • 能运用生产工时比例法等方法计算分配职工薪酬费用 • 能按照标准计算提取其他职工薪酬费用 • 能按照受益对象分配折旧费用和其他费用 • 会编制各项生产费用的费用分配表 • 会根据各生产费用分配表填制记账凭证 • 会根据记账凭证登记基本生产成本明细账	12课时
3	归集和分配辅助生产费用	• 归集辅助生产费用 • 计算分配辅助生产费用 • 编制辅助生产费用分配表 • 根据辅助生产费用分配表填制记账凭证 • 根据记账凭证登记辅助生产成本明细账	• 能解释辅助生产的概念 • 会按照受益对象归集辅助生产费用 • 能运用直接分配法、交互分配法等方法计算分配辅助生产费用 • 会编制辅助生产费用分配表 • 会根据辅助生产费用分配表填制记账凭证 • 会根据记账凭证登记辅助生产成本明细账	6课时

续表

序号	教学模块	教学内容描述	能力要求	课时
4	归集和分配制造费用	• 归集制造费用 • 计算分配制造费用 • 编制制造费用分配表 • 根据制造费用分配表填制记账凭证 • 根据记账凭证登记制造费用明细账	• 能解释制造费用的概念 • 会按照受益对象归集制造费用 • 能运用生产工时比例法等方法计算分配制造费用 • 会编制制造费用分配表 • 会根据制造费用分配表填制记账凭证 • 会根据记账凭证登记制造费用明细账	2课时
5	在完工产品和在产品之间分配生产费用	• 按照成本计算对象归集生产费用 • 将生产费用在完工产品和在产品之间进行分配 • 编制产品成本计算单 • 根据产品成本计算单填制记账凭证 • 根据记账凭证登记库存商品和生产成本明细账	• 能区分在产品和完工产品 • 会按照成本计算对象（如产品品种）归集生产费用 • 能运用在产品不计算成本法、在产品按固定成本计价法、在产品按所耗原材料费用计价法、在产品按完工产品成本计价法、在产品按定额成本计价法、约当产量法、定额比例法等方法计算分配完工产品成本和在产品成本 • 会编制产品成本计算单 • 会根据产品成本计算单填制记账凭证 • 会根据记账凭证登记库存商品和生产成本明细账	10课时
6	采用品种法计算产品成本	• 按产品品种设置基本生产成本明细账 • 归集和分配要素费用、辅助生产费用及制造费用 • 编制各项生产费用的费用分配表 • 根据各种费用分配表填制记账凭证 • 根据记账凭证登记成本费用明细账 • 计算完工产品成本，编制产品成本计算单 • 根据产品成本计算单填制记账凭证，登记成本费用明细账	• 能解释品种法的概念 • 会说明品种法的主要特点、适用范围 • 能简述品种法的成本计算程序 • 能按产品品种设置基本生产成本明细账 • 能在品种法下归集和分配要素费用、辅助生产费用及制造费用 • 会编制各项生产费用的费用分配表 • 能计算完工产品成本 • 会编制产品成本计算单 • 会根据各种费用分配表、产品成本计算单填制记账凭证 • 会根据记账凭证登记成本费用明细账	8课时

续表

序号	教学模块	教学内容描述	能力要求	课时
7	采用分批法计算产品成本	• 按批次分产品设置基本生产明细账（或产品成本计算单） • 按批次分产品归集和分配产品的要素费用、制造费用 • 按批次分产品计算并结转完工产品的成本 • 用简化分批法计算产品成本	• 能解释分批法的概念 • 会说明分批法的主要特点、适用范围 • 能简述分批法的成本计算程序 • 能按批次分产品设置基本生产成本明细账（或产品成本计算单） • 能在分批法下归集和分配产品的要素费用、制造费用 • 会编制各项生产费用的费用分配表 • 能按批次分产品计算完工产品成本 • 会编制产品成本计算单 • 会根据各种费用分配表、产品成本计算单填制记账凭证 • 会根据记账凭证登记成本费用明细账 • 能简述简化分批法的主要做法和适用范围 • 能计算分配累计间接费用 • 能运用简化分批法计算完工产品成本	6课时
8	采用分步法计算产品成本	• 按产品生产步骤设置基本生产成本明细账 • 归集和分配各项生产费用 • 编制各项生产费用的费用分配表 • 根据各生产费用分配表填制记账凭证 • 根据记账凭证登记成本费用明细账 • 应用综合结转分步法、分项结转分步法等方法计算完工产品成本	• 能解释分步法的概念和主要特点 • 能区分分步法的种类 • 能按产品生产步骤设置基本生产成本明细账 • 能归集和分配各项生产费用 • 会编制各项生产费用的费用分配表 • 能运用综合结转分步法、分项结转分步法等方法计算完工产品成本 • 认知平行结转分步法	18课时
9	采用分类法计算产品成本	• 按产品类别设置产品生产成本明细账 • 运用产品成本计算基本方法计算各类产品成本 • 应用系数法等方法计算类内产品成本	• 能解释分类法的概念和适用范围 • 能按产品类别设置基本生产成本明细账 • 能运用产品成本计算基本方法如品种法、分批法等计算各类产品成本 • 会应用系数法等方法计算类内产品成本	2课时

续表

序号	教学模块	教学内容描述	能力要求	课时
10	编制和分析成本报表	• 编制主要成本报表 • 分析主要成本报表	• 能解释成本报表的概念和种类 • 会编制产品生产成本表 • 会编制主要产品单位成本表 • 会编制制造费用表 • 能对产品生产成本表进行简单分析 • 能对主要产品单位成本表进行简单分析 • 能对制造费用表进行简单分析	6课时
	合计			72课时

（二）学时安排与学分

"成本核算与管理"课程共计72学时，每18学时折算1学分，共4学分。

五、学业质量

（一）学业质量内涵

学业质量是学生在完成课程学习后的学业成就表现。"成本核算与管理"课程学业质量标准是以会计事务专业核心素养及其表现水平为主要维度，结合课程内容，对学生"成本核算与管理"课程学业成就表现的总体刻画。根据项目任务的复杂程度、知识和技能的结构化程度、分析和解决问题的能力等不同水平学业成就表现的关键特征，"成本核算与管理"课程学业质量标准将学业质量划分为不同水平，并描述了不同水平学习结果的具体表现，不同水平之间具有由低到高逐渐递进的关系，体现课程结束时学生达到的水平，为核心素养评价提供基本依据。

（二）学业质量水平

"成本核算与管理"课程学业质量水平是"成本核算与管理"课程目标的综合表现。"成本核算与管理"课程目标划分为三个不同水平，每一个水平是通过专业核心素养的具体表现和体现课程目标的三个方面进行表述的。会计事务专业核心素养的具体表现参见"专业核心素养与课程目标"，完成课程目标包括与会计事务专业核心素养相关的专业知识、专业技能和社会能力三个方面。

学业质量水平分为优秀、合格和不合格。质量描述中：水平一为合格；水平二为优秀；未达到水平一的为不合格。

	"成本核算与管理"课程学业质量描述	
	水平一	水平二
专业知识	①了解广义成本和狭义成本，明确费用与成本的区别；知晓生产费用分类，了解成本项目；知晓成本核算及其一般要求；了解成本核算法规和制度、成本核算对象、成本核算的一般程序；熟悉成本核算的账户设置 ②了解要素费用归集和分配的原则，明确要素费用分配的一般方法；知晓材料费用及其构成、外购动力费用、职工薪酬费用、折旧费用和其他费用；能运用材料定额消耗量比例法、材料定额成本比例法等方法计算分配材料费用，运用生产工时比例法等方法计算分配外购动力费用，运用生产工时比例法等方法计算分配职工薪酬费用，按照标准计算提取其他职工薪酬费用，按照受益对象分配折旧费用和其他费用 ③了解辅助生产的概念；了解交互分配法；能运用直接分配法计算分配辅助生产费用 ④了解制造费用的概念；能运用生产工时比例法等方法计算分配制造费用 ⑤了解在产品和完工产品的含义；能运用在产品不计算成本法、在产品按固定成本计价法、在产品按所耗原材料费用计价法、在产品按完工产品成本计价法、在产品按定额成本计价法、约当产量法、定额比例法等方法计算分配完工产品成本和在产品成本 ⑥知晓品种法的概念、主要特点、适用范围；了解品种法的成本计算程序 ⑦知晓分批法的概念、主要特点、适用范围；了解分批法的成本计算程序；了解简化分批法的主要做法和适用范围，掌握累计间接费用计算分配方法 ⑧知晓分步法的概念、种类、主要特点、适用范围；了解分步法的成本计算程序；掌握综合结转分步法、分项结转分步法等方法；了解平行结转分步法 ⑨了解分类法的概念和适用范围；知晓运用产品成本计算基本方法如品种法、分批法等计算各类产品成本；了解应用系数法等方法计算类内产品成本的方法 ⑩了解成本报表的概念和种类；了解主要成本报表的格式；了解主要成本报表的分析方法；掌握主要成本报表的编制方法	①明确广义成本和狭义成本，熟悉费用与成本的区别；理解生产费用分类和成本项目；理解成本核算及其一般要求；明确成本核算法规和制度、成本核算对象，熟悉成本核算的一般程序；掌握成本核算的账户设置 ②理解要素费用归集和分配的原则，掌握要素费用分配的一般方法；熟悉材料费用及其构成、外购动力费用、职工薪酬费用、折旧费用和其他费用；熟练运用材料定额消耗量比例法、材料定额成本比例法等方法计算分配材料费用，运用生产工时比例法等方法计算分配外购动力费用，运用生产工时比例法等方法计算分配职工薪酬费用，按照标准计算提取其他职工薪酬费用，按照受益对象分配折旧费用和其他费用 ③理解辅助生产的概念；能熟练运用直接分配法、交互分配法等方法计算分配辅助生产费用 ④理解制造费用的概念；能熟练运用生产工时比例法等方法计算分配制造费用 ⑤理解在产品和完工产品的含义；能熟练运用在产品不计算成本法、在产品按固定成本计价法、在产品按所耗原材料费用计价法、在产品按完工产品成本计价法、在产品按定额成本计价法、约当产量法、定额比例法等方法计算分配完工产品成本和在产品成本 ⑥熟悉品种法的概念、主要特点、适用范围；掌握品种法的成本计算程序 ⑦熟悉分批法的概念、主要特点、适用范围；掌握分批法的成本计算程序；熟悉简化分批法的主要做法和适用范围，熟练掌握累计间接费用计算分配方法 ⑧熟悉分步法的概念、种类、主要特点、适用范围；了解分步法的成本计算程序；熟练运用综合结转分步法、分项结转分步法、平行结转分步法等方法 ⑨熟悉分类法的概念和适用范围；能熟练运用产品成本计算基本方法如品种法、分批法等计算各类产品成本；会应用系数法等方法计算类内产品成本 ⑩熟悉成本报表的概念、种类和主要成本报表的格式；熟练掌握主要成本报表的编制方法和分析方法

续表

	"成本核算与管理"课程学业质量描述	
	水平一	水平二
专业技能	①能按照受益对象归集要素费用、辅助生产费用和制造费用；能按照成本计算对象（如产品品种、类别、订单或批别、生产步骤等）归集生产费用 ②能编制各项生产费用分配表 ③能根据生产费用分配表、产品成本计算单等原始凭证填制记账凭证 ④能根据记账凭证登记成本费用明细账 ⑤能运用品种法、分批法计算产品成本 ⑥能编制产品生产成本表、主要产品单位成本表、制造费用表等主要成本报表	①能熟练按照受益对象归集要素费用、辅助生产费用和制造费用；能熟练按照成本计算对象（如产品品种、类别、订单或批别、生产步骤等）归集生产费用 ②能熟练编制各项生产费用分配表、生产费用分配汇总表 ③能熟练根据生产费用分配表、产品成本计算单等原始凭证填制记账凭证 ④能熟练根据记账凭证登记成本费用明细账 ⑤能运用品种法、分批法、分步法、分类法等方法计算产品成本 ⑥能熟练编制产品生产成本表、主要产品单位成本表、制造费用表等主要成本报表；能对主要成本报表进行简单分析
	水平一	水平二
社会能力	①具有基本的逻辑思维能力和企业产品生产及资金运动的空间想象能力 ②初步形成爱岗敬业、诚实守信、严谨细致、客观公正的职业精神，能依法办事、保守秘密、重视诚信 ③基本养成搞好服务和参与管理的职业意识 ④遵守会计职业道德、会计准则和行为规范，坚持原则，具备一定的社会责任感和担当精神 ⑤有一定自我管理能力，基本遵守课堂纪律，基本能完成工作任务和课后作业 ⑥具备基本的沟通能力，能完成基本的学习活动，具备一定的知识迁移能力 ⑦具有基本的团队意识，服从工作安排	①具有较强的逻辑思维能力和企业产品生产及资金运动的空间想象能力 ②具备爱岗敬业、诚实守信、严谨细致、客观公正的职业精神，能依法办事、保守秘密、重视诚信 ③养成搞好服务和参与管理的职业意识，关注市场、初步形成认知财经政策的意识 ④遵守会计职业道德、会计准则和行为规范，坚持原则，具备社会责任感和担当精神，初步养成精益求精的工匠精神 ⑤自我管理能力强，课堂组织纪律性强，按时且认真完成工作任务和课后作业 ⑥沟通能力强，在学习过程中遇到问题能够虚心求教，耐心倾听别人的意见，具备较强的知识迁移能力 ⑦有较强的团队意识，服从工作安排，人际关系和谐，团结协作精神强

六、课程实施

(一) 教学要求

中等职业学校"成本核算与管理"课程教学要遵循教学规律,始终把促成专业核心素养的形成和发展作为主要目标,将会计事务专业核心素养的培养贯穿于教学活动的全过程。在教学活动中,教师应准确把握课程目标、课程内容、学业质量的要求,合理设计教学目标、教学方法、教学过程和学习评价,积极进行教学反思,通过相应的教学实施,在学生掌握专业知识和专业技能的同时,促进会计事务专业核心素养的提升及水平的达成。在教学实践中,要不断探索和创新教学方式,引导学生养成良好的学习习惯。

1. 明确教学目标,聚焦核心素养的养成

围绕会计事务专业核心素养,教师在制定"成本核算与管理"课程教学目标时要充分关注会计事务专业核心素养的达成;在深入理解会计事务专业核心素养的内涵、表现、水平及其相互联系的基础上,结合实际教学任务,思考会计事务专业核心素养在"成本核算与管理"课程教学活动中的培育点,据此明确各知识点的教学目标和课程内容的重难点;教学过程循序渐进,抓住成本核算工作过程主线,明晰"成本核算与管理"课程在形成会计事务专业核心素养中表现出的阶段性和连续性。潜移默化地引导学生遵守国家法律法规,坚守会计职业道德,提升学生的社会适应能力和人文素养。

2. 创设教学情境,突出知识和技能的应用

"成本核算与管理"课程教学应注重培养学生发现问题、分析问题和解决问题的能力。教师要根据课程教学目标,创设合适的教学情境、设计合适的工作任务,引导学生在学习活动过程中观察现象、发现问题、提出问题,培养学生分析和解决问题的能力,养成学生独立思考与合作交流的习惯。

教师创设教学情境应符合学生的认知规律,要结合工作项目、成本核算岗位工作任务及其蕴含的会计事务专业核心素养,将理论与实践相结合,设计出合适的教学情境和工作任务,激发学生的学习兴趣和求知欲,促进学生根据已有知识储备和学习经验实现知识迁移和能力延展,提高学生运用成本核算与管理的基本知识、基本方法和基本技能解决实际工作问题的能力。

3. 深化教学改革,培养学生学习能力

树立"以学生为中心、学生是教学活动主体"的理念,把培养、发展学生学习能力作为教学活动的重心,在教学过程中主动创设条件来发展学生学习能力,积极探索有利于促进学生学习的多样化教学改革。善于根据不同的项目和任务采用不同的教学方式,抓住关键的教学与学习环节,增强教学效果。课前合理布置预习任务,课中组织小组协作学习、共同探究,课后丰富作业形式,提高作业质量,布置适量的拓展性作业。密切关注学生是否通过学习初步形成专业结构化知识,加强学法指导,促使学生在教学活动中以合作和探究的方式获得专业知识、发展专业技能、提高专业能力、形成健康人格,引导学生在"成本核算与管

理"课程学习过程中初步形成自主学习、合作学习和探究式学习的能力。

4. 运用信息技术，提高教与学的效率

要充分认识信息技术广泛应用对会计事务专业教学所产生的重大影响，树立正确的信息化教学观念，重视信息技术在"成本核算与管理"课程教学中的应用，探索实现课程教学与信息技术的深度融合，提高教与学的成效。

教师要利用信息技术优化教学内容的呈现方式，激发学生的学习兴趣，促进学生的深度学习。开展基于"互联网+"的多种学习活动，丰富教学方式与学习方式，利用信息技术强化学习评价的即时有效的正反馈，增强学生的学习动力，创设出线上线下有机衔接的"混合式"学习生态。

（二）师资条件

1. 专任教师

（1）符合中等职业学校专业课教师的任职条件，具备中等职业学校教师的基本素养和道德要求，热爱教育事业，具有强烈的责任心和使命感。能够落实课程思政要求，挖掘专业课程中的思政教育元素和资源。

（2）具有高度的敬业精神和专业精神，会计理论功底扎实，具有成本核算等岗位工作经验，熟悉国家会计法律法规知识和企业会计准则。

（3）具有会计、财务管理等相关专业学历，精通各行业会计核算业务的理论知识，能熟练开展会计核算工作，熟练操作会计电算化软件。

（4）具备一定的表达能力，能理实结合、深入浅出、通俗易懂地进行教学，能运用各种教学手段和教学工具指导学生进行理论学习和开展实践学习。

（5）具有较强的教科研能力，能够运用信息技术开展混合式教学等教法改革；能够跟踪新经济、新技术发展前沿，开展社会服务活动。专业教师每年至少1个月在企业或生产性实训基地锻炼，每5年累计不少于6个月的企业实践经历。

（6）学生数与专任教师数比例不高于20∶1，"双师型"教师占专业课教师数比例应不低于50%。

2. 兼职教师

（1）主要从本专业相关行业企业的高技术技能人才中聘任，应具有扎实的专业知识和丰富的实际工作经验，能针对企业的实际情况进行会计账务实践教学。

（2）原则上应具有中级及以上专业技术职务或在市级及以上职业技能竞赛中获奖。

（3）了解教育教学规律，能承担专业课程教学、实习实训指导和学生职业发展规划指导等专业教学任务，具有较强的教学组织能力。

（三）实践教学

1. 实训场地

配备多媒体教学设备、计算机及网络设备、ERP会计信息系统等设备及软件的会计信息化实训室。

2. 实训软件

配备具有工业企业常见经济业务账务处理功能的会计仿真核算软件。

3. 仿真实训资料

配备各种空白原始凭证、通用记账凭证、会计账簿、成本报表等，配备仿真的工业企业经济业务资料及其他相关资料。

（四）教学方法

本课程主要使用下列教学方法：

1. 任务驱动教学法

任务驱动教学法是指在学习过程中，紧紧围绕一个共同的任务活动中心，在强烈问题动机驱动下，通过对学习资源的积极主动应用，进行自主探索和互动协作的学习，并在完成既定任务的同时，引导学生产生一种学习实践活动。

2. 案例教学法

案例教学法是一种通过模拟或者重现现实生活中的一些场景，让学生把自己纳入案例场景，通过讨论或者研讨来进行学习的教学方法。教学中既可以通过分析、比较，研究各种各样成功的经验，从中抽象出某些一般性的结论或原理，也可以让学生通过自己的思考或者他人的思考来拓宽视野，丰富知识。

3. 讲授法

讲授法是教师通过口头语言向学生描绘情境、叙述事实、解释概念、论证原理和阐明规律的教学方法。

4. 直观教学法

直观教学法是利用教具作为感官传递物，通过一定的方式、方法向学生展示，达到提高学习的效率或效果的一种教学方式。

（五）教学手段

为了达到预期教学目的，本课程结合教学内容，主要采用以下现代化教学手段：

1. 多媒体教学手段

多媒体教学手段是指在教学过程中，根据教学目标和教学对象的特点，通过教学设计，合理选择和运用现代教学媒体，并与传统教学手段有机组合，共同参与教学全过程，以多种媒体信息作用于学生，形成合理的教学过程结构，达到最优化的教学效果。常见多媒体教学手段主要包括电子课件、音频、视频、Flash 动画演示、教学软件等。

2. 网络教学手段

网络教学作为新兴的教学手段，有着自身的特点和优势。"成本核算与管理"课程教学应充分利用网络，发挥网络教学的优势，拓展实践教学的平台。利用网络教学资源和网络教学平台指导学生开展学习，调动学生学习兴趣，提高学习效率。

（六）教材要求

（1）原则上从国家和省级教育行政部门发布的规划教材目录中选用，国家和省级规划目录中没有的教材，可在职业院校教材信息库选用。不得以岗位培训教材取代专业课程教材。选用的教材必须是通过审核的版本，擅自更改内容的教材不得选用，未按照规定程序取得审核认定意见的教材不得选用。禁止选用盗版、盗印教材。

（2）选用的教材要以习近平新时代中国特色社会主义思想为指导，贯彻国家"三教"改革精神，落实"立德树人"根本任务，充分体现社会主义核心价值观，有助于中职学生形成正确的世界观、人生观、价值观。

（3）选用的教材要充分体现时代特点和现代意识，同时适应中职学生的认知特点，充分考虑学生身心发展需要，有助于培养学生的社会责任感、动手实践能力和创新创业精神，有助于学生形成良好的个性和健全的人格。

（4）选用的教材要全面体现"成本核算与管理"课程标准的理念和要求，有机融合会计事务专业核心素养，符合会计事务专业核心素养发展规律。既要关注学生学习会计知识的结果，也要注重学生在学习过程中对专业技术的理解与体验，更要体现学生在学习过程中的参与程度、参与水平和情感态度。

（5）选用的教材要适合线上线下教育，能发挥传统教学手段和网络教学手段各自的优势，促进教学资源的有效运用，有利于学生运用多种媒介和信息技术开展自主、合作与探究式学习，优化课程实施。

（6）倡导使用新型活页式、工作手册式教材并配套开发信息化资源，以实现多样化的教材形态，促进教学手段的更新。同时形成纸质教材、电子资料、网络资源相结合的立体化教材体系。

（七）配套课程资源与利用

中等职业学校"成本核算与管理"课程配套资源的开发与利用应充分考虑学生的身心发展特点，依据教育性、科学性、发展性的原则，符合教学规律要求，倡导合作共享、因地制宜地开发教学资源，提高教学质量，以利于教学目标的达成。

"成本核算与管理"课程资源，可以是与教材配套的纸质习题文本，也可以是多媒体资源、网络资源。教师要充分利用现代信息技术，积极开发与利用各种课程资源，制作课堂教学PPT，开发微课、视频、音频等资源，整理、优化课程资源库，逐步形成完善的立体化课程资源体系，为学生自主学习提供更多的机会和途径。

同时，教师依托校园网络平台或互联网平台，向学生提供直播课程、录播课程、线上练习、在线答疑等多种形式的网络教学资源，优化教与学活动，推动课程教学的优化实施，引导学生在学习过程中结合上述资源进行自主、合作、探究式学习，为进一步开展线上线下混合式教学创造条件。同时应充分利用校企合作平台开展教学活动。

（八）线上教学计划

1. 选用教学平台

教师应根据"成本核算与管理"课程教学内容，结合线上教学方式特点，合理选择使用一个能做到线上线下教学无缝切换的教学平台作为主要线上教学平台。同时，将QQ、微信、腾讯会议、钉钉等其他即时通信软件作为备用平台用于课堂应急、临时讨论、即时消息等用途。

2. 准备教学资源

教师应充分发挥主观能动性和创造性，依据"成本核算与管理"课程标准的要求和具体的教学内容，有选择地、创造性地使用、优化、整合资源，助力学生有效学习。要提前谋划，储备资源，通过网盘、U盘等工具随身携带重要教学资源，做好线上教学的充分准备。

3. 线上教学实施

教师根据"成本核算与管理"课程标准，结合教学对象实际情况，考虑课前课中课后三个环节，与学生进行充分的互动交流，将新变化、新事物、现代信息技术融入线上课程，提高学生上课的参与度和融入感，提高学生的学习效果。

课前通过网络平台将视频、课件及相关资料推送给学生阅览，并给学生布置一定的任务，利用信息技术获取学生预习数据，进行可靠的学情分析，为适时调整课堂教学策略提供依据，引导学生主动学习，带着任务听课；课中由教师讲述重要知识点，配合教学资源，积极引导学生思考，与学生进行在线互动，让学生真正融入线上课堂，融合思政教学；课后布置与教学内容相匹配的课后作业，通过即时通信软件对学生进行课后辅导，为学生答疑解惑。

4. 线上教学的管理

为了保证线上教学的有序开展，课程负责人应在校园网络资源平台建设课程页面，教师通过课程页面，发布课程公告、课程学习资源，布置并批改作业，组织课后答疑，及时发布课程过程考核成绩，落实完整的教学过程。通过技术手段对学生进行全过程考核，确保学生到课率和听课率，保证教学质量。

要严格落实线上教学管理制度。课程负责人应确保线上课程框架体系完整，教学资源内容全面、科学合理、无政治性及学术性错误，严把课程质量关。课程主讲教师应严格按照教学计划开展线上教学，不得随意进行线上合班或更换授课时间、授课教师。

七、学习评价

学习评价是"成本核算与管理"课程教学活动的重要组成部分，贯穿教学过程的始终，其目的是促进学生学习、改善教师教学、完善课程设计、监控学业质量。

（一）以课程目标为评价依据

"成本核算与管理"课程学习评价以课程目标作为评价的主要依据，其根本目的是促进学生专业核心素养的提升。评价应反映"以人为本"的教育理念，不仅要关注学生掌握专业知识、专业技能的程度，关注学生会计事务专业核心素养水平的达成，还要关注学生的学习态度、学习方法和学习习惯的养成，从而衡量课程目标达成情况。

（二）注重评价的多元化

应围绕会计事务专业核心素养和课程目标，依据学业要求选择评价内容，注重多种评价方式有机结合与运用，强调多元评价主体的共同参与，以获取较为全面的评价信息。坚持科学有效，改进结果评价，强化过程评价，探索增值评价，健全综合评价，充分利用信息技术，提高课程学习评价的科学性、专业性、客观性。充分利用信息技术实施学生自评、互评和教师评价。评价不仅要关注学生外在学习结果，更要关注内在学习品质。教师要有意识地利用评价过程与结果，通过评价引导学生学会学习，发现学生学习的个性特点和具体问题，及时引导，提出有针对性的建议，激发学生的学习动力。同时，依据评价结果反思日常教学，优化教学内容，调整教学策略，完善教学过程，为学生会计事务专业核心素养的发展提供有力支持。

（三）重视评价结果的呈现

学习评价的结果要服务教学、反馈教学、促进教学，评价结果的呈现是评价的重要组成部分。教师要充分利用信息技术，收集、整理、分析有关反映学生学习过程和结果的数据，获取教学的反馈信息，通过多元化的评价方式形成的课后作业记录表、单项专业技能评价表、学习表现评价表、学业总评考核表等结果，能够综合反映学生的会计事务专业核心素养水平。

（四）学业水平考试要求

考试是课程评价的重要组成部分，学业水平考试是评价的重要方式。学业水平考试需要对学生不同阶段的学习成果做出综合评价，进行学分评定。

学习每个模块后，根据本课程标准的学业要求和阶段性学业水平对学生的学习成绩进行评定，并根据成绩结果给予相应学分。

总分	$\Sigma \geq 90$	$60 \leq \Sigma < 90$	$\Sigma < 60$
评定等级	优秀	合格	不合格

编写人员：詹朝阳　福建经济学校
　　　　　郑秋燕　福建经济学校
审核人员：曾　钧　武汉市财政学校
　　　　　常　莉　武汉市财政学校

"商品流通企业会计"课程标准

课程名称	商品流通企业会计	课程类别	专业拓展课
适用专业	会计事务	学时 学分	36学时 2学分

一、课程性质与设计思路

（一）课程性质

"商品流通企业会计"课程在会计事务专业的课程体系中属于专业拓展课程，是依据商品流通企业商品流转和业务经营活动的内容，结合企业会计核算的基本要求设置的、具有行业特色的专业课程。本课程以《会计法》和《企业会计准则》，以及最新会计法规、税收制度为依据，依托行业经营特点，系统、科学地介绍流通企业会计核算的基本知识、基本方法和基本技能。本课程的教学内容，能帮助学生认知流通企业业务特点，理解其业务内容，并能运用会计核算的基本方法开展商品流通核心业务的核算。巩固学生在专业核心课程中所学，拓展学生专业知识运用能力，提升学生会计职业能力是本课程教学的宗旨。

（二）设计思路

本课程在对流通企业会计岗位的工作任务分析和调查的基础上，以会计工作过程为导向，以核心会计工作任务为载体，强调学生的主体地位和能力拓展，初步具备流通企业会计相关岗位能力，适应流通企业会计岗位能力的需求。教学内容方面突出学生应用能力的培养，强调理论必备、技能够用、适应岗位需求。教学内容与过程的设计遵循从简单到复杂，从单项到综合、从实操到管理的认知和训练规律。教学组织方面倡导任务驱动、理实一体化教学，以增强学生对会计管理作用的认知，提升会计知识的运用能力。

二、专业核心素养与课程目标

（一）专业核心素养

会计事务专业核心素养，是指学生通过学习具备能够适应终身发展和社会发展需要的会计职业关键能力和必备品格。会计职业关键能力包括逻辑思维能力、企业运营及资金运动的空间想象能力、数据处理分析能力、账务处理能力、分析和解决实际问题的能力；必备品格包括爱岗敬业、诚实守信、依法办事、保守秘密，养成严谨细致和客观公正的职业精神，以及搞好服务和参与管理的职业意识。

（二）课程目标

本课程的教学目标在于：在课程学习中融入思政内容，帮助学生树立正确、严谨的职业观，确立守法守规的职业意识，养成良好的职业品格；通过对会计工作内容和工作流程的学习和了解，让学生体验会计的职能，认知会计工作在企业管理中的重要作用；通过课程内容的学习和训练，让学生熟悉不同商业模式下商品流转购销存、资金转款等业务的核算内容和核算方法，具备商品流转基础业务的会计核算能力，并能适应会计准则不断更新、商业模式不断升级形势下会计核算的新要求，具有一定的分析问题和解决问题的能力。

三、本课程在专业课程体系中的位置

会计事务专业课程设置主要包括公共基础课程和专业课程。专业课程一般包括专业基础课程、专业核心课程、专业拓展课程，并涵盖实训等有关实践性教学环节。思政教育和会计文化融入课程内容。本课程在专业课程体系中的位置如下图所示。

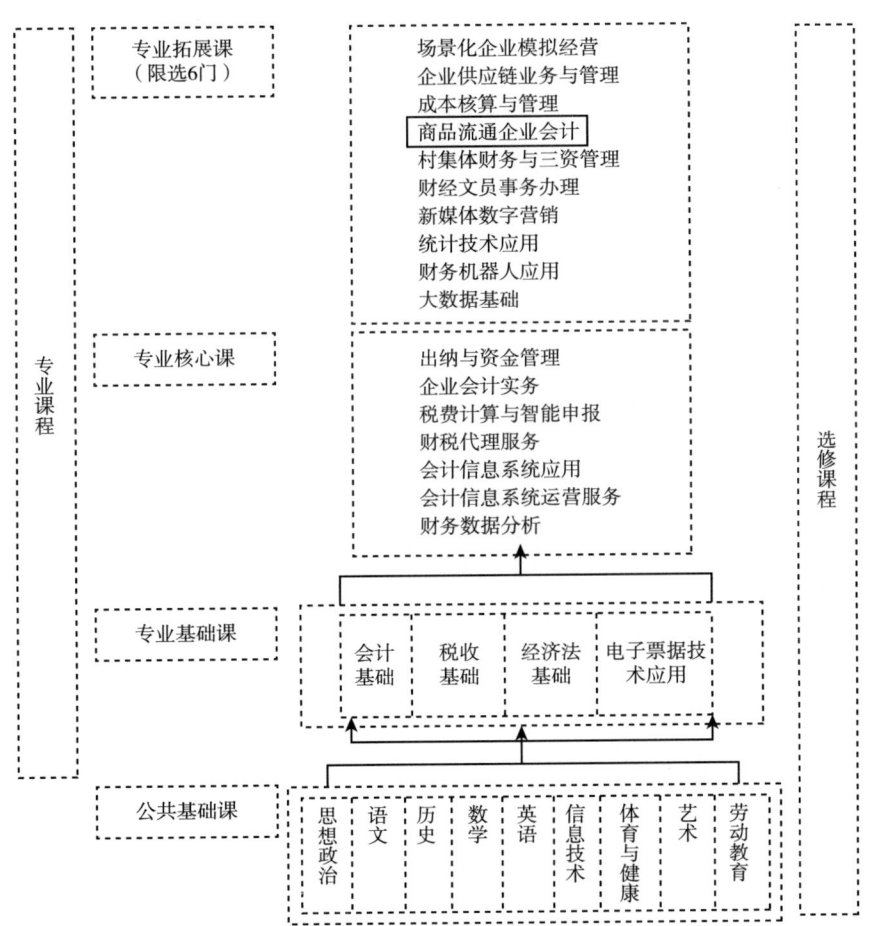

四、课程内容与学时安排

(一) 课程内容

"商品流通企业会计"课程内容

序号	教学模块	教学内容描述	能力要求	课时
1	认知商品流通企业和商品流通企业会计	• 商品流通的作用和商品流通企业经营活动的特点 • 现代意义流通企业的类别,以及商品流通企业的经营模式 • 商品流通企业会计核算的特点 • 商品流转核算的基本方法	• 能判断流通企业类型,能勾勒不同流通企业经营流程简略图 • 能表述批发和零售商业购销模式;了解联营、代销、连锁加盟等经营模式 • 能确定不同商品交接方式下商品购进和销售的入账时间与金额 • 理解商品流通企业会计核算的特点 • 能理解进价核算和售价核算方法的基本特点,并知晓两种方法的适用前提	6课时
2	商品批发流转业务的核算	• 商品购进和销售业务流程和单据流转 • 商品购进和销售业务会计核算所使用的会计账户 • 同城和异地正常购进商品业务的账务处理 • 商品购进异常业务的处理方法 • 购进溢余、短缺和进货退出等业务的账务处理 • 进口商品购进的税金的计算和会计处理方法 • 同城和异地常规销售业务的账务处理 • 直运销售、分期收款销售、委托代销和出口销售的特点及账务处理方法 • 销售折扣与折让、购货单位拒收商品、销货退回等异常业务的处理方法 • 库存商品明细账的结构、内容和登记方法 • 商品盘点的重要性及商品盘点溢余和短缺的会计处理 • 商品销售成本计算的先进先出法、个别计价法、加权平均法和移动平均法	• 能解读单据所披露的业务信息 • 熟记"在途物资""库存商品""主营业务收入""主营业务成本""销售费用"等账户的核算内容和结构 • 强化业务凭证的审核意识,能从会计凭证的合法性、完整性和正确性,以及凭证证据的闭合性等方面进行审核 • 能通过单据辨析业务的类型、资金的变化;准确把握购进及销售确认时间和金额 • 能完成正常的购进和销售业务的会计处理工作,熟练编制正确、完整的记账凭证;能完成购进和销售环节异常业务会计凭证的编制 • 懂得库存商品明细核算所提供的信息及其与管理需求的适应性 • 能读懂库存商品明细账的结构和内容 • 会登记库存商品明细账 • 知晓商品盘点单在实际工作中的重要作用,看懂商品盘点溢余和短缺报告单;能对商品盘点溢余和短缺业务进行会计处理 • 会采用先进先出法、个别计价法	10课时

续表

序号	教学模块	教学内容描述	能力要求	课时
		• 商品销售成本的结转方法 • 委托加工商品业务的内容、核算方法及成本的构成	计算商品销售成本；能使用加权平均法和移动平均法计算商品销售成本，并能完成结转商品销售成本业务的凭证编制和账簿登记的工作 • 记忆委托加工商品成本的构成内容，知晓"委托加工商品"账户的结构，能完成简单的委托加工业务的核算；会对加工增值税进行会计处理	
3	自主经营模式下商品零售业务的核算	• 售价核算的基本要点 • 零售经营模式的特点 • 自主经营模式下商品购进及销售业务的核算，商品进销差价的计算和结转方法；商品削价和以旧换新、折让销售等促销业务的核算方法 • 鲜活商品经营的特点 • "进价金额核算、盘存计销"在鲜活商品核算中的具体运用 • "进价金额核算、售价控制"的管理要点 • 受托代销业务的特点 • 两种不同代销模式下的会计处理	• 能解读单据所披露的业务信息 • 能熟练进行商品购进业务的会计处理 • 能理解包装物超重和减重对入库商品的影响及处理办法，并熟练进行会计处理 • 会对含税收入进行价税分离，能熟练处理以旧换新、折让、商品削价等不同促销销售方式下的商品销售业务；能完成销售长款和短款业务的账务处理工作 • 能计算商品进销差价率，完成已销商品进销差价的计算和结转 • 会进行商品调价等业务的账务处理 • 会运用"进价金额核算、盘存计销"方法计算并结转已销鲜活商品的销售成本；知晓"进价金额核算、售价控制"的管理思路 • 能完成不同代销模式下商品入账和收入、成本确认的会计工作	10课时
4	联营、连锁经营和受托代销模式下商品零售业务的核算	• 联营商业模式的特点 • 联营商业模式商品管理权属的划分 • 联营模式下商品销售收入的确认时间和核算方法 • 返利、返券、打折等促销业务的会计核算方法 • 连锁经营模式的特点 • 连锁经营模式商品管理权属的划分 • 连锁经营模式下商品销售收入的确认时间和核算特点 • 不同连锁形式下商品购进与销	• 能描述联营商品经营方式的特点，知晓联营商品流通核算的主要内容 • 能根据业务单据确认商品销售收入和销售成本，并熟练进行账务处理 • 能对简单的促销业务进行账务处理 • 能描述连锁经营模式在商品购进与调配上的特点 • 能熟练处理连锁总店和各分店的商品购进与销售业务 • 能运用"基层往来""总部往来"账户进行商品调拨业务的核算 • 能描述连锁超市专柜经营管理的特点；能把握收入、成本确认的时间	6课时

续表

序号	教学模块	教学内容描述	能力要求	课时
		售业务的确认和核算 • 连锁店商品调拨业务的会计核算方法 • 连锁超市专柜经营管理的特点 • 连锁超市专柜经营业务核算的主要内容 • 连锁超市专柜经营模式下与供应商货款结算方式及其账务处理 • 受托代销方式及其特点 • 两种代销模式下商品核算和管理的差异，以及收入成本的确认与核算方法的不同 • 商场出租业务的特点，以及租金收入的账务处理	和金额，并能对业务进行账务处理 • 能描述不同代销模式下商品权属的差异，以及会计核算的不同；能把握收入、成本确认的时间和金额，并能对代销业务进行账务处理 • 能运用"其他业务收入"账户记录租金收入	
5	编制财务报表	• 商品流通企业财务报表的构成、种类和编制要求 • 资产负债表"存货"项目金额的计算，以及其他项目金额的确定方法 • 利润表和现金流量表 • 报表数据的可视化呈现	• 能描述财务报表的种类和作用，知晓报表的编制要求 • 掌握资产负债表存货项目的计算，会编制基于基础业务的资产负债表 • 掌握利润表的结构，会编制和阅读利润表 • 能阅读现金流量表 • 了解报表数据的可视化呈现形式	4课时
	合计			36课时

（二）学时安排与学分

"商品流通企业会计"课程共计36学时，每18学时折算1学分，共2学分。

五、学业质量

（一）学业质量内涵

学业质量是学生在完成课程学习后的学业成就表现。"商品流通企业会计"课程学业质量标准是以会计事务专业核心素养及其表现水平为主要维度，结合课程内容，对学生"商品流通企业会计"课程学习成果表现的总体刻画。根据项目任务的复杂程度、知识和技能的结构化程度、分析和解决问题的能力等不同水平学业成就表现的关键特征，"商品流通企业会计"课程学业质量标准将学业质量划分为不同水平，并描述了不同水平学习结果的具体表现，不同水平之间具有由低到高逐渐递进的关系，体现课程结束时学生达到的水平，为核心素养评价提供基本依据。

（二）学业质量水平

"商品流通企业会计"课程学业质量水平是本课程目标的综合表现，具体划分为三个不同水平，每一个水平是通过专业核心素养的具体表现和体现课程目标的专业知识、专业技能和社会能力三个方面进行表述的。学业质量水平分为优秀、合格和不合格。质量描述中：水平一为合格；水平二为优秀；未达到水平一的为不合格。

	"商品流通企业会计"课程学业质量描述	
	水平一	水平二
专业知识	①了解现代商品流通行业的业态特点，了解流通企业经营模式；知晓流通企业会计的特点 ②熟悉进价核算和售价核算方法的基本特点，知晓两种方法的适用前提，并能运用核算方法核算不同经营模式下的商品流转基础业务 ③认知批发业务商品购进和销售业务流程，以及单据流转中所反映的资金运动；熟知商品批发流转业务会计核算所使用的"在途商品""库存商品""主营业务收入""主营业务成本"等会计账户的核算内容和结构，能运用账户进行同城、异地购进和销售基础业务的核算；懂得销售折扣与折让的本质及会计处理方法；知道企业购进及销售异常业务处理方法；知晓进口商品购进税金的计算 ④能理解商品储存明细核算的管理思想，知晓库存商品明细账的结构和内容，掌握库存商品明细账的登记方法；理解商品盘点的重要性及商品盘点溢余和短缺的会计处理 ⑤理解先进先出法、个别计价法的优点及其适用；理解加权平均法和移动平均法的计算原理；掌握商品销售成本的结转方法 ⑥了解委托加工商品业务的内容，理解委托加工商品核算的方法，掌握委托加工商品成本的构成 ⑦理解售价核算的基本要点和售价控制的管理作用，知晓自主经营模式下零售业务及其会计核算的特点；能熟练运用"库存商品""商品进销差价"等账户进行商品购进及销售业务的核算，会计算商品进销差价，并能计算和结转已销商品的进销差价；理解商品削价和以旧换新、折让销售等促销业务的账务处理要点 ⑧了解联营和连锁商业模式的特点，能知道其中商品管理权属的划分，知晓联营和连锁模式下商品销售收入的确认时间和核算特点；理解连锁店商品调拨业务的会计核算方法 ⑨了解连锁超市专柜经营管理的特点，理解	①熟知现代商品流通行业的业态特点，知晓流通企业经营模式及其社会职能；知晓不同类型、不同经营模式下基于商品管理和结算内容不同而形成的流通企业会计的特点 ②熟悉进价核算和售价核算方法的基本特点，知晓两种方法的适用前提，并能运用核算方法核算不同经营模式下的商品流转常规业务 ③认知批发业务商品购进和销售业务流程，以及单据流转中所反映的资金运动和会计要素的变动；熟知商品批发流转业务会计核算所使用的"在途商品""库存商品""主营业务收入""主营业务成本"等会计账户核算内容和结构，并熟练运用账户进行同城、异地购进和销售基础业务的核算；懂得销售折扣与折让的本质及会计处理方法；能对商品购进及销售中发生的异常业务进行会计处理；能计算进口商品税金 ④能理解商品储存明细核算的管理思想，知晓库存商品明细核算的内容，掌握库存商品明细账的登记方法；理解商品盘点的重要性，能处理商品盘点中发生的库存溢余和短缺；能从商品库存数据中发现商品流转状态 ⑤掌握先进先出法、个别计价法的优点及其适用；理解加权平均法和移动平均法的计算原理；掌握商品销售成本的结转方法 ⑥能从工作过程角度了解委托加工商品业务的流程和内容，理解委托加工商品核算的方法，掌握委托加工商品成本的构成 ⑦理解售价核算的基本要点和售价控制的管理意义，知晓自主经营模式下零售业务及其会计核算的特点；能熟练运用"库存商品""商品进销差价"等账户进行商品购进及销售业务的核算，会计算商品进销差价，能计算和结转已销商品的差价，并能理解差价率计算与商品分类管理间的内在联系；理

续表

"商品流通企业会计"课程学业质量描述		
	水平一	水平二
专业知识	连锁超市专柜经营业务核算的主要内容，知晓连锁超市专柜经营模式下与供应商货款结算方式，并掌握其账务处理方法 ⑩了解受托代销业务的特点，熟练掌握视同买断代销（寄销）方式账务处理方法 ⑪理解商场出租业务的特点，掌握租金收入的账务处理方法 ⑫理解商品流通企业财务报表的构成、种类和编制要求；掌握资产负债表"存货"项目金额的计算，掌握资产负债表其他项目金额的确定方法；熟知利润表和现金流量表各核心项目数据的构成	解商品削价和以旧换新、折让销售等促销业务的账务处理要点 ⑧理解联营和连锁商业模式的特点，能知道其中商品管理权属的划分；知晓联营和连锁模式下商品销售收入的确认时间和核算特点；理解连锁店商品调拨业务中的商品权属变更及其对应的会计核算方法 ⑨了解连锁超市专柜经营管理的特点，理解连锁超市专柜经营业务核算的主要内容，知晓连锁超市专柜经营模式下与供应商货款结算方式，并掌握其账务处理方法 ⑩了解受托代销方式及其特点，理解两种代销模式下商品核算和管理的差异，以及收入成本的确认与核算方法的不同 ⑪理解商场出租业务的特点，掌握租金收入的账务处理方法 ⑫理解商品流通企业财务报表的构成、种类和编制要求；掌握资产负债表"存货"项目金额的计算，掌握资产负债表其他项目金额的确定方法；熟知利润表和现金流量表各核心项目数据的构成
	水平一	水平二
专业技能	①会根据"在途物资""库存商品""商品进销差价"等账户的核算内容和方法，熟练完成批发和零售企业同城、异地和进口商品购进业务的核算工作；能处理购进溢余短缺、进货退出等异常购进业务 ②会根据"主营业务收入""主营业务成本""库存商品""商品进销差价"等账户的核算内容和方法，熟练完成批发商品销售、直运商品销售和出口商品销售等业务的核算；能完成销货退回、销售折扣等业务的核算 ③运用"主营业务收入""主营业务成本""库存商品""商品进销差价"等账户，熟练完成自主经营模式下零售商品销售业务的核算；会计算商品进销差价率，并完成已销商品进销差价的计算和结转；能对商品削价和以旧换新、折扣销售等促销业务进行账务处理 ④运用"主营业务收入""主营业务成本""库存商品"等账户核算联营和连锁模式下商品销售收入和商品销售成本；能处理超市提货券出售业务；能运用库存商品明细账户记录连锁门店	①会根据"在途物资""库存商品""商品进销差价"等账户的核算内容和方法，熟练完成批发和零售企业同城、异地和进口商品购进业务的核算；能熟练处理购进溢余短缺、进货退出等异常购进业务 ②会根据"主营业务收入""主营业务成本""库存商品""商品进销差价"等账户的核算内容和方法，熟练完成批发商品销售、直运商品销售和出口商品销售等业务的核算；能完成销货退回、销售折扣等业务的核算 ③运用"主营业务收入""主营业务成本""库存商品""商品进销差价"等账户，熟练完成自主经营模式下零售商品销售业务的核算；会计算商品进销差价率，并完成已销商品进销差价的计算和结转；能对商品削价和以旧换新、折扣销售等促销业务进行账务处理 ④结合不同权属商品管理的特点，运用"主营业务收入""主营业务成本""库存商

续表

	"商品流通企业会计"课程学业质量描述

	水平一	水平二
专业技能	间商品调拨往来业务 ⑤能结合连锁超市专柜经营模式分析确定库存商品、营业收入、营业成本的确认时间和金额 ⑥理解商场出租业务的特点，掌握租金收入的账务处理方法 ⑦能熟练核算委托代销业务的商品转出、货款结算及收入与成本确认等业务；能对受托代销业务中的视同买断代销（寄销）业务进行账务处理；能完成代销手续费收入的核算 ⑧会计算资产负债表"存货"项目金额，能确定资产负债表其他项目金额	品"等账户核算联营和连锁模式下商品销售收入和商品销售成本；能熟练处理超市提货券出售业务；能完成销售返利、返券、打折等促销业务的会计核算；能运用往来账户和库存商品明细账户，分别记录连锁总店、不同类型加盟店之间发生的商品调拨往来业务 ⑤能结合连锁超市专柜经营模式分析确定库存商品、营业收入、营业成本的确认时间和金额，并能进行全过程的账务处理 ⑥理解商场出租业务的特点，掌握租金收入的账务处理方法 ⑦能熟练核算委托代销业务的商品转出、货款结算及收入与成本确认等业务；能完成两种受托代销业务的核算 ⑧会计算资产负债表"存货"项目金额，能熟练确定资产负债表其他项目金额 ⑨熟悉核心商品流通业务事项的工作步骤流程图，树立业财融合和内部控制的理念
	水平一	水平二
社会能力	①具有基本的逻辑思维能力和企业运营及资金运动的空间想象能力 ②初步形成爱岗敬业、诚实守信、严谨细致、客观公正的职业精神，能依法办事、保守秘密、重视诚信 ③基本养成搞好服务和参与管理的职业意识 ④了解会计文化，遵守会计职业道德、会计准则和行为规范，坚持原则，具备一定的社会责任感和担当精神 ⑤有一定自我管理能力，基本遵守课堂纪律，基本能完成工作任务和课后作业 ⑥具备基本的沟通能力，能完成基本的学习活动，具备一定的知识迁移能力 ⑦具有基本的团队意识，服从工作安排	①具有较强的逻辑思维能力和企业运营及资金运动的空间想象能力 ②具备爱岗敬业、诚实守信、严谨细致、客观公正的职业精神，能依法办事、保守秘密、重视诚信 ③养成搞好服务和参与管理的职业意识，关注市场、初步形成认知财经政策的意识 ④了解会计文化，遵守会计职业道德、会计准则和行为规范，坚持原则，具备社会责任感和担当精神，初步养成精益求精的工匠精神 ⑤自我管理能力强，课堂组织纪律性强，按时且认真完成工作任务和课后作业 ⑥沟通能力强，在学习过程中遇到问题能够虚心求教，耐心倾听别人的意见，具备较强的知识迁移能力 ⑦有较强的团队意识，服从工作安排，人际关系和谐，团结协作精神强

六、课程实施

（一）教学要求

中等职业学校"商品流通企业会计"课程教学始终把培养和提升学生专业核心素养作为主要目标，将专业核心素养和职业能力的培养贯穿于教学全过程。在教学活动中，教师应根据商品流转业务的特点和新商业业态经营模式、会计核算内容等特定内容，准确把握课程目标、课程内容、学业质量的要求，合理设计教学目标、教学方法、教学过程和教学评价；教学过程坚持以学生为主导，以职业能力的培养提升和会计管理思维的形成提高为核心，在帮助学生掌握行业会计专业知识和专业技能的同时，进一步提升其会计事务专业核心素养。

1. 根据会计事务专业课程体系，结合课程特点制定合理的教学目标

学生的会计事务专业核心素养的养成与水平的提高具有阶段性、连续性、整合性的特点，"商品流通企业会计"课程以培养学生的职业能力为重点。教师应充分挖掘"商品流通企业会计"课程对学生职业能力的影响作用，密切关注学生核心素养与教学内容的关联，据此明确本课程的教学目标和教学任务。"商品流通企业会计"课程目标有两个大的方面，其一是具备批发与零售商品流转最常见的进销存业务的会计核算能力，理解联营和连锁等新商业模式下会计工作的内容和方法；其二是提升对会计知识的理解和认知，适应会计准则变更、新技术运用、新商业模式的出现等对会计工作的影响。因此在教学中应注意引导学生理解专业基础知识，牵引运用于流通企业业务核算过程，形成必备的专业技能，并在此过程中积累专业实践经验，学会从会计工作的视角捕捉管理节点，以此提升学生会计事务专业核心素养和社会能力。

2. 立足于"商品流通企业会计"课程的应用性和实践性把控课程教学内容

"商品流通企业会计"课程是针对商品流通企业会计核算要求设定的专业课程，在教学内容的把控上应注重其应用性和实践性，依据商品流通企业的经营模式、管理责任和业务性质选定教学内容，突出商品流通企业会计核算的要求。在教学内容的设计上，以商品批发和零售流转为核心，以商品流转过程为主轴线，将商品购进、销售和结存过程中的业务串联起来，遵循由易入难、循序渐进原则设计教学案例，帮助学生从流程的角度认知商品流通企业的会计核算工作的进程，知晓商品不同流转形式、不同阶段上会计核算的重难点问题，并学会运用特定方法核算不同类型的商品流转业务。对于连锁等新商业模式下的会计教学，应结合商品权属、资金运动、权责变更的特点组织教学内容，帮助学生把握住这类企业会计核算的重心，并运用所学的基本知识和基本技能解决业务核算问题。商品流通企业会计教学中应摒弃单纯讲业务处理的做法，引领学生运用所掌握的基本原理去探寻流通企业会计核算的问题和方法。

3. 以项目任务为主导，配合使用多媒体等多样化教学手段，组织学生自主、合作、探究式学习

"商品流通企业会计"课程的教学应采用项目任务式的教学方法，将不同类型的商品流转业务组合起来，形成不同训练目的、不同内容的小型综合性项目任务。通过学生的探究学习和实践活动，巩固已有专业知识，体验专业知识在商品流通企业会计核算中的具体运用，从中体会到商品核算管理的重要作用，并建立起对商品流通会计核算的系统性、整体性认知。

"商品流通企业会计"课程的教学应处理好巩固已有专业知识与拓展知识运用能力的矛盾。由于教学时间短，业务类型多，实践性强，教师在教学过程中应合理安排教学时间，处理好巩固已学知识和拓展知识运用之间的矛盾，抓住关键的教学内容与学习环节，在学生的探究活动中实现预期的教学效果。具体可采用课前合理布置学习任务，通过各网络学习平台唤记忆、补不足、学新知；课中组织小组合作学习、共同探究、教师归纳点睛；课后整理归纳、丰富作业等方法来实现本课程的教学目的。

4. 运用信息技术，拓宽学习渠道，探索"互联网+"时代教与学的转变

在"互联网+"时代，信息技术的广泛应用正在对会计专业教学产生重大影响。在"商品流通企业会计"课程的教学中，信息技术是教师教和学生学的重要辅助手段，为教和学提供了丰富多样的资源。教师要重视信息技术的运用，积极探索基于信息化的教学改革，注重信息技术与本课程的深度融合，借助信息技术优化整合课堂教学，转变教学与学习方式，创设线上线下一体化的"混合式"学习生态，形成虚拟仿真学习环境，引导学生经历多样化的学习过程，帮助学生主动有效地投入会计实践学习。

（二）师资条件

1. 专任教师

（1）符合中等职业学校专业课教师的任职条件，具备中等职业学校教师的基本素养和道德要求，热爱教育事业，具有强烈的责任心和使命感。能够落实课程思政要求，挖掘专业课程中的思政教育元素和资源。

（2）具有高度的敬业精神和专业精神，会计理论功底扎实，具有会计岗位工作经验，熟悉国家会计法律法规知识和企业会计准则。

（3）具有会计、财务管理等相关专业学历，精通各行业会计核算业务的理论知识，能熟练开展会计核算工作，熟练操作会计电算化软件。

（4）具备一定的表达能力，能理实结合、深入浅出、通俗易懂地进行教学，能运用各种教学手段和教学工具指导学生进行理论学习和开展实践教学。

（5）具有较强的教科研能力，能够运用信息技术开展混合式教学等教法改革；能够跟踪新经济、新技术发展前沿，开展社会服务。专业教师每年至少1个月在企业或生产性实训基地锻炼，每5年累计不少于6个月的企业实践经历。

（6）学生数与专任教师数比例不高于20∶1，专任教师中具有高级专业技术职务人数不低于20%，"双师型"教师占专业课教师数比例应不低于50%。

2. 兼职教师

（1）主要从本专业相关行业企业的高技术技能人才中聘任，应具有扎实的专业知识和丰富的实际工作经验，能针对企业的实际情况进行会计账务实践教学。

（2）原则上应具有中级及以上专业技术职务或在市级及以上职业技能竞赛中获奖。

（3）了解教育教学规律，能承担专业课程教学、实习实训指导和学生职业发展规划指导等专业教学任务，具有较强的教学组织能力。

（三）实践教学

配备各种空白原始凭证（如增值税专用发票、增值税普通发票、领料单、入库单、通用报销单等）、通用记账凭证、会计账簿、科目汇总表、资产负债表和利润表。配备仿真的工业企业经济业务资料及其他相关资料。

（四）教学方法

本课程主要使用下列教学方法：

1. 项目任务驱动教学法

"商品流通企业会计"课程的教学安排在会计事务专业基础课程与核心课程之后，是会计理论知识在流通企业会计核算中的具体应用。在教学中，以项目为依托，以任务为导向，用设定的项目任务，让学生紧紧围绕一个共同的任务活动中心，在强烈的问题动机驱动下，通过对学习资源的积极主动应用，进行自主探索，探索流通企业会计核算的特点和方法。在巩固原有基础知识的基础上，探索新知，强化学生对会计理论和方法的理解和运用能力。

2. 讲授法

讲授法是教师通过口头语言向学生描绘情境、叙述事实、解释概念、论证原理和阐明规律的教学方法。

3. 直观教学法

直观教学法是利用教具作为感官传递物，通过一定的方式、方法向学生展示业务流程、业务处理流程，通过对流程的分析比较，达到帮助学生提高学习的效率或效果的一种教学方式。

（五）教学手段

为了达到预期教学目的，本课程结合教学内容，主要采用以下现代化教学手段：

1. 多媒体教学手段

多媒体教学手段是指在教学过程中，根据教学目标和教学对象的特点，通过教学设计，合理选择和运用现代教学媒体，并与传统教学手段有机组合，共同参与教学全过程，以多种媒体信息作用于学生，形成合理的教学过程结构，达到最优化的教学效果。常见多媒体教学手段主要包括电子课件、音频、视频、Flash动画演示、教学软件等。

2. 网络教学手段

网络教学作为新兴的教学手段，有着自身的特点和优势。商品流通企业会计课程教学应充分利用网络，发挥网络教学的优势，拓展实践教学的平台。利用网络教学资源和网络教学平台指导学生开展学习，调动学生学习兴趣，提高学习效率。

（六）教材要求

（1）原则上从国家和省级教育行政部门发布的规划教材目录中选用，国家和省级规划目录中没有的教材，可在职业院校教材信息库选用。不得以岗位培训教材取代专业课程教材。选用的教材必须是通过审核的版本，擅自更改内容的教材不得选用，未按照规定程序取得审核认定意见的教材不得选用。不得选用盗版、盗印教材。

（2）选用的教材要以习近平新时代中国特色社会主义思想为指导，贯彻国家"三教"改革精神，落实"立德树人"根本任务，充分体现社会主义核心价值观，有助于中职学生形成正确的世界观、人生观、价值观。

（3）选用的教材要充分体现时代特点和现代意识，同时适应中职学生的认知特点，充分考虑学生身心发展需要，有助于培养学生的社会责任感、动手实践能力和创新创业精神，有助于学生形成良好的个性和健全的人格。

（4）选用的教材要全面体现课程标准的理念和要求，有机融合会计事务专业核心素养，符合会计事务专业核心素养发展规律。既要关注学生学习会计知识的结果，还要关注学生在学习过程中对专业技术和会计文化的理解与体验，更要体现学生在学习过程中的参与程度、参与水平和情感态度。

（5）选用的教材要适合线上线下教育，能发挥传统教学手段和网络教学手段各自的优势，促进教学资源的有效运用，有利于学生运用多种媒介和信息技术开展自主、合作与探究式学习，优化课程实施。

（七）配套课程资源与利用

中等职业学校会计专业课程配套资源的开发与利用应充分考虑学生的身心发展特点，依据教育性、科学性、发展性的原则，符合教学规律要求，倡导合作共享、因地制宜地开发教学资源，提高教学质量，以利于教学目标的达成。

"商品流通企业会计"课程资源，可以是与教材配套的纸质习题文本，也可以是多媒体资源、网络资源。教师要充分利用现代信息技术，积极开发与利用各种课程资源，制作课堂教学PPT，开发微课等资源，整理、优化课程资源库，逐步形成完善的立体化课程资源体系。同时，教师依托校园网络平台，向学生提供直播课程、录播课程、线上练习、在线答疑等多种形式的网络教学资源，推动课程教学的优化实施，引导学生在学习过程中结合上述资源进行自主、合作、探究式学习，为进一步开展线上线下混合式教学创造条件。要利用校企合作平台开展教学活动，充分利用企业资源。

（八）线上教学安排

1. 选用教学平台

教师应根据"商品流通企业会计"课程教学内容，结合线上教学方式特点，合理选择使用一个能做到线上线下教学无缝切换的教学平台作为主要线上教学平台。同时，将QQ、微信、钉钉等其他即时通信软件作为备用平台用于课堂应急、临时讨论、即时消息等用途。

2. 准备教学资源

教师应充分发挥主观能动性和创造性，依据本课程标准的要求和具体的教学内容，有选择地、创造性地使用、优化、整合资源，助力学生有效学习。要提前谋划，储备资源，通过网盘、U盘等工具随身携带重要教学资源，做好线上教学的充分准备。

3. 线上教学实施

教师根据"商品流通企业会计"课程标准，结合教学对象实际情况，考虑课前课中课后三个环节，与学生进行充分的互动交流，将新变化、新事物、现代信息技术融入线上课程，提高学生上课的参与度和融入感，提高学生的学习效果。

4. 线上教学的管理

为了保证线上教学的有序开展，课程负责人应在校园网络资源平台建设课程页面，教师通过课程页面，发布课程公告、课程学习资源，布置并批改作业，组织课后答疑，及时发布课程过程考核成绩，落实完整的教学过程。通过技术手段对学生进行全过程考核，确保学生到课听课率，保证教学质量。要严格落实线上教学管理制度。课程负责人应确保线上课程框架体系完整，教学资源内容全面、科学合理、无政治性及学术性错误。课程主讲教师应严格按照教学计划开展线上教学，不得随意进行线上合班或更换授课时间、授课教师。

七、教学评价

教学评价是"商品流通企业会计"课程教学活动的重要组成部分，贯穿教学过程的始终，其目的是促进学生学习、改善教师教学、完善课程设计、监控学业质量。

（一）以课程目标为评价依据

"商品流通企业会计"课程学习评价以课程目标作为评价的主要依据，其根本目的是促进学生专业核心素养的提升。评价应反映"以人为本"的教育理念，不仅要关注学生掌握专业知识、专业技能的程度，关注学生会计事务专业核心素养水平的达成，还要关注学生的学习态度、学习方法和学习习惯的养成，从而衡量课程目标达成情况。

（二）注重评价的多元化

应围绕会计事务专业核心素养和课程目标，依据学业要求选择评价内容，注重多种评价方式有机结合与运用，强调多元评价主体的共同参与，以获取较为全面的评价信息。可以通过学生自评、互评、教师评价等方式进行评价。评价不仅要关注学生外在学习结果，更要关注内在学习品质。要重视过程性评价与终结性评价相结合。教师要有意识地利用评价过程与结果，通过评价引导学生学会学习，及时提出有针对性的建议，激发学生学习的动力。同时，依据评价结果反思日常教学，优化教学内容，调整教学策略，完善教学过程。

（三）重视评价结果的呈现

教学评价的结果要服务教学、反馈教学、促进教学，评价结果的呈现是评价的重要组成部分。教师要充分利用信息技术，收集、整理、分析有关反映学生学习过程和结果的数据，获取教学的反馈信息，通过多元化的评价方式形成的课后作业记录表、单项专业技能评价表、学习表现评价表、学业总评考核表等结果，能够综合反映学生的学业水平。

（四）学业水平考试要求

考试是课程评价的重要组成部分，学业水平考试是评价的重要方式。学业水平考试需要对学生不同阶段的学习成果做出综合评价，进行学分评定。

学习每个模块后，根据本课程标准的学业要求和阶段性学业水平对学生的学习成绩进行评定，并根据成绩结果给予相应学分。

总分	$\Sigma \geqslant 90$	$60 \leqslant \Sigma < 90$	$\Sigma < 60$
评定等级	优秀	合格	不合格

编写人员：常　莉　武汉市财政学校
审核人员：曾　钧　武汉市财政学校

"财经文员事务办理" 课程标准

课程名称	财经文员事务办理	课程类别	专业拓展课
适用专业	会计事务、纳税事务	学时 学分	36 学时 2 学分

一、课程性质与设计思路

（一）课程性质

"财经文员事务办理"课程是会计事务专业的专业拓展课程。本课程体现了中职财经专业课程整合的理念，工作任务是整合的基础，工作内容是整合依据。该课程既是多学科多专业的整合，又是专业课与文化课的整合，整合内容涉及"职工薪酬业务处理""涉税业务办理""工商登记与社会保险办理""文秘基础""常用事务文书写作""商务活动""办公事务与管理""计算机基础"等课程。通过本课程的学习，既可帮助学生按岗位工作要求整合已学过的知识与技能，掌握财经文员岗位业务处理的职业能力，也可帮助学生迅速提高职业素养，为学生职业生涯发展打下基础。

（二）设计思路

本课程的总体设计思路是以对财经文员工作岗位进行系统分析所获得的典型工作任务为基础，以中小企业财经文员的日常工作为主线，按照中职生的职业成长规律将工作过程与学习过程设计成学习任务，创建仿真的学习环境，让学生体验财经文员岗位的基本工作过程，并强调学生的主体地位和能力培养，重视工作任务的完成和训练。教学内容方面以工作过程为基础，每一项目即为一日常工作项目，每一任务即日常工作项目所涉及的任务，各个任务既是独立的，又是有机联系的，重点是突出学生应用能力的培养，强调理论必须、技能够用。通过任务引领学习与训练活动，熟悉不同工作项目的相关知识与业务处理技能以及业务办理流程等，能完成企业财经文员的各个环节工作，具备中小企业财经文员岗位知识与能力要求。教学组织方面开展"教、学、做"为一体的教学，实施基于岗位工作及职业成长规律的"理实一体化"项目课程模式，培养学生综合的职业关键能力。

二、专业核心素养与课程目标

（一）专业核心素养

会计事务专业核心素养，是指学生通过学习具备能够适应终身发展和社会发展需要的会计职业关键能力和必备品格。财经文员职业关键能力包括沟通协调能力、办公软件及信息化技术应用能力、文书处理能力、会务能力、分析和解决实际问题的能力；必备品格包括爱岗敬业、诚实守信、依法办事、保守秘密，养成严谨细致和客观公正的职业精神，以及搞好服务和参与管理的职业意识。

（二）课程目标

通过本课程的学习，使学生树立正确的人生观、价值观，能正确认识到财经文员在工作中发挥着至关重要的纽带作用；培养学生强有效的执行力和沟通协调能力。认识办公环境，掌握商务文案写作、会计与统计知识、办公设备及办公软件的使用，能进行会务工作和商务旅行安排；树立职业观念，初步养成财经法律意识，遵守职业道德；了解企业文化及新信息技术对财经文员工作的影响，具有一定的分析问题和解决问题的能力。

三、本课程在专业课程体系中的位置

会计事务专业课程设置主要包括公共基础课程和专业课程。专业课程一般包括专业基础课程、专业核心课程、专业拓展课程，并涵盖实训等有关实践性教学环节。思政教育和会计文化融入课程内容。本课程在专业课程体系中的位置如下图所示。

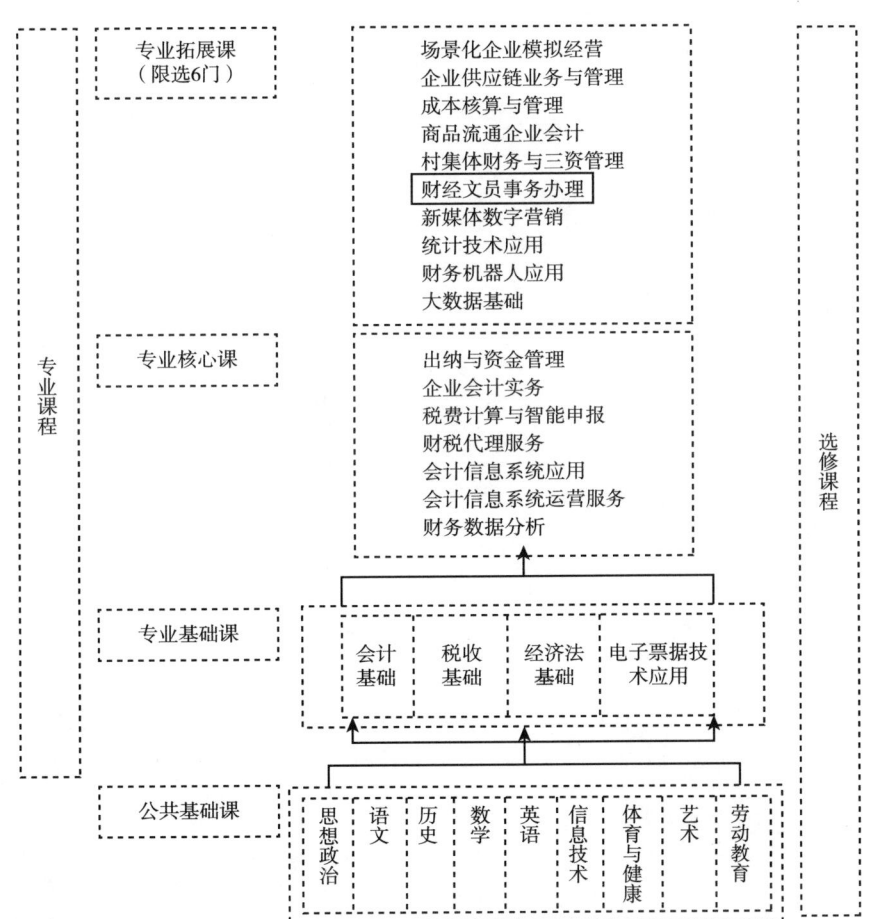

四、课程内容与学时安排

（一）课程内容

"财经文员事务办理"课程内容

序号	教学模块	教学内容描述	能力要求	课时
1	商务活动	• 接待和送客的基本要领 • 拜访客户的基本要领 • 商务场合仪容、介绍等简单的礼节 • 沟通话术的基本要领 • 接打电话过程中的注意事项、技巧与礼仪 • 内部沟通的重要性 • 内部沟通的技巧 • 商务旅行的安排 • 办理报销的流程	• 能热情有礼地接待来访客人 • 会拜访客户 • 会做来访、来电记录 • 掌握接打电话的基本要领 • 熟悉商务场合介绍、握手的礼节 • 掌握内部沟通的基本要领 • 能熟练运用沟通话术 • 能运用沟通技巧提高沟通能力 • 能根据商务要求安排商务旅行的行程 • 会订购机票 • 会查询天气 • 会预订酒店 • 会办理报销手续	6课时
2	办公事务	• 办公软件安装流程 • 各类常用办公设备操作 • 制作宣传海报 • 收集信息的方式及渠道 • 查询网络信息并鉴别筛选信息 • 制作演示文稿 • 利用邮件合并功能打印奖状 • 维护办公环境 • 处理收到的文件 • 收发和管理电子邮件 • 管理零用现金 • 报销手续 • 管理、使用印章、介绍信 • 办理商事变更登记的流程 • 填报商事变更登记材料 • 企业年度报告公示操作流程 • 填报企业年度报告公示 • 劳动合同种类 • 订立劳动合同的步骤 • 办理变更劳动合同 • 订立、续订、终止劳动合同	• 会安装和使用办公软件 • 知晓打印机、传真机、复印机、扫描仪、碎纸机等办公设备的功能及操作要领 • 会熟练使用各项办公设备 • 会熟练使用计算机进行录入与排版操作 • 能迅速确定收集信息的渠道 • 会熟练查询网络信息 • 能迅速鉴别选择信息 • 会制作特定主题的幻灯片 • 能熟练运用 Word 软件的邮件合并功能打印奖状 • 能合理布置办公环境 • 能识别办公场所安全隐患 • 会及时、正确处理收到的文件 • 会收发和管理电子邮件 • 会管理零用现金 • 会办理报销手续 • 会管理和使用印章、介绍信 • 清楚商事变更登记准备工作内容 • 会办理商事变更登记 • 清楚年度报告公示的操作流程	10课时

续表

序号	教学模块	教学内容描述	能力要求	课时
			• 会进行年度报告公示 • 熟悉劳动合同的种类 • 会订立、续订、终止劳动合同 • 会按要求变更劳动合同	
3	财经事务	• 职工薪酬的构成 • 职工薪酬相关政策法规 • 计算工资 • 编制工资结算表 • 编制劳动工资统计报表 • 明确办理社会保障卡流程 • 办理社会保险各项工作的程序和要求 • 购买发票的办理流程 • 纳税申报相关规定 • 计算应交增值税税额 • 增值税的申报	• 能计算职工工资，会编制工资结算表 • 会编制劳动工资统计报表 • 能购买发票 • 能计算应交增值税税额 • 会完成增值税小规模纳税人的有关纳税申报	6课时
4	会务工作	• 会务工作的主要内容 • 会务筹备工作的主要内容 • 拟写、发送会议通知 • 根据会议内容编制会议日程 • 会议经费预算的内容 • 根据会务要求制定会议经费预算 • 按会议要求布置会场 • 撰写会议简讯	• 能撰写、发送会议通知、落实与会人员 • 会制作会议的姓名卡片和证件 • 能按领导意图打印会议议程、日程 • 能根据会议需要准备会议用品 • 掌握各种会议服务 • 能进行会议文件归纳、整理 • 会撰写会议简讯	6课时
5	档案工作	• 归档的范围 • 各类档案保管期限 • 文书立卷的方法 • 档案的归类整理、编号 • 装订档案 • 整理电子档案，进行编号命名 • 编辑档案索引目录	• 明确归档的文件资料 • 会对文件进行归类整理、编号 • 会编辑档案目录 • 会制作规范的档案封面 • 能装订档案并分类放置	3课时
6	拟写事务文书	• 传真的概念及结构 • 拟写传真 • 备忘录的含义及要点 • 拟写备忘录 • 邀请函和请柬的概念 • 区分邀请函和请柬 • 拟写邀请函和请柬 • 招聘启事的组成和要领	• 会拟写传真 • 会拟写备忘录 • 能拟写邀请函及请柬 • 会拟写招聘启事 • 能拟写意向书 • 会设计订货单 • 能拟写产品说明书	5课时

续表

序号	教学模块	教学内容描述	能力要求	课时
		• 拟写招聘启事 • 意向书的结构和特点 • 拟写意向书 • 订货单的特点及要领 • 设计订货单格式 • 产品说明书的概念及结构 • 拟写产品说明书		
	合计			36 课时

（二）学时安排与学分

"财经文员事务办理"课程共计 36 学时，每 18 学时折算 1 学分，共 2 学分。

五、学业质量

（一）学业质量内涵

学业质量是学生在完成课程学习后的学业成就表现。"财经文员事务办理"课程学业质量标准是以专业核心素养及其表现水平为主要维度，结合课程内容，对学生就"财经文员事务办理"课程学业成就表现的总体刻画。根据项目任务的复杂程度、知识和技能的结构化程度、分析和解决问题的能力等不同水平学业成就表现的关键特征，"财经文员事务办理"课程学业质量标准将学业质量划分为不同水平，并描述了不同水平学习结果的具体表现，不同水平之间具有由低到高逐渐递进的关系，体现课程结束时学生达到的水平，为核心素养评价提供基本依据。

（二）学业质量水平

"财经文员事务办理"课程学业质量水平是"财经文员事务办理"课程目标的综合表现。"财经文员事务办理"课程目标划分为三个不同水平，每一个水平是通过专业核心素养的具体表现和体现课程目标的三个方面进行表述的；完成课程目标包括与专业核心素养相关的专业知识、专业技能和社会能力三个方面。

学业质量水平分为优秀、合格和不合格。质量描述中：水平一为合格；水平二为优秀；未达到水平一的为不合格。

"财经文员事务办理"课程学业质量描述		
	水平一	水平二
专业知识	①了解接待和送客的基本要领；了解拜访客户的基本要领；了解商务场合仪容、介绍等简单的礼节；了解沟通话术的基本要领；掌握接打电话过程中的注意事项、技巧与礼仪；了解内部沟通的重要性；掌握内部沟通的技巧；了解商务旅行安排 ②了解办公软件安装流程；了解收集信息的方式及渠道；了解报销手续流程；了解办理商事变更登记的流程；了解企业年度报告公示操作流程；了解劳动合同种类；了解订立劳动合同步骤 ③了解职工薪酬的构成；了解职工薪酬相关政策法规；了解办理社会保障卡的流程；了解办理社会保险各项工作的程序和要求；了解购买发票的办理流程；了解纳税申报相关规定 ④了解会务工作的主要内容；了解会务筹备工作的主要内容；了解会议经费预算的内容 ⑤了解归档的范围；了解各类档案保管期限；了解文书立卷的方法；了解档案归类整理、编号的要求 ⑥了解传真的概念及结构；了解备忘录的含义及要点；了解邀请函和请柬的概念；掌握邀请函与请柬的区别；了解招聘启事的组成和要领；了解意向书的结构和特点；了解订货单的特点及要领；了解产品说明书的概念及结构	①熟悉接待和送客的基本要领；熟悉拜访客户的基本要领；掌握商务场合仪容、介绍等简单礼节；掌握沟通话术的基本要领；掌握接打电话过程中的注意事项、技巧和礼仪；懂得内部沟通的重要性；掌握内部沟通的技巧；掌握商务旅行安排 ②熟悉办公软件安装流程；知晓收集信息的方式及渠道；熟悉报销手续流程；熟悉办理商事变更登记的流程；知晓企业年度报告公示操作流程；知晓劳动合同种类；熟悉订立劳动合同步骤 ③掌握职工薪酬的构成；知晓职工薪酬相关政策法规；熟悉办理社会保障卡的流程；熟悉办理社会保险各项工作的程序和要求；熟悉购买发票的办理流程；熟悉纳税申报相关规定 ④明确会务工作的主要内容；明确会务筹备工作的主要内容；知晓会议经费预算内容 ⑤明确归档的范围；熟悉各类档案保管的期限；知晓文书立卷的方法；熟悉档案归类整理、编号的要求 ⑥明确传真的概念及结构；理解备忘录的含义及要点；明确邀请函和请柬的概念，掌握邀请函与请柬的区别；知晓招聘启事的组成和要领；理解意向书的结构和特点；知晓订货单的特点及要领；知晓产品说明书的概念及结构
	水平一	水平二
专业技能	①能接待、拜访客户；会做来访、来电记录；能运用沟通话术、技巧提高沟通能力；能安排商务旅行；能办理报销手续 ②能操作常用办公软件，制作宣传海报、演示文稿、打印奖状；查询网络信息，并鉴别筛选信息；维护办公环境，处理各类文件、电子邮件；能管理、使用零用现金、印章和介绍信；会办理报销；会填报商事变更登记材料和企业年度报告公示；掌握劳动合同的订立、续订、变更办理和终止 ③能根据考勤统计表、产量统计表等计算工资，编制工资结算表；编制劳动工资统计报表；能完成发票购买；能计算应交增值税税额，完成	①能热情有礼地接待、拜访客户；会做来访、来电记录；能正确运用沟通话术、技巧提高沟通能力；能合理安排商务旅行；能规范办理报销手续 ②能熟练操作常用办公软件，制作宣传海报、演示文稿、打印奖状；能快速高效查询网络信息，并鉴别筛选信息；能合理维护办公环境；能及时正确处理各类文件、电子邮件；正确管理、使用零用现金、印章和介绍信；能规范办理报销；准确填报商事变更登记材料和企业年度报告公示；掌握劳动合同的订立、续订、变更办理和终止 ③能根据考勤统计表、产量统计表等准

续表

	"财经文员事务办理"课程学业质量描述	
	水平一	水平二
专业技能	增值税小规模纳税人的有关纳税申报 ④能根据会议内容拟写、发送会议通知；编制会议日程；在教师引导下制定会议经费预算；按会议要求布置会场；撰写会议简讯 ⑤能对文件进行归类、整理、编号，编辑档案目录，制作档案封面，装订档案并分类放置 ⑥会拟写传真；会拟写备忘录；会拟写邀请函和请柬；会拟写招聘启事；会拟写意向书；会设计订货单格式；会拟写产品说明书	确计算工资，编制工资结算表；编制劳动工资统计报表；能完成发票购买；能准确计算应交增值税税额；能熟练完成增值税小规模纳税人的有关纳税申报 ④能根据会议内容熟练拟写、发送会议通知；编制会议日程；能独立完成会议经费预算；按会议要求布置会场、准备会议用品等；进行会议文件归纳整理，并撰写会议简讯 ⑤能正确对文件进行归类、整理、编号，编辑档案目录；能制作规范的档案封面；能装订档案并分类放置 ⑥会规范拟写传真；会拟写备忘录；能规范拟写邀请函和请柬；能正确拟写招聘启事；会规范拟写意向书；会设计订货单格式；会准确拟写产品说明书
	水平一	水平二
社会能力	①具有基本公共关系处理能力和组织策划能力 ②初步形成爱岗敬业、诚实守信、严谨细致、客观公正的职业精神，能依法办事、保守秘密、重视诚信 ③基本养成劳动组织和搞好服务的职业意识 ④了解企业文化，具备商业敏感性，坚持原则，具备一定的社会责任感和担当精神 ⑤有一定自我管理能力，基本遵守课堂纪律，基本能完成工作任务和课后作业 ⑥具备基本的沟通协调能力，能完成基本的学习活动，具备一定的知识迁移能力 ⑦具有基本的团队意识，服从工作安排 ⑧具有基本的分析问题、解决问题的能力	①具有较强的公共关系处理能力和组织策划能力 ②具备爱岗敬业、诚实守信、严谨细致、客观公正的职业精神，能依法办事、保守秘密、重视诚信 ③养成劳动组织和搞好服务的职业意识，初步形成认知财经政策的意识 ④了解企业文化，具备商业敏感性，坚持原则，具备社会责任感和担当精神，初步养成精益求精的工匠精神 ⑤自我管理能力强，课堂组织纪律性强，按时且认真完成工作任务和课后作业 ⑥沟通协调能力强，在学习过程中遇到问题能够虚心求教，耐心倾听别人的意见，具备较强的知识迁移能力 ⑦有较强的团队意识，服从工作安排，人际关系和谐，团结协作精神强 ⑧有较强的分析问题、解决问题的能力

六、课程实施

（一）教学要求

中等职业学校"财经文员事务办理"课程教学要树立以发展学生会计事务专业核心素

养为导向的教学意识，遵循教学规律，始终把促成专业核心素养的形成和发展作为主要目标，将会计事务专业核心素养的培养贯穿于教学活动的全过程。在教学活动中，教师应准确把握课程目标、课程内容、学业质量的要求，合理设计教学目标、教学方法、教学过程和教学评价，积极进行教学反思。在教学实践中，要不断探索和创新教学方式，引导学生养成良好的学习习惯，努力激发学生学习课程的兴趣。

1. 要制定突出会计事务专业核心素养的教学目标

教师在制定教学目标时要充分关注会计事务专业核心素养的达成；要深入理解会计事务专业核心素养的内涵、表现、水平及其相互联系；要结合实际教学任务，思考会计事务专业核心素养在教学活动中的融入点；要注意会计事务专业核心素养与具体教学内容的关联；要关注会计事务专业核心素养目标在教学中的可实现性，探索其融入教学内容和教学过程的具体方式及载体，在此基础上确定教学目标。

教师应理解会计事务专业核心素养水平在不同专业课程中的具体要求和表现，不仅关注每一节课的教学目标，更要关注项目、任务的教学目标。在确定教学目标时，要把握好学生会计事务专业核心素养发展各阶段目标之间的关系，合理设计本课程教学目标。教学中要引导学生理解专业基础知识，掌握专业基本技能，积累专业基本实践经验，提升社会能力。

2. 整体把控课程教学内容，促进会计事务专业核心素养的持续发展

教师要以会计事务专业核心素养为导向，明确教学目标的要求和课程内容的重难点，教学过程循序渐进，抓住以中小企业财经文员的日常工作为主线，明晰"财经文员事务办理"课程在形成会计事务专业核心素养中表现出的阶段性和连续性。

"财经文员事务办理"课程训练内容与工作任务是综合提升会计事务专业核心素养的载体。教师应对其进行整体设计，引导学生在活动过程中积累、发现、提出问题，培养学生分析和解决问题的能力，养成学生独立思考与合作交流的习惯。

3. 要创设有利于实现教学目标的教学情境和工作任务

教学情境和工作任务应当是多样的、多层次的。要创设合适的教学情境、设计合适的工作任务，引发学生思考、交流与完成，培育会计事务专业核心素养，完成教学目标。

在教学活动中，应结合教学项目、财经文员岗位工作任务及其蕴含的专业核心素养，将理论与实践相结合，设计出合适的教学情境和工作任务，引导学生观察现象、发现问题，能以更加缜密的思想、方法解决问题，初步形成专业素养。在解决问题的过程中，理解教学内容的实质，提高动手能力。教师应通过不断学习、探索、实践，来提升自身的专业素养。

4. 采用多样化教学方式，为学生自主学习创设条件

教师要把培养、发展学生深度学习能力作为教学活动的重心，在教学过程中主动创设条件来发展学生自主学习思考的能力，积极探索有利于促进学生学习思考的多样化教学方式。要善于根据不同的项目和任务采用不同的教学方式，抓住关键的教学与学习环节，增强教学效果。帮助学生在学习本课程的过程中，初步形成自主学习、合作学习和探究式学习的能力。

在教学中，教师要有意识地给予学生指导，为学生创设支持和激励的学习环境。密切关注学生是否通过学习初步形成专业结构化知识，促使学生在教学活动中以合作和探究的方式获得专业知识、发展专业技能、提高专业能力、形成健康人格。此外，教师应在教学过程中

加强学习方法指导,培养学生自主学习的能力,帮助学生感受学习的价值和意义,学会选择适合自己的学习方法和学习策略,鼓励学生主动参与学习活动并养成自我反思的习惯。

5. 拓宽学习渠道,重视信息技术的应用

信息技术的广泛应用正在对教学产生重大影响。在"财经文员事务办理"课程中,信息技术是教师教和学生学的重要辅助手段。教师要重视信息技术的运用,积极探索基于信息化的教学改革。把握好信息技术与财经文员岗位日常工作的关系,注重信息技术与课程内容的深度融合,借助信息技术优化整合课堂教学,转变教学与学习方式,创设线上线下一体化的"混合式"学习生态,形成虚拟仿真学习环境,帮助学生有效地投入财经文员岗位实践学习,促进学生在信息化环境中主动学习。

(二) 师资条件

1. 专任教师

(1) 符合中等职业学校专业课教师的任职条件,具备中等职业学校教师的基本素养和道德要求,热爱教育事业,具有强烈的责任心和使命感。能够落实课程思政要求,挖掘专业课程中的思政教育元素和资源。

(2) 具有高度的敬业精神和专业精神,有一定会计理论功底,熟悉国家会计法律法规知识和企业会计准则。

(3) 具有会计、财务管理、税务等相关专业学历,理解各行业会计核算、职工薪酬、税收政策等理论知识,能熟练操作办公软件。

(4) 具备一定的表达能力,能理实结合、深入浅出、通俗易懂地进行教学,能运用各种教学手段和教学工具指导学生进行理论学习和开展实践教学。

(5) 具有较强的教科研能力,能够运用信息技术开展混合式教学等教法改革;能够跟踪新经济、新技术发展前沿,开展社会服务。专业教师每年至少1个月在企业或生产性实训基地锻炼,每5年累计不少于6个月的企业实践经历。

(6) 学生数与专任教师数比例不高于20∶1,专任教师中具有高级专业技术职务人数不低于20%,"双师型"教师占专业课教师数比例应不低于50%。

2. 兼职教师

(1) 主要从本专业相关行业企业的高技术技能人才中聘任,应具有扎实的专业知识和丰富的实际工作经验,能针对企业财经文员的实际工作情况进行实践教学。

(2) 原则上应具有中级及以上专业技术职务或在市级及以上职业技能竞赛中获奖。

(3) 了解教育教学规律,能承担专业课程教学、实习实训指导和学生职业发展规划指导等专业教学任务,具有较强的教学组织能力。

(三) 实践教学

1. 实训场地

配备多媒体教学设备、计算机及网络设备、Office办公软件、扫描仪、打印复印一体机、传真机等设备及软件的财经文员实训室。

2. 实训工具设备

配备财经文员工作所需的各类办公设施及基本文具，如打印机、扫描仪、计算器、文件柜及各种日常耗材等。配置具有网络、能够流畅运行实训软件的计算机设备。

3. 实训软件

配备 Office 办公软件、纳税申报仿真软件。

4. 仿真实训资料

配备各种原始凭证（如增值税专用发票、增值税普通发票、领料单、入库单、差旅费报销单、通用报销单等）、表单。配备仿真的财经文员工作任务资料及其他相关资料。

（四）教学方法

本课程主要使用下列教学方法：

1. 任务驱动教学法

任务驱动教学法是指在学习过程中，紧紧围绕一个共同的任务活动中心，在强烈的问题动机驱动下，通过对学习资源的积极主动应用，进行自主探索和互动协作的学习，并在完成既定任务的同时，引导学生产生一种学习实践活动。

2. 案例教学法

案例教学法是一种通过模拟或者重现现实生活中的一些场景，让学生把自己纳入案例场景，通过讨论或者研讨来进行学习的教学方法。教学中既可以通过分析、比较，研究各种各样成功的经验，从中抽象出某些一般性的结论或原理，也可以让学生通过自己的思考或者他人的思考来拓宽视野，丰富知识。

3. 讲授法

讲授法是教师通过口头语言向学生描绘情境、叙述事实、解释概念、论证原理和阐明规律的教学方法。

4. 直观教学法

直观教学法是利用教具作为感官传递物，通过一定的方式、方法向学生展示，达到提高学习的效率或效果的一种教学方式。

5. 讨论法

学生在教师的指导下，围绕某一中心问题，交流意见，互相启发，弄懂问题的一种教学方法。

（五）教学手段

为了达到预期教学目的，本课程结合教学内容，主要采用以下现代化教学手段：

1. 多媒体教学手段

多媒体教学手段是指在教学过程中，根据教学目标和教学对象的特点，通过教学设计，合理选择和运用现代教学媒体，并与传统教学手段有机组合，共同参与教学全过程，以多种媒体信息作用于学生，形成合理的教学过程结构，达到最优化的教学效果。常见多媒体教学手段主要包括电子课件、音频、视频、Flash 动画演示、教学软件等。

2. 网络教学手段

网络教学作为新兴的教学手段，有着自身的特点和优势。应充分利用网络，发挥网络教学的优势，拓展实践教学的平台。利用网络教学资源和网络教学平台指导学生开展学习，调动学生学习兴趣，提高学习效率。

（六）教材要求

（1）原则上从国家和省级教育行政部门发布的规划教材目录中选用，国家和省级规划目录中没有的教材，可在职业院校教材信息库选用。不得以岗位培训教材取代专业课程教材。选用的教材必须是通过审核的版本，擅自更改内容的教材不得选用，未按照规定程序取得审核认定意见的教材不得选用。不得选用盗版、盗印教材。

（2）选用的教材要以习近平新时代中国特色社会主义思想为指导，贯彻国家"三教"改革精神，落实"立德树人"根本任务，充分体现社会主义核心价值观，有助于中职学生形成正确的世界观、人生观、价值观。

（3）选用的教材要充分体现时代特点和现代意识，同时适应中职学生的认知特点，充分考虑学生身心发展需要，有助于培养学生的社会责任感、动手实践能力和创新创业精神，有助于学生形成良好的个性和健全的人格。

（4）选用的教材要全面体现"财经文员事务办理"课程标准的理念和要求，有机融合专业核心素养，符合专业核心素养发展规律。既要关注学生学习专业知识的结果，也要注重学生在学习过程中对专业技术和企业文化的理解与体验，更要体现学生在学习过程中的参与程度、参与水平和情感态度。

（5）选用的教材要适合线上线下教育，能发挥传统教学手段和网络教学手段各自的优势，促进教学资源的有效运用，有利于学生运用多种媒介和信息技术开展自主、合作与探究式学习，优化课程实施。

（6）倡导使用新型活页式、工作手册式教材并配套开发信息化资源，以实现多样化的教材形态，促进教学手段的更新。同时形成纸质教材、电子资料、网络资源相结合的立体化教材体系。

（七）配套课程资源与利用

中等职业学校"财经文员事务办理"课程配套资源的开发与利用应充分考虑学生的身心发展特点，依据教育性、科学性、发展性的原则，符合教学规律要求，倡导合作共享、因地制宜地开发教学资源，提高教学质量，以利于教学目标的达成。

"财经文员事务办理"课程资源，可以是与教材配套的纸质习题文本，也可以是多媒体资源、网络资源。教师要充分利用现代信息技术，积极开发与利用各种课程资源，制作课堂教学 PPT，开发微课、视频、音频等资源，整理、优化课程资源库，逐步形成完善的立体化课程资源体系，为学生自主学习提供更多的机会和途径，鼓励学生创新思维和专业知识的整合，提高学生学习积极性。

同时，教师依托校园网络平台，向学生提供直播课程、录播课程、线上练习、在线答疑等多种形式的网络教学资源，优化教与学活动，推动课程教学的优化实施，引导学生在学习过程中结合上述资源进行自主、合作、探究式学习，为进一步开展线上线下混合式教学创造条件。学生在学习过程中实际生成的各种问题、拓展材料及学生成果等，也是一种有意义的课程资源。要充分利用校企合作平台开展教学活动，给学生提供参观、访问企业的机会。

（八）线上教学安排

1. 选用教学平台

教师应根据课程教学内容，结合线上教学方式特点，合理选择使用一个能做到线上线下教学无缝切换的教学平台作为主要线上教学平台。同时，将 QQ、微信、钉钉等其他即时通信软件作为备用平台用于课堂应急、临时讨论、即时消息等用途。

2. 准备教学资源

教师应充分发挥主观能动性和创造性，依据"财经文员事务办理"课程标准的要求和具体的教学内容，有选择地、创造性地使用、优化、整合资源，助力学生有效学习。要提前谋划，储备资源，通过网盘、U 盘等工具随身携带重要教学资源，做好线上教学的充分准备。

3. 线上教学实施

教师根据"财经文员事务办理"课程标准，结合教学对象实际情况，考虑课前课中课后三个环节，与学生进行充分的互动交流，将新变化、新事物、现代信息技术融入线上课程，提高学生上课的参与度和融入感，提高学生的学习效果。

课前通过网络平台将视频、课件及相关资料课前推送给学生阅览，并给学生布置一定的任务。引导学生主动学习，带着任务听课，提高教学效果。课中由教师讲述重要知识点，配合教学资源，积极引导学生思考，通过多样化手段与学生进行在线互动，让学生真正融入线上课堂。课后布置与教学内容相匹配的课后作业。通过软件对学生进行课后辅导，为学生答疑解惑。

4. 线上教学的管理

为了保证线上教学的有序开展，课程负责人应在校园网络资源平台建设课程页面，教师通过课程页面，发布课程公告、课程学习资源，布置并批改作业，组织课后答疑，及时发布课程过程考核成绩，落实完整的教学过程。通过技术手段对学生进行全过程考核，确保学生到课听课率，保证教学质量。

要严格落实线上教学管理制度。课程负责人应确保线上课程框架体系完整，教学资源内容全面、科学合理、无政治性及学术性错误，严把课程质量关。课程主讲教师应严格按照教学计划开展线上教学，不得随意进行线上合班或更换授课时间、授课教师。

七、教学评价

教学评价是"财经文员事务办理"课程教学活动的重要组成部分，贯穿教学过程的始终，其目的是促进学生学习、改善教师教学、完善课程设计、监控学业质量。

（一）以课程目标为评价依据

"财经文员事务办理"课程学习评价以课程目标作为评价的主要依据，其根本目的是促进学生专业核心素养的提升。评价应反映"以人为本"的教育理念，不仅要关注学生掌握专业知识、专业技能的程度，关注学生会计事务专业核心素养水平的达成，还要关注学生的学习态度、学习方法和学习习惯的养成，从而衡量课程目标达成情况。

（二）注重评价的多元化

应围绕专业核心素养和课程目标，依据学业要求选择评价内容，注重多种评价方式有机结合与运用，强调多元评价主体的共同参与，以获取较为全面的评价信息。可以通过学生自评、互评、教师评价等方式进行评价。评价不仅要关注学生外在学习结果，更要关注内在学习品质。要重视过程性评价与终结性评价相结合。教师要有意识地利用评价过程与结果，通过评价引导学生学会学习，发现学生学习的个性特点和具体问题，及时引导，提出有针对性的建议，激发学生学习的动力。同时，依据评价结果反思日常教学，优化教学内容，调整教学策略，完善教学过程，为学生会计事务专业核心素养的发展提供有力支持。

（三）重视评价结果的呈现

教学评价的结果要服务教学、反馈教学、促进教学，评价结果的呈现是评价的重要组成部分。教师要充分利用信息技术，收集、整理、分析有关反映学生学习过程和结果的数据，获取教学的反馈信息，通过多元化的评价方式形成的课后作业记录表、单项专业技能评价表、学习表现评价表、学业总评考核表等结果，能够综合反映学生的会计事务专业核心素养水平。

（四）学业水平考试要求

考试是课程评价的重要组成部分，学业水平考试是评价的重要方式。学业水平考试需要对学生不同阶段的学习成果做出综合评价，进行学分评定。

学习每个项目后，根据本课程标准的学业要求和阶段性学业水平对学生的学习成绩进行评定，并根据成绩结果给予相应学分。

总分	$\Sigma \geq 90$	$60 \leq \Sigma < 90$	$\Sigma < 60$
评定等级	优秀	合格	不合格

编写人员：李洁煌　广州市财经商贸职业学校
　　　　　蒋荣新　普洱市职业教育中心
审核人员：郑　鹏　武汉市财政学校
　　　　　余莉娜　武汉市财政学校

"新媒体数字营销"课程标准

课程名称	新媒体数字营销	课程类别	专业拓展课
适用专业	会计事务	学时 学分	72学时 4学分

一、课程性质与设计思路

（一）课程性质

"新媒体数字营销"课程是会计事务专业的专业拓展课程，本课程面向开设有电子商务、网络营销相关业务的中小微企业、培养具有新媒体数字营销视角的会计从业人员。本课程的主要任务是培养学生对于互联网时代下新媒体数字营销的识别与应用，注重锻炼学生实践动手能力、分析解决问题的能力，为实现专业人才培养目标打下坚实的理论和实践基础。本课程以信息技术等课程为先导课程，要求学生在掌握计算机应用和网络技术的基础上开展营销活动。通过本课程的学习，培养学生了解新媒体数字营销的相关知识，帮助学生更好地理解会计职业在互联网时代下所需要的新媒体数字营销方法，能够结合新市场形式的发展和企业在互联网时期的数字营销目标，制订合理的新媒体数字营销计划，具备营销数据分析的基本职业能力。

（二）设计思路

本课程的总体设计思路是围绕互联网环境下企业所涉及的新媒体数字营销方式，从会计工作岗位需要了解的新媒体数字营销计划出发，以典型的新媒体数字营销方法为基础，强调学生对于新媒体数字营销手段的了解和掌握，培养学生运用各种免费或付费营销的新媒体数字营销手段，重视数据在新媒体数字营销过程中的实际应用。教学内容突出学生应用能力的培养，坚持课程思政与技能培养相结合，强化标准与规范，培育劳动意识和工匠精神；教学组织方面倡导任务驱动、知行合一、理实一体化教学，以提高学生解决实际问题的能力。

二、专业核心素养与课程目标

（一）专业核心素养

会计事务专业核心素养，是指学生通过学习具备能够适应终身发展和社会发展需要的会计职业关键能力和必备品格。会计职业关键能力包括逻辑思维能力、企业运营及资金运动的空间想象能力、数据处理分析能力、账务处理能力、分析和解决实际问题的能力；必备品格包括爱岗敬业、诚实守信、依法办事、保守秘密，养成严谨细致和客观公正的职业精神，以及搞好服务和参与管理的职业意识。

（二）课程目标

通过本课程的学习，使学生树立正确的人生观、价值观，能正确认识新媒体数字营销在企业发展中的重要作用，使学生能灵活掌握运用新媒体数字营销的基本原理和方法，了解主流的新媒体数字营销方式和计划的具体展开方式、营销数据分析等方面的相关知识技能，具有一定的分析问题和解决问题的能力，形成新媒体数字营销思维、数据思维，养成收集分析数据、依据数据分析做决策的习惯。

三、本课程在专业课程体系中的位置

会计事务专业课程设置主要包括公共基础课程和专业课程。专业课程一般包括专业基础课程、专业核心课程、专业拓展课程，并涵盖实训等有关实践性教学环节。思政教育和会计文化融入课程内容。本课程在专业课程体系中的位置如下图所示。

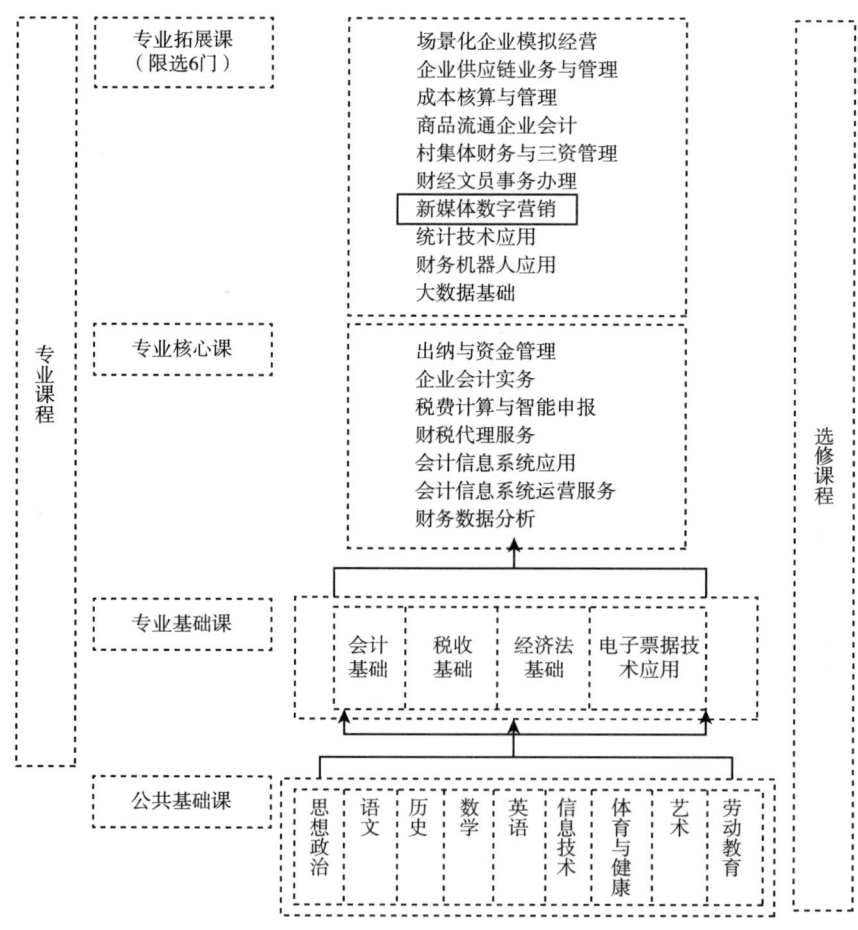

四、课程内容与学时安排

(一) 课程内容

"新媒体数字营销"课程内容

序号	教学模块	教学内容描述	能力要求	课时
1	了解新媒体数字营销概念	• 新媒体数字营销的含义 • 新媒体数字营销方法的分类和特点 • 常见的新媒体数字营销方法 • 常见新媒体数字营销方法的类型 • 新媒体数字营销工作的职责范围	• 能说出常见的新媒体数字营销方法 • 能识别实际工作中企业使用的新媒体数字营销方法 • 能分辨新媒体数字营销方法的类型 • 能准确识别新媒体数字营销平台和营销渠道 • 能通过网络招聘平台了解新媒体数字营销人员的岗位工作职责	8课时
2	制订新媒体数字营销计划	• 新媒体数字营销情况的分析方法 • 新媒体数字营销的方法 • 新媒体数字营销方案的格式要点 • 新媒体数字营销方案撰写的基本结构	• 能结合企业实际分析行业背景、列出潜在客户群体 • 能根据营销目标选择合适的营销方法及营销平台 • 能根据营销目标制定针对性具体化的营销策略 • 能根据新媒体数字营销方案的格式,撰写一份具体企业的新媒体数字营销方案	10课时
3	学习免费新媒体数字营销技术	• 微博营销的概念、特点、营销方法及技巧 • 博客营销的概念、特点、营销方法及技巧 • 微信营销的概念、特点、营销方法及技巧 • 论坛等社区营销方式的特点及营销方法技巧 • 网站营销的概念、特点及技巧方法 • 百度营销平台类产品的营销方法特点与技巧 • 视频营销平台及其规则特点 • 视频营销的步骤和技巧 • 直播营销平台及其规则特点 • 直播营销的步骤和技巧	• 能掌握各营销平台的特点及其营销规则 • 能正确实施各营销平台的营销操作 • 能在不同视频平台发布视频营销内容 • 能对视频营销效果进行评估 • 能完成直播营销平台的选择 • 能制订直播营销计划 • 能实施直播营销活动并跟踪效果	20课时

续表

序号	教学模块	教学内容描述	能力要求	课时
4	了解付费新媒体数字营销技术	• SEM营销分析的维度、方法和流程 • 区分不同的营销计划策略、营销组计划策略 • 不同类别关键词的扩展策略 • 人群定向策略、营销创意策略 • 关键词出价的4种出价方法 • SEM广告投放平台操作的流程 • SEM漏斗模型 • 信息流的含义 • 常见的信息流营销方式和营销平台 • 根据营销目的撰写关键词及信息流广告创意 • 信息流账户的基础模块及对应的功能，账户的基础操作 • 信息流常见问题的分析排查方法 • 识别投放过程中的异常数据的方法	• 能根据营销目的正确搭建SEM广告投放账户 • 能准确搭建账户结构及计划 • 能对关键词、创意、出价进行准确操作 • 能够根据数据分析，对营销策略进行不断优化 • 能根据营销目的选择合适的信息流投放平台 • 能准确开设信息流广告投放账户，搭建账户结构及投放计划 • 能对人群定向、创意、出价进行准确操作 • 能够根据数据分析，对信息流投放广告的内容进行不断优化	20课时
5	分析新媒体数字营销效果	• 数据收集的方法 • 各类营销数据的基本含义 • 数据综合分析的一般方法 • 新媒体数字营销目标优化的方法 • 数据分析报告的写法	• 能根据不同营销渠道和方法收集营销数据，并汇总分析 • 能根据营销数据进行营销方法及效果优化 • 能根据营销数据及方法优化内容，撰写营销数据结果分析报告	14课时
	合计			72课时

（二）学时安排与学分

"新媒体数字营销"课程共计72学时，每18学时折算1学分，共4学分。

五、学业质量

（一）学业质量内涵

学业质量是学生在完成课程学习后的学业成就表现。"新媒体数字营销"课程学业质量标准是以专业核心素养及其表现水平为主要维度，结合课程内容，对学生"新媒体数字营销"课程学业成就表现的总体刻画。根据项目任务的复杂程度、知识和技能的结构化程度、分析和解决问题的能力等不同水平学业成就表现的关键特征,"新媒体数字营销"课程学业质量标准将学业质量划分为不同水平,并描述了不同水平学习结果的具体表现,不同水平之间具有由低到高逐渐递进的关系,体现课程结束时学生达到的水平,为核心素养评价提供基本依据。

(二) 学业质量水平

"新媒体数字营销"课程学业质量水平是"新媒体数字营销"课程目标的综合表现。"新媒体数字营销"课程目标划分为三个不同水平,每一个水平是通过本专业核心素养的具体表现和体现课程目标的三个方面进行表述的。本专业核心素养的具体表现参见"专业核心素养与课程目标",完成课程目标包括与本专业核心素养相关的专业知识、专业技能和社会能力三个方面。

学业质量水平分为优秀、合格和不合格。质量描述中:水平一为合格;水平二为优秀;未达到水平一的为不合格。

"新媒体数字营销"课程学业质量描述		
	水平一	水平二
专业知识	①了解新媒体数字营销的概念;了解网络营销与新媒体数字营销的不同;知晓新媒体数字营销的概念,明确新媒体数字营销的特点;了解新媒体数字营销的不同方法,知晓新媒体数字营销方法的种类;知晓新媒体数字营销工作的工作内容 ②了解新媒体数字营销方案结构;了解营销目标人群分析的方法;掌握新媒体数字营销目标确定的方法;了解结合企业实际进行新媒体数字营销情况的分析方法;了解新媒体数字营销的常见方法;了解新媒体数字营销方案的策略和制定流程;知晓营销策略方案的制定方法;了解新媒体数字营销方案的格式要点 ③了解各免费营销平台的特点及规则、营销方法与技巧;知晓视频营销、直播营销的步骤和视频营销的技巧 ④了解 SEM 营销的特点和计费类别;了解不同的营销计划策略;了解关键词序列的制作方法;认识人群行为分析模型;了解关键词出价的 4 种出价依据、SEM 广告的计费规则;认识 SEM 广告账户内的账户计划、账户组、关键词及创意的搭建方法;了解 SEM 漏斗模型;了解 SEM 广告投放过程中数据所包含的指标和含义;了解 SEM 广告优化的方法;了解信息流的种类、信息流常见平台,以及信息流广告投放的特点;了解制定信息流广告营销流程和策略;了解从群画像提取目标用户标签的方法;了解信息流营销流程的计划安排方法	①知晓新媒体数字营销的概念;了解网络营销与新媒体数字营销的不同;通过对新媒体数字营销案例学习,准确描述新媒体数字营销的概念,明确新媒体数字营销的特点;知晓新媒体数字营销的不同方法,会辨别新媒体数字营销方法的种类;知晓新媒体数字营销工作的内容 ②了解新媒体数字营销方案结构;知晓营销目标人群分析的方法;掌握新媒体数字营销目标确定的方法;知晓结合企业实际进行新媒体数字营销情况的分析方法;掌握新媒体数字营销的常见方法;知晓新媒体数字营销方案的策略和制定流程;知晓营销策略方案的制定方法;知晓新媒体数字营销方案的格式要点 ③知晓各免费营销平台的特点及规则、营销方法与技巧;掌握视频营销、直播营销的步骤和视频营销的技巧 ④知晓 SEM 营销的特点和计费类别;知晓不同的营销计划策略;知晓关键词序列的制作方法;知晓人群行为分析模型;知晓关键词出价的 4 种出价依据及 SEM 广告的计费规则;掌握 SEM 广告账户内的账户计划、账户组、关键词及创意的搭建方法;知晓 SEM 漏斗模型;知晓 SEM 广告投放过程中数据所包含的指标和含义;知晓 SEM 广告优化的方法;知晓信息流的种类、信息流常见平台,

续表

	"新媒体数字营销"课程学业质量描述	
	水平一	水平二
专业知识	⑤知晓数据收集方法和基础分析方法；了解各项营销数据指标的含义；知晓营销方法优化的方法；了解新媒体数字营销方案报告的框架；知晓新媒体数字营销方案报告的撰写方法	以及信息流广告投放的特点；知晓制定信息流广告营销流程和策略；知晓从群画像提取目标用户标签的方法；知晓信息流营销流程的计划安排方法 ⑤掌握数据收集方法和基础分析方法；理解各项营销数据指标的含义；掌握营销方法优化的方法；了解新媒体数字营销方案报告的框架；掌握新媒体数字营销方案报告的撰写方法
	水平一	水平二
专业技能	①掌握常见的新媒体数字营销方法，基本辨别新媒体数字营销方法的种类 ②会根据企业实际进行新媒体数字营销情况的分析；会根据新媒体数字营销的方法，结合企业实际，查看针对性、具体化的营销策略；能根据营销目标、营销人群特点，结合设计的新媒体数字营销方法和策略，基本完成营销方案的撰写 ③能在各个平台进行注册；能在各个免费平台按照要求进行信息发布并评估效果；能大致选择视频、直播营销平台，开展营销操作，收集营销数据，并评估效果 ④能够基本区分SEM广告及信息流投放营销模式；根据营销分析流程进行营销分析，并制定营销策略，根据营销目标制作关键词序列，选择人群定向策略和创意策略；能基本完成在平台模拟环境，根据制定的策略，完成营销计划与营销组搭建，并选择关键词进行正确估价；能根据反馈数据，基本完成数据分析，根据分析结果，优化营销计划与营销组、优化关键词、优化营销创意和定向人群，提高资金使用率排名 ⑤能根据不同营销渠道和方法收集营销数据并汇总；能根据营销数据进行营销的各相关指标优化；了解新媒体数字营销方案报告的框架；能根据营销结构、数据及方法优化内容，基本完成营销数据结果分析报告的撰写	①能列举常见的五种新媒体数字营销方法；能通过对新媒体数字营销方法的认识，准确辨别新媒体数字营销方法的种类 ②会结合企业实际进行新媒体数字营销情况的分析；会根据新媒体数字营销的方法，结合企业实际，制定针对性、具体化的营销策略；能根据营销目标、营销人群特点，结合设计的新媒体数字营销方法和策略，准确完成营销方案的撰写 ③能独立在各个平台进行注册；能在各个免费平台按照要求进行信息发布并评估效果；能准确选择视频、直播营销平台，实施营销操作，收集营销数据，并评估效果 ④能够准确区分SEM广告及信息流投放营销模式；根据营销分析流程进行营销分析，并制定营销策略，根据营销目标制作关键词序列，确定人群定向策略和创意策略；能准确完成在平台模拟环境，根据制定的策略，完成营销计划与营销组搭建，并选择关键词进行正确出价；能根据反馈数据准确完成数据分析，根据分析结果，优化营销计划与营销组、优化关键词、优化营销创意和定向人群，提高资金使用率排名 ⑤能根据不同营销渠道和方法收集营销数据并汇总分析；能根据营销数据进行营销的各相关指标优化；知晓新媒体数字营销方案报告的框架；能根据营销数据及方法优化内容，优质完成营销数据结果分析报告的撰写

续表

	"新媒体数字营销"课程学业质量描述	
	水平一	水平二
社会能力	①有新媒体数字营销岗位从业人员的职业素养；有自觉抵制不良新媒体数字营销平台的能力；有守法意识，能自觉遵守新媒体数字营销礼仪；有基本的信息收集能力；具备一定的创新意识，树立良好的职业认知理念 ②有新媒体数字营销岗位从业人员的职业素养；有较好的观察能力和缜密的分析思维；有能较好地迁移应用的能力；具备新媒体数字营销策划的框架思维 ③有阅读相关平台注册要求的良好素养；有守法意识，不使用极限词；具备基础的逻辑思考能力和较好的数据分析意识；有较强的正面文化传播意识；有较强的社会责任感 ④具有数据思维，形成收集数据、分析数据、依据数据分析做决策的习惯；具有效益思维，有投资效率的意识；具有精益求精的职业精神，具有动态优化策略的意识；具备基础的数据分析、沟通协作的素养 ⑤具备基本的与运营等相关部门沟通协调和信息获取的能力；具备数据保密等相关职业道德；具备基础的逻辑思维能力和耐心、细致的工作态度；具备基础的数据图表审美能力和一定的创新意识；具有系统思维能力和基础的文字表达能力	①有新媒体数字营销岗位从业人员的职业素养；有自觉抵制不良新媒体数字营销平台的能力；有守法意识，能自觉遵守新媒体数字营销礼仪；有较强的信息收集能力；具备一定的创新意识，树立良好的职业认知理念 ②有新媒体数字营销岗位从业人员的职业素养；有敏锐的观察能力和缜密的分析思维；有灵活迁移应用的能力；具备新媒体数字营销策划的整体思维 ③有阅读相关平台注册要求的良好素养；有守法意识，不使用极限词；具备良好的逻辑思考能力和敏锐的数据分析意识；有较强的正面文化传播意识；有较强的社会责任感 ④具有数据思维，形成收集数据、分析数据、依据数据分析做决策的习惯；具有效益思维，形成投资效率的意识；具有精益求精的职业精神，具有动态优化策略的意识；具备良好的数据分析、沟通协作的素养 ⑤具备良好的与运营等相关部门沟通协调和信息获取能力；具备数据保密等相关职业道德；具备基础的逻辑思维能力和耐心、细致的工作态度；具备良好的数据图表审美能力和一定的创新意识；具有系统思维能力和良好的文字表达能力

六、课程实施

（一）教学要求

应根据国家专业教学标准，按照要求开设本课程，保证课程实施所需的师资与设施设备的配备，鼓励与支持教师进入企业实践，加强教学研究，及时将新媒体数字营销相关新技术、新方法融入课程内容中，以满足学生职业生涯发展为前提，以专业知识和技术应用能力、自主学习与创新能力、综合职业素质培养为指导思想，突破教材体系的框架，将所有的知识以工作岗位流程串起，以项目为主线，将本课程教学变为一个具有连贯性的业务训练，使课程的教学内容实现"项目化、任务化、实战化"。同时强调学生自主探索、协作学习，坚持把能力培养贯穿到教学的全过程，使每一环节都能充分体现学生自主学习的要求。

（二）师资条件

根据教育部颁布的《中等职业学校教师专业标准》和《中等职业学校设置标准》的有关规定，进行教师队伍建设，合理配置教师资源。专业教师学历职称结构应合理，建立适应会计事务专业教学改革发展要求，符合会计事务专业教学要求的"双师型"结构专兼职师资队伍，其中"双师型"教师不低于50%，有业务水平较高的专业带头人。

专业专任教师应具备良好的师德和终身学习能力，具有本专业或相应专业本科及以上学历、中等职业学校教师资格证书和本专业相关工种中级（含）以上职业资格，能够适应产业、行业发展需求，熟悉企业情况，参加企业实践和技术服务，积极开展课程教学改革。

专业教师应有较高的新媒体数字营销业务能力，具有相关行业两年以上从业经验，有相关行业从业资格证件。熟悉互联网网络营销方法发展的整体情况和行业对技能型人才的需求，聘请行业企业高技能人才担任专业兼职教师，应具有高级（含）以上职业资格或中级（含）以上专业技术职称，能够参与学校授课、课外活动、讲座等教学活动。

1. 师资配备基本要求
- 专业教师应具备大学本科及以上学历，具有中等学校及以上教师职业资格证书；
- 遵守教师职业道德规范，爱岗敬业；
- 配备一定数量专职教师，教师数与学生数之比不低于1∶20；"双师型"教师比例不低于50%。

2. 专任教师任职条件
- 有扎实的市场营销、电子商务理论功底，有网络营销、新媒体数字营销相关项目工作经验；
- 有较强的语言表达能力和课堂组织能力；
- 有企业实际工作经历，熟悉新媒体数字营销专员相关工作流程；
- 有较强的概括能力，能解决本学习领域实际工作中的问题。

3. 校外兼职教师任职条件
- 遵守教师职业道德规范，爱岗敬业；
- 具有两年以上本专业工作经历；
- 具备本专业技术资格（职务）。

（三）实践教学

为保证教学的开展，可分为校内实训环境与校外实训基地两部分开展实践教学。

1. 校内实训室

建设满足会计事务专业实践教学要求的真实环境，集教学、培训、技能鉴定、工学结合、顶岗实习、应用科研等多种功能于一体的校内实训室并配备内容广泛的各种应用软件和设备，包括计算机、服务器、新媒体数字营销模拟训练平台等硬、软件以满足实践教学的需要。

2. 校外实训基地

根据专业人才培养需要和产业技术发展特点，在企业建立两类校外实训基地：一类是以专业认知和参观为主的实训基地，能够反映目前专业技能方向新技术，并能同时接纳较多学生学习，为课程教学提供条件；另一类是以社会实践及学生顶岗实习为主的实训基地，能够为学生提供专业技能方向，综合实践轮岗训练的工作岗位，并能保证有效工作时间，该基地能根据培养目标要求和实践教学内容，校企合作共同制订实习课程的学习计划，精心编排教学设计并组织管理教学过程。

（四）教学方法

本课程主要使用下列教学方法：

1. 任务驱动教学法

任务驱动教学法是指在学习过程中，紧紧围绕一个共同的任务活动中心，在强烈的问题动机的驱动下，通过对学习资源的积极主动应用，进行自主探索和互动协作的学习，并在完成既定任务的同时，引导学生产生一种学习实践活动。

2. 案例教学法

案例教学法是一种通过模拟或者重现现实生活中的一些场景，让学生把自己纳入案例场景，通过讨论或者研讨来进行学习的教学方法。教学中既可以通过分析、比较，研究各种各样成功的经验，从中抽象出某些一般性的结论或原理，也可以让学生通过自己的思考或者他人的思考来拓宽视野，丰富知识。

3. 讲授法

讲授法是教师通过口头语言向学生描绘情境、叙述事实、解释概念、论证原理和阐明规律的教学方法。

（五）教学手段

为了达到预期教学目的，本课程结合教学内容，主要采用以下现代化教学手段：

1. 多媒体教学手段

多媒体教学手段是指在教学过程中，根据教学目标和教学对象的特点，通过教学设计，合理选择和运用现代教学媒体，并与传统教学手段有机组合，共同参与教学全过程，以多种媒体信息作用于学生，形成合理的教学过程结构，达到最优化的教学效果。常见多媒体教学手段主要包括电子课件、音频、视频、Flash动画演示、教学软件等。

2. 网络教学手段

网络教学作为新兴的教学手段，有着自身的特点和优势。本课程教学应充分利用网络，发挥网络教学的优势，拓展实践教学的平台。利用网络教学资源和网络教学平台指导学生开展学习，调动学生学习兴趣，提高学习效率。

（六）教材要求

选用的教材须符合课程的要求，原则上从国家和省级教育行政部门发布的规划教材目录中选用。选用体现新技术、新工艺、新规范的高质量教材，引入典型项目案例。鼓励校企合作双元开发工作手册式活页式教材作为校本教材。

（七）配套课程资源与利用

"新媒体数字营销"课程资源，可以是与教材配套的纸质习题文本，也可以是多媒体资源、网络资源。教师要充分利用现代信息技术，积极开发与利用各种课程资源，制作课堂教学PPT，开发微课、视频、音频等资源，整理、优化课程资源库，逐步形成完善的立体化课程资源体系，为学生自主学习提供更多的机会和途径，鼓励学生创新思维和专业知识的整合，提高学生学习积极性。

同时，教师依托校园网络平台，向学生提供直播课程、录播课程、线上练习、在线答疑等多种形式的网络教学资源，优化教与学活动，推动课程教学的优化实施，引导学生在学习过程中结合上述资源进行自主、合作、探究式学习，为进一步开展线上线下混合式教学创造条件。同时要充分利用企业资源开展教学活动。

（八）线上教学安排

1. 选用教学平台

教师应根据课程教学内容，结合线上教学方式特点，合理选择使用一个能做到线上线下教学无缝切换的教学平台作为主要线上教学平台。同时，将QQ、微信、钉钉等其他即时通信软件作为备用平台用于课堂应急、临时讨论、即时消息等用途。

2. 准备教学资源

教师应充分发挥主观能动性和创造性，依据课程标准的要求和具体的教学内容，有选择地、创造性地使用、优化、整合资源，助力学生有效学习。要提前谋划，储备资源，通过网盘、U盘等工具随身携带重要教学资源，做好线上教学的充分准备。

3. 线上教学实施

教师根据"新媒体数字营销"课程标准，结合教学对象实际情况，考虑课前课中课后三个环节，与学生进行充分的互动交流，将新变化、新事物、现代信息技术融入线上课程，提高学生上课的参与度和融入感，提高学生的学习效果。

课前通过网络平台将视频、课件及相关资料推送给学生阅览，并给学生布置一定的任务，引导学生主动学习，带着任务听课，提高教学效果。课中由教师讲述重要知识点，配合教学资源，积极引导学生思考，通过弹幕、答题、连麦等手段与学生进行在线互动，让学生真正融入线上课堂。课后布置与教学内容相匹配的课后作业，通过聊天软件对学生进行课后辅导，为学生答疑解惑。

4. 线上教学的管理

为了保证线上教学的有序开展，课程负责人应在校园网络资源平台建设课程页面，教师通过课程页面，发布课程公告、课程学习资源，布置并批改作业，组织课后答疑，及时发布课程过程考核成绩，落实完整的教学过程。通过技术手段对学生进行全过程考核，确保学生到课听课率，保证教学质量。

课程负责人应确保线上课程框架体系完整，教学资源内容全面、科学合理、无政治性及学术性错误，严把课程质量关。课程主讲教师应严格按照教学大纲和教学计划开展线上教学，不得随意进行线上合班或更换授课时间、授课教师。

七、教学评价

（一）成绩评定体系

成绩评定体系构建原则：以培养目标、课程目的与要求为轴心，从职业活动和岗位要求分析入手，以国家职业技能标准为依据，制定相应的考核内容、考核办法和评价标准，实现过程性评价和终结性相结合、理论考核与技能考核相结合、从知识考核、技能考核、素质考核三方面立体评价，全面反映学生的知识能力、职业能力和素质能力，重视学生职业生涯发展能力和逻辑思维能力。

1. 考核评价模式

本课程实行形成性评价和终结性评价相结合的考核评价模式，采用多元评价方式，以学习过程考评、综合素质考评、综合实践能力考评为主，以知识考评、项目考评、学生自评、职业技能认证考评等作为辅助考评模式。

考评内容：

（1）学习过程考评：根据学生完成课程内项目任务的质量、参与项目的动态表现，评定其成绩，侧重对学生学习过程的评价，有利于引导学生积极参与平时的学习过程，激发学生学习的积极性和主动性。

（2）综合素质评价：将养成项目考核和过程考核相结合，考核学生的日常行为规范、基本素质和商务素质。每学期以班级为单位形成考核成绩表。推动提高学生的核心竞争力，奠定未来发展的综合素质基础。

（3）综合实践能力考评：主要考核内容有技能训练、实训报告、实习报告、社会调查报告等，培养学生的职业综合技能。

2. 成绩权重构成

学习任务	考核内容	考核方式	成绩分值	成绩权重	课程考核成绩
1. 了解新媒体数字营销概念	知识能力： 数字媒体营销基础知识考核	知识考评、学习过程考评	100分	50%	100分
	职业能力： 准确使用网络收集信息并处理的能力	项目考评、知识考评	100分	30%	
	职业素质： 具备耐心、仔细的良好习惯，具有团队协作的意识	学生自评、学习过程考评	100分	20%	
2. 新媒体数字营销计划制订	知识能力： 新媒体数字营销计划相关知识	知识考评、项目考评	100分	30%	100分
	职业能力： 团队共同制订一份新媒体营销计划	项目考评、综合实践能力考评	100分	50%	
	职业素质： 遵守规范、学习习惯、团结协作等	学生自评、学习过程考评	100分	20%	
3. 学习新媒体营销技术	知识能力： ①多平台规则知识和推广技巧相关知识考核 ②多平台推广方法实施相关知识与项目考核	知识考评、项目考评、学习过程考评	100分	20%	100分
	职业能力： ①多媒体平台文案策划能力和图文组织表述能力、原创编写能力考核 ②多媒体平台正确实施推广操作能力考核	项目考评、知识考评、综合实践能力考评	100分	60%	

续表

学习任务	考核内容	考核方式	成绩分值	成绩权重	课程考核成绩
3. 学习新媒体营销技术	职业素质：遵守和熟知各媒体平台规则，熟悉广告法，有网络信息原创意识	学生自评、学习过程考评	100分	20%	100分
4. 学习付费新媒体营销技术	知识能力：搜索引擎营销、信息流营销相关知识	知识考评、综合实践能力考评	100分	30%	100分
	职业能力：①具体营销场景下的执行搜索引擎营销能力 ②典型场景的搜索引擎营销优化	项目考评、知识考评、综合实践能力考评	100分	50%	
	职业素质：遵守规范、学习习惯、团队协作等	学生自评、学习过程考评	100分	20%	
5. 新媒体营销效果分析	知识能力：新媒体营销数据分析与整理相关知识	知识考评、职业技能认证考评	100分	30%	100分
	职业能力：新媒体数字营销方案撰写能力	知识考评、项目考评	100分	50%	
	职业素质：形成数据思维，全局化、系统化思考的能力	学生自评、学习过程考评	100分	20%	

（二）注重评价的多元化

应围绕本课程的教学目标，依据学业要求选择评价内容，注重多种评价方式有机结合与运用，强调多元评价主体的共同参与，以获取较为全面的评价信息。可以通过学生自评、互评、教师评价等方式进行评价。评价不仅要关注学生外在学习结果，更要关注内在学习品质。要重视过程性评价与终结性评价相结合。教师要有意识地利用评价过程与结果，通过评价引导学生学会学习，发现学生学习的个性特点和具体问题，及时引导，提出有针对性的建议，激发学生学习的动力。同时，依据评价结果反思日常教学，优化教学内容，调整教学策略，完善教学过程。

（三）重视评价结果的呈现

教学评价的结果要服务教学、反馈教学、促进教学，评价结果的呈现是评价的重要组成部分。教师要充分利用信息技术，收集、整理、分析有关反映学生学习过程和结果的数据，获取教学的反馈信息。通过多元化的评价方式形成的课后作业记录表、单项专业技能评价表、学习表现评价表、学业总评考核表等结果，能够综合反映学生的学业水平。

（四）学业水平考试要求

考试是课程评价的重要组成部分，学业水平考试是评价的重要方式。学业水平考试需要对学生不同阶段的学习成果做出综合评价，进行学分评定。

学习每个模块后，根据本课程标准的学业要求和阶段性学业水平对学生的学习成绩进行评定，并根据成绩结果给予相应学分。

总分	$\Sigma \geq 90$	$60 \leq \Sigma < 90$	$\Sigma < 60$
评定等级	优秀	合格	不合格

编写人员：丁　莎　武汉市财政学校
审核人员：曾　钧　武汉市财政学校

"统计技术应用"课程标准

课程名称	统计技术应用	课程类别	专业拓展课
适用专业	会计事务	学时 学分	72学时 4学分

一、课程性质与设计思路

(一) 课程性质

"统计技术应用"课程是会计事务专业的一门专业拓展课程。本课程属于应用工具性质，其目的是让会计事务专业学生在学习会计类专业课程同时，能够具备一些统计的基本知识和技能，并能正确有效地应用统计技术进行数据处理，包括正确有效地进行数据的搜集、整理汇总和分析应用，既能胜任企业一般统计工作，又能根据会计部门和企业管理层的需要及时有效地提供相关统计数据资料。

(二) 设计思路

基于中职学生的专业要求和文化知识基础，本课程只要求学生掌握最基本的统计知识和方法，重点掌握数据资料的搜集技术、数据资料的整理汇总技术、各种统计指标的计算以及常用的统计分析方法和技术，并能正确有效地应用这些方法和技术。课程内容根据统计工作过程顺序安排，即统计资料的搜集—统计资料的整理汇总—统计指标计算和分析。统计指标计算和分析注重各种各类统计指标和分析方法的正确应用，凡涉及计算量较大和较复杂的计算尽量放在Excel表中自动生成结果。掌握两个原则：第一，凡统计指标性质描述，要弱化理论知识，强化应用知识，即重点让学生掌握这些指标如何正确应用；第二，凡涉及统计指标计算，要弱化手工计算要求，强化使用Excel工具自动生成功能，所有涉及各种数据整理汇总和统计指标计算的数据处理，都要求学生学会在Excel环境下进行操作。

二、专业核心素养与课程目标

(一) 专业核心素养

会计事务专业核心素养，是指学生通过学习具备能够适应终身发展和社会发展需要的会计职业关键能力和必备品格。会计职业关键能力包括逻辑思维能力、企业运营及资金运动的空间想象能力、数据处理分析能力、账务处理能力、分析和解决实际问题的能力；必备品格包括爱岗敬业、诚实守信、依法办事、保守秘密，养成严谨细致和客观公正的职业精神，以及搞好服务和参与管理的职业意识。

（二）课程目标

通过本课程的学习，让学生树立正确的人生观、价值观，同时能认识到统计技术应用在会计及相关岗位中的重要作用。根据专业核心素养中"数据处理分析能力"要求，学会数据资料的搜集方法，学会数据资料的整理、汇总和图表表达方式，学会绝对指标、相对指标、平均指标、差异指标等不同性质指标的计算和应用，学会动态数据的描述和分析方法，简单掌握抽样分析、指数分析和相关分析的基本方法。要学会运用 Excel 工具进行数据的整理汇总和各种统计分析指标的计算，让会计事务专业学生同时具备基本的数据处理分析能力。

三、本课程在专业课程体系中的位置

会计事务专业课程设置主要包括公共基础课程和专业课程。专业课程一般包括专业基础课程、专业核心课程、专业拓展课程，并涵盖实训等有关实践性教学环节。思政教育和会计文化融入课程内容。本课程在专业课程体系中的位置如下图所示。

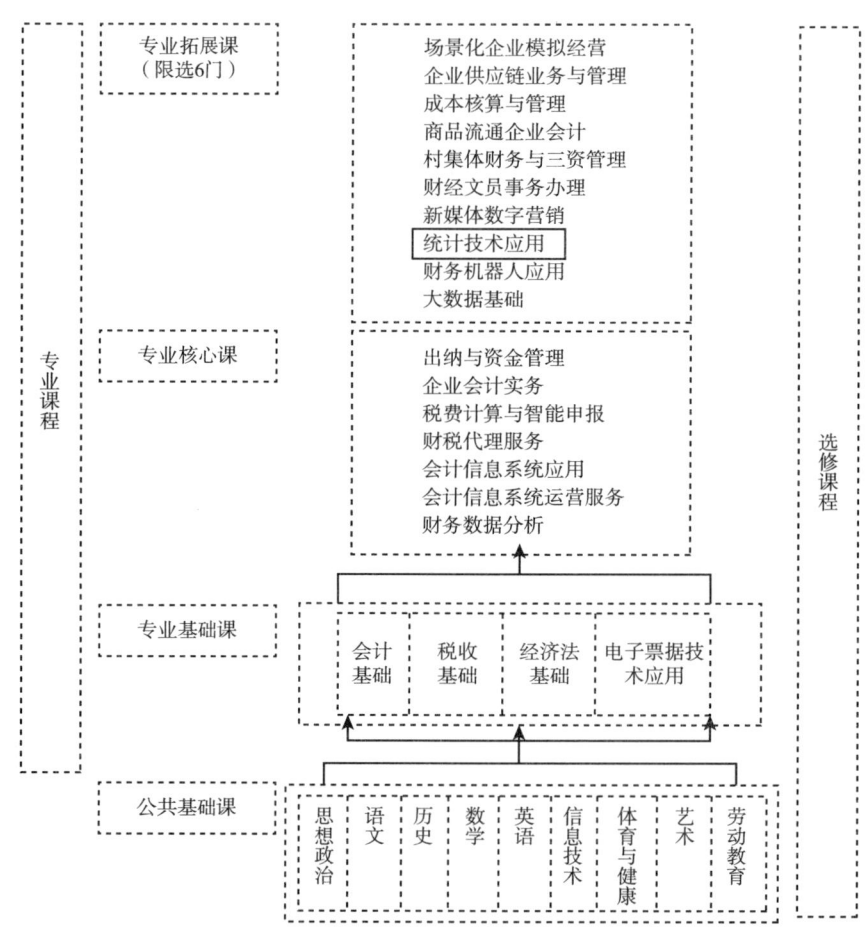

四、课程内容与学时安排

（一）课程内容

"统计技术应用"课程内容

序号	教学模块	教学内容描述	能力要求	课时
1	统计预备知识	• 统计技术应用学习要求 • 统计常用术语及相应的计算机术语 • 统计工作过程常用技术 • Excel 中统计所需的基本知识	• 能描述统计工作、统计资料和统计技术三者关系 • 能举例说明统计技术中的常用术语（总体、总体单位、标志、指标）及对应的计算机术语（字段、常量、变量、记录） • 能区分数据的四种不同类型：字符型、数值型、日期型、逻辑型 • 能描述统计工作过程，知晓每一过程的常用技术 • 能在计算机中打开 Excel 表，描述工作簿、工作表的关系 • 会创建新工作簿和工作表，会在单元格输入不同类型数据，利用填充功能拖曳数据 • 会在 Excel 表中编辑数据，包括：数据的修改、复制、剪切、粘贴、插入、删除、冻结等 • 会对 Excel 数据表进行修饰，包括：数字修饰、行高列宽调整、各种对齐、边框和颜色调整 • 会简单运用 Excel 的公式构成、函数、透视表和统计图等功能处理和显示数据	8 课时
2	统计数据搜集和整理的应用	• 不同数据来源和搜集方法，原始数据搜集常用技术，企业统计岗位搜集资料的内容和基本表式 • 数据整理的不同方法和要点，在 Excel 表中进行数据整理和汇总的技术 • 用 Excel 图示功能显示数据的技术，各种统计图的不同应用	• 能区分原始资料和二手资料，能举例说明资料搜集的不同方法 • 会对企业常规统计工作（包括统计报表填报、职工人数、工资统计、产量产值、销售、库存统计，成本费用统计等）进行资料的搜集 • 会设计简单的问卷调查表，会利用在线问卷调查平台（如"问卷星""问卷网"等）完成简单的问卷调查工作 • 会在 Excel 表中根据不同要求对数据进行排序、筛选等操作；会用 Excel 函数功能进行计数、求和、平均、分类汇总等操作	14 课时

续表

序号	教学模块	教学内容描述	能力要求	课时
			• 会根据不同要求对数据进行分组，能识别不同类型的次数分布数列 • 能在 Excel 中根据不同的次数分布数列生成透视表和统计图（包括柱状图、折线图、饼图等），并能根据统计图特征进行简单的文字描述	
3	统计最常用指标应用	• 总量指标的各种不同表现形式及其性质，不同总量指标的不同应用 • 各种不同相对指标的性质，各种相对指标的计算和应用 • 各种平均指标（包括众数和中位数）的性质，各种平均指标的计算和实际应用 • 常用差异指标的性质，常用差异指标的计算和应用	• 能辨识不同性质的总量指标，包括：实物量指标、价值量指标和劳动量指标，流量指标（时期指标）和存量指标（时点指标） • 能辨识不同性质的相对指数，包括：计划完成相对数、结构相对数、比较相对数、动态相对数和强度相对数 • 能正确使用不同相对指标的计量单位，并能对经济现象进行简单分析 • 会进行算术平均数（含调和平均数）、几何平均数、众数和中位数的计算，会在 Excel 表中自动生成算术平均数、几何平均数、众数和中位数 • 能根据算术平均数、众数和中位数的性质特点选择不同指标对经济现象进行分析和说明 • 会进行各种差异指标（极差、平均差、标准差、标准差系数）的计算，会在 Excel 表中自动生成差异指标 • 能结合平均指标和差异指标对经济现象进行具体分析	16 课时
4	动态数据分析技术应用	• 动态数据种类及显示形式 • 各种动态水平指标的名称及其性质，各种动态水平指标的计算和应用 • 各种动态速度指标的名称及其性质，各种动态速度指标的计算和应用 • 动态变动趋势分析和动态周期变动规律分析技术及应用	• 能辨识不同性质数据构成的动态数列 • 会根据动态数列计算各种动态水平指标：平均发展水平（流量平均、存量平均、相对数平均、平均数平均），增长量（逐期增长、累计增长、同期增长），平均增长量；会运用 Excel 拖曳功能自动生成各项序列水平指标数值 • 会根据动态数列计算各种动态速度指标：发展速度（环比发展、定基发展、同比发展），增长速度（环比增长、定基增长、同比增长），平均发展速度，平均增长速度；会运用 Excel 拖曳功能自动生成各项序列速度	14 课时

续表

序号	教学模块	教学内容描述	能力要求	课时
			指标数值，会运用 Excel 函数功能计算平均发展速度 • 会根据动态序列数据进行趋势分析，包括序时平均法、移动平均法和最小平方法，会用 Excel 拖曳功能生成移动平均序列值，会用函数功能生成最小平方法方程中待定参数 • 会根据动态序列数据进行周期分析，包括简单平均法和趋势剔除法	
5	其他统计分析技术应用	• 抽样调查中的几个概念及组织方式；抽样误差种类，抽样平均误差计算；点估计和区间估计的方法；样本单位数的确定方法 • 指数的含义，综合指数的编制方法；指数体系之间的关系，应用指数体系进行简单的因素分析 • 相关的概念和种类；相关系数的计算；回归分析的基本思想；简单回归方程拟合方法	• 能举例说明不同的抽样组织形式：纯随机抽样、等距抽样、分层抽样和整群抽样 • 会进行抽样平均误差的计算（包括重复抽样和不重复抽样）；会根据抽样平均误差和概率要求进行区间估计；会根据总体方差、允许误差和概率要求计算所需的抽样单位数（包括重复抽样和不重复抽样） • 能辨识和列举数量指标指数和质量指标指数；会根据给定的资料编制数量指标指数和质量指标指数；会利用指数体系的内在关系进行因素分析（仅限两因素分析） • 能举例说明什么是相关关系，什么是函数关系，什么是虚假相关；会根据给定的两组数据在 Excel 表中计算相关系数，并能根据计算结果判断相关程度；描述回归分析中的自变量和因变量；会根据给定的两组数据在 Excel 表中计算回归方程待定参数，会根据确定的回归方程和自变量估算因变量	20 课时
	合计			72 课时

（二）学时安排与学分

"统计技术应用"课程共计 72 学时，每 18 学时折算 1 学分，共 4 学分。

五、学业质量

（一）学业质量内涵

学业质量是学生在完成课程学习后的学业成就表现。"统计技术应用"课程学业质量标准是以会计事务专业核心素养及其表现水平为主要维度,结合课程内容,对学生"统计技术应用"课程学业成就表现的总体刻画。根据项目任务的复杂程度、知识和技能的结构化程度、分析和解决问题的能力等不同水平学业成就表现的关键特征,"统计技术应用"课程学业质量标准将学业质量划分为不同水平,并描述了不同水平学习结果的具体表现,不同水平之间具有由低到高逐渐递进的关系,体现课程结束时学生达到的水平,为核心素养评价提供基本依据。

(二) 学业质量水平

"统计技术应用"课程学业质量水平是"统计技术应用"课程目标的综合表现。"统计技术应用"课程目标划分为优秀、合格和不合格三个不同水平,每一个水平是通过专业知识、专业技能和社会能力三个维度进行表述的。下表是"统计技术应用"课程的质量描述,水平一为合格;水平二为优秀;未达到水平一的为不合格。

	"统计技术应用"课程学业质量描述	
	水平一	水平二
专业知识	①基本理解统计常用术语及相应的计算机术语 ②熟悉 Excel 界面及统计所需的基本知识 ③了解原始数据搜集的几种常用技术,了解企业统计岗位搜集资料的内容和基本表式 ④了解数据整理的不同方法和要点,了解各种统计图的不同应用 ⑤了解总量指标的各种不同表现形式及其性质 ⑥了解各种不同相对指标的性质和应用 ⑦了解各种平均指标(包括众数和中位数)的性质和应用 ⑧了解常用差异指标的性质和应用 ⑨了解动态数据种类及显示形式 ⑩了解各种动态水平指标的名称、性质和应用 ⑪了解各种动态速度指标的名称、性质和应用 ⑫了解动态变动趋势分析和动态周期变动规律分析的区别和应用 ⑬了解抽样调查的概念及组织方式;了解抽样误差种类;了解确定样本单位数的要素 ⑭了解指数的含义;了解指数体系之间关系 ⑮了解相关的概念和种类;知晓相关系数的判断标准;了解回归分析的基本思想	①理解并能举例说明统计常用术语及相应的计算机术语 ②熟悉并能应用 Excel 界面及统计所需的基本知识 ③熟知原始数据搜集的几种常用技术,熟知企业统计岗位搜集资料的内容和基本表式 ④熟知数据整理的不同方法和要点,熟知各种统计图的不同应用 ⑤熟知总量指标的各种不同表现形式及其性质,了解不同总量指标的不同应用 ⑥熟知各种不同相对指标的性质和应用 ⑦熟知各种平均指标(包括众数和中位数)的性质和应用 ⑧熟知常用差异指标的性质和应用 ⑨熟知动态数据种类及显示形式 ⑩熟知各种动态水平指标的名称、性质和应用 ⑪熟知各种动态速度指标的名称、性质和应用 ⑫熟知动态变动趋势分析和动态周期变动规律分析的区别和应用 ⑬熟知抽样调查的概念及组织方式;熟知抽样误差种类,熟知确定样本单位数的要素 ⑭理解指数的含义,理解指数体系之间的关系 ⑮了解相关的概念和种类;熟悉相关系数的判断标准;理解回归分析的基本思想

续表

	"统计技术应用"课程学业质量描述	
	水平一	水平二
专业技能	①能区分数据的四种不同类型：字符型、数值型、日期型、逻辑型 ②会创建新工作簿和工作表，会在单元格输入不同类型数据 ③会在 Excel 表中编辑数据，会对 Excel 数据表进行修饰，会简单运用 Excel 的公式构成、函数、透视表和统计图等功能处理和显示数据 ④会填写企业常规统计表 ⑤能参照范本设计简单的问卷调查表，会利用在线问卷调查平台输入问卷调查内容 ⑥会在 Excel 表中根据不同要求对数据进行排序、筛选等操作；会用 Excel 函数功能进行计数、求和、平均、分类汇总等操作 ⑦能在 Excel 中根据不同的次数分布数列生成透视表和统计图 ⑧能辨识不同性质的总量指标，包括：实物量指标、价值量指标和劳动量指标，流量指标和存量指标 ⑨会计算各种相对指标，能正确应用相对指标的计量单位 ⑩会进行算术平均数、几何平均数、众数和中位数的计算；会在 Excel 表中自动生成算术平均数、几何平均数、众数和中位数 ⑪会进行各种差异指标的计算，会在 Excel 表中自动生成这些差异指标 ⑫会根据动态数列计算各种动态水平指标：平均发展水平、增长量、平均增长量；会运用 Excel 拖曳功能自动生成各项序列水平指标数值 ⑬会根据动态数列计算各种动态速度指标：发展速度、增长速度、平均发展速度、平均增长速度；会运用 Excel 拖曳功能自动生成各项序列速度指标数值，会运用 Excel 函数功能计算平均发展速度 ⑭会根据动态序列数据进行趋势分析，会用 Excel 拖曳功能生成移动平均序列值，会用函数功能生成最小平方方法 a、b 参数 ⑮会根据动态序列数据进行周期分析，用 Excel 自动生成折线图 ⑯会进行抽样平均误差的计算；会根据抽样平均误差和概率要求进行区间估计；会根据总体方差、允许误差和概率要求计算所需的抽样单位数	①能区分并能列举数据的四种不同类型：字符型、数值型、日期型、逻辑型 ②会创建新工作簿和工作表，并能在理解不同类型数据性质前提下在单元格输入不同类型数据 ③会在 Excel 表中熟练编辑数据，能熟练对 Excel 数据表进行修饰，会熟练运用 Excel 的公式构成、函数、透视表和统计图等功能处理和显示数据 ④会填写企业常规统计表，并能审核数据正确与否 ⑤能独立设计简单的问卷调查表，会利用在线问卷调查平台完成简单的问卷调查工作 ⑥能熟练地在 Excel 表中根据不同要求对数据进行排序、筛选等操作；能熟练地运用 Excel 函数功能进行计数、求和、平均、分类汇总等操作 ⑦能在 Excel 中根据不同的次数分布数列生成透视表和统计图，并能根据统计图特征进行简单的文字描述 ⑧能辨识并列举不同性质的总量指标，包括：实物量指标、价值量指标和劳动量指标，流量指标和存量指标 ⑨会计算各种相对指标，能正确应用相对指标的计量单位，并能结合各种相对指标对经济现象进行简单的分析 ⑩会进行算术平均数、几何平均数、众数和中位数的计算；会在 Excel 表中自动生成算术平均数、几何平均数、众数和中位数；能根据这些指标的不同特点选择不同指标对经济现象进行分析和说明 ⑪会进行各种差异指标的计算，会在 Excel 表中自动生成这些差异指标；能结合平均指标和差异指标对经济现象进行具体分析 ⑫会根据动态数列计算各种动态水平指标：平均发展水平、增长量、平均增长量；能熟练运用 Excel 拖曳功能自动生成各项序列水平指标数值 ⑬会根据动态数列计算各种动态速度指标：发展速度、增长速度、平均发展速度、平均增长速度；能熟练运用 Excel 拖曳功能自

续表

	"统计技术应用"课程学业质量描述	
	水平一	水平二
专业技能	⑰会根据给定的资料编制数量指标指数和质量指标指数 ⑱会根据给定的两组数据在Excel表中计算相关系数；会根据给定的两组数据在Excel表中计算回归方程待定参数	动生成各项序列速度指标数值，能熟练运用Excel函数功能计算平均发展速度 ⑭会根据动态序列数据进行趋势分析，能熟练运用Excel拖曳功能生成移动平均序列值，能熟练运用函数功能生成最小平方法a、b参数 ⑮会根据动态序列数据进行周期分析，用Excel自动生成折线图，并能根据折线图对周期规律进行简单的文字描述 ⑯会进行抽样平均误差的计算；会根据抽样平均误差和概率要求进行区间估计；能熟练计算所需抽样单位数，并能描述总体方差、允许误差和概率要求三者与确定抽样单位数的关系 ⑰会根据给定的资料编制数量指标指数和质量指标指数；会利用指数体系的内在关系进行因素分析 ⑱会根据给定的两组数据在Excel表中计算相关系数；会根据给定的两组数据在Excel表中计算回归方程待定参数；会根据确定的回归方程和自变量对因变量进行点估计和区间估计
	水平一	水平二
社会能力	①具有基本的逻辑思维能力和数据运算处理能力 ②初步形成爱岗敬业、诚实守信、严谨细致、客观公正的职业精神，能依法办事、保守秘密、重视诚信 ③基本养成搞好服务和参与管理的职业意识 ④了解企业文化，遵守职业道德、坚持原则不作假，具备一定的社会责任感和担当精神 ⑤有一定自我管理能力，基本遵守课堂纪律，基本能完成工作任务和课后作业 ⑥具备基本的沟通能力，能完成基本的学习活动 ⑦具有基本的团队意识，服从工作安排	①有较强的逻辑思维能力和数据运算处理能力 ②具备爱岗敬业、诚实守信、严谨细致、客观公正的职业精神，能依法办事、保守秘密、重视诚信 ③养成搞好服务和参与管理的职业意识，关注市场、初步形成认知财经政策的意识 ④了解企业文化，遵守职业道德、坚持原则不作假，具备社会责任感和担当精神，初步养成精益求精的工匠精神 ⑤自我管理能力强，课堂组织纪律性强，按时且认真完成工作任务和课后作业 ⑥沟通能力强，在学习过程中遇到问题能够虚心求教，耐心倾听别人的意见，具备较强的知识迁移能力 ⑦有较强的团队意识，服从工作安排，人际关系和谐，团结协作精神强

六、课程实施

(一) 教学要求

中等职业学校"统计技术应用"课程教学要全面落实"立德树人"的根本任务,明确"统计技术应用"课程的功用以及在会计事务专业课程体系中的地位。教师应准确把握课程目标、课程内容、学业质量的要求,合理设计教学目标、教学方法、教学过程和教学评价。在教学实践中,要根据学生的知识基础和学习能力不断改进教学方式,激发学生学习本门课的兴趣,有效实施因材施教。

1. 明确"统计技术应用"课程性质及作用

统计是与数字打交道,在大数据时代,掌握大数据处理技能显得尤为重要。尽管"统计技术应用"这门课是会计事务专业的一门拓展性课程,但财经类工作中统计工作往往是必不可少的,掌握了统计基本方法和技术就能正确而有效地搜集、整理和分析数据,应用数据,能够更好地为会计工作、为企业管理工作提供服务。

2. 让学生学会统计最基本技术的实际应用

本课程针对中职学生学情,课程目标是让学生掌握最基本的统计方法和操作技术,重点让学生学会实际应用。在教学过程中要大量举例,通过这些实例,让学生不但学会统计基本方法和技术,还能应用这些方法和技术解决实际问题,从而可极大地提高学生学习本门课的兴趣,提高解决实际问题的能力。

3. 本门课大量计算要借助 Excel 环境进行操作

统计在实际工作中,面对的是大量数据,甚至是海量数据,手工处理这些数据几乎无法完成,且效率低下,所以要教会学生借助 Excel 工具进行数据处理,学会在 Excel 环境下对各种数据进行处理的方法和技术。在教学过程中,凡遇到数据处理都要在 Excel 中进行操作示范,并让学生练习。学生学完这门课程,不但学会统计方法和技术,而且能够娴熟运用 Excel 工具对数据进行整理汇总、计算各种公式复杂的统计指标,从而大大降低这门课程的难度。

(二) 师资条件

(1) 符合中等职业学校专业课教师的任职条件,具备中等职业学校教师的基本素养和道德要求,热爱教育事业,具有强烈的责任心和使命感。能够落实课程思政要求,挖掘专业课程中的思政教育元素和资源。

(2) 具有较好统计学基础,同时具有较好的计算机操作能力,尤其是 Excel 操作能力,具有一定的统计工作实践经验。

(3) 具备一定的表达能力,能理实结合、深入浅出、通俗易懂地进行教学,能运用各种教学手段和教学工具指导学生进行理论学习和开展实践教学。

(三) 实践教学

(1) 配备计算机房或多媒体教室,计算机中安装有含 Excel 的 Office 软件,并含有供学生操作训练用的整套数据资料。

（2）教师每完成一个学习领域或学习任务，即可安排一次实践教学，让学生在 Excel 环境下进行统计方法和技术的实训。

（四）教学方法

本课程主要使用下列教学方法：

1. 任务驱动教学法

任务驱动教学法是指在学习过程中，紧紧围绕一个共同的任务活动中心，在强烈的问题动机的驱动下，通过对学习资源的积极主动应用，进行自主探索和互动协作的学习，并在完成既定任务的同时，引导学生产生一种学习实践活动。

2. 案例教学法

案例教学法是一种通过模拟或者重现现实生活中的一些场景，让学生把自己纳入案例场景，通过讨论或者研讨来进行学习的教学方法。教学中既可以通过分析、比较，研究各种各样成功的经验，从中抽象出某些一般性的结论或原理，也可以让学生通过自己的思考或者他人的思考来拓宽视野，丰富知识。

3. 讲授法

讲授法是教师通过口头语言向学生描绘情境、叙述事实、解释概念、论证原理和阐明规律的教学方法。

（五）教学手段

为了达到预期教学目的，本课程结合教学内容，宜采用多媒体教学手段。多媒体教学手段是指在教学过程中，根据教学目标和教学对象的特点，通过教学设计，合理选择和运用现代教学媒体，并与传统教学手段有机组合，共同参与教学全过程，以多种媒体信息作用于学生，形成合理的教学过程结构，达到最优化的教学效果。

（六）教材要求

（1）原则上从国家和省级教育行政部门发布的规划教材目录中选用，国家和省级规划目录中没有的教材，可在职业院校教材信息库选用。不得以岗位培训教材取代专业课程教材。

（2）若本课程没有合适的教材，教师可根据课程标准自编校本教材，经过两轮教学后可推荐给出版社出版发行。

（七）配套课程资源与利用

课程资源建设与学生的学习活动息息相关，既是师生动态运用既有资源的过程，也是不断生成、积累新资源的过程。中等职业学校"统计技术应用"课程配套资源的开发与利用应充分考虑学生的身心发展特点，依据教育性、科学性、发展性的原则，符合教学规律要求，倡导合作共享、因地制宜地开发教学资源，提高教学质量，以利于教学目标的达成。

1. 立体化课程资源

课程教学资源可以是与教材配套的纸质习题文本，也可以是多媒体资源、网络资源。教师要充分利用现代信息技术，积极开发与利用各种课程资源，制作课堂教学 PPT，开发微课、视频、音频等资源，整理、优化课程资源库，逐步形成完善的立体化课程资源体系，为学生自主学习提供更多的机会和途径，鼓励学生创新思维和专业知识的整合，提高学生学习积极性。

2. 网络教学资源

教师依托校园网络平台，向学生提供直播课程、录播课程、线上练习、在线答疑等多种形式的网络教学资源，优化教与学活动，推动课程教学的优化实施，引导学生在学习过程中结合上述资源进行自主、合作、探究式学习，为进一步开展线上线下混合式教学创造条件。学生在学习过程中实际生成的各种问题、拓展材料及学生成果等，也是一种有意义的课程资源。

3. 校企合作资源

要充分利用校企合作平台开展教学活动，通过与相关企业的合作，结合学校实训基地或"校中厂"资源，给学生提供参观、访问企业的机会，让学生直接参与到校企共建实训基地的工作中来，拓宽学生的视野，促进学生会计事务专业核心素养的养成。

（八）线上教学安排

1. 选用教学平台

教师应根据"统计技术应用"课程教学内容，结合线上教学方式特点，合理选择使用一个能做到线上线下教学无缝切换的教学平台作为主要线上教学平台。

2. 准备教学资源

教师应充分发挥主观能动性和创造性，依据课程标准的要求和具体的教学内容优化、整合资源，助力学生有效学习。要提前谋划，储备资源，通过网盘、U 盘等工具随身携带重要教学资源，做好线上教学的充分准备。

3. 线上教学实施

教师根据课程标准，结合教学对象实际情况，考虑课前课中课后三个环节，与学生进行充分的互动交流，将新变化、新事物、现代信息技术融入线上课程，提高学生上课的参与度和融入感，提高学生的学习效果。

4. 线上教学的管理

为了保证线上教学的有序开展，课程负责人应在校园网络资源平台建设课程页面，教师通过课程页面，发布课程公告、课程学习资源，布置并批改作业，组织课后答疑，及时发布课程过程考核成绩，落实完整的教学过程。通过技术手段对学生进行全过程考核，确保学生到课听课率，保证教学质量。

七、教学评价

教学评价是教学活动的重要组成部分，贯穿教学过程的始终，其目的是促进学生学习、改善教师教学、完善课程设计、监控学业质量。

（一）以课程目标为评价依据注重多元评价

课程学习评价以课程目标作为评价的主要依据，其根本目的是促进学生专业核心素养的提升。评价不仅要关注学生掌握专业知识、专业技能的掌握程度，还要关注学生的学习态度、学习方法和学习习惯的养成。

（二）一般评价标准和学业水平考试评价标准

1. 一般评价标准

根据学生平时的测验、考试，结合学生的学习态度、学习方法和学习习惯的养成确定总分，等级评定如下：

总分	$\Sigma \geqslant 90$	$80 \leqslant \Sigma < 90$	$70 \leqslant \Sigma < 80$	$60 \leqslant \Sigma < 70$	$\Sigma < 60$
评定等级	优秀	良	中	合格	不合格

2. 学业水平考试评价标准

学业水平考试是评价的重要方式。学业水平考试需要对学生不同阶段的学习成果做出综合评价，进行学分评定。根据本课程标准的学业要求和阶段性学业水平对学生的学习成绩进行评定，并根据成绩结果给予相应学分。

总分	$\Sigma \geqslant 90$	$60 \leqslant \Sigma < 90$	$\Sigma < 60$
评定等级	优秀	合格	不合格

编写人员：陈　强　上海商业会计学校
审核人员：曾　钧　武汉市财政学校

"财务机器人应用"课程标准

课程名称	财务机器人应用	课程类别	专业拓展课
适用专业	会计事务、纳税事务	学时 学分	36 学时 2 学分

一、课程性质与设计思路

（一）课程性质

"财务机器人应用"课程是会计事务专业的专业拓展课程。本课程属于应用工具性质，从知识、技能和素质三个维度，将知识与技能、过程与方法、情感态度与价值观三方面融为一体，有机融合财务机器人应用的基本理论和基本知识、基本方法和基本技能、课程思政的熏陶以及会计职业道德规范的养成。通过本课程的学习，使学生能够基于业财融合，按照会计信息管理要求，掌握应用 RPA 工具设计财务机器人的方法和技能，养成细心严谨的工作作风，为顺利走上财务会计工作岗位打下良好的基础。

本课程前置课程为"会计基础""企业会计实务""会计信息系统应用"，后期课程为"财务数据分析"。

（二）设计思路

本课程是依据财经商贸类相关专业教学标准和相关职业岗位（群）的典型工作任务及职业能力，基于岗位工作及职业成长规律，面向企业会计岗位，依据最新《企业会计准则》和财税金融政策，结合初学者的实际情况及需要而设计。本课程融入企业日常经济业务会计处理知识、技能和方法，侧重信息技术在会计工作中的应用，采用工学一体、岗课赛证综合育人模式，融入课程思政。教学内容方面突出学生应用能力的培养，强调理论必需、技能够用，遵循从简单到复杂、由具体到抽象的认知规律，以财务信息的获取、处理、填报和呈现等财务业务处理的纵向逻辑组织，引导学生深入了解信息技术对会计工作的影响，同时将会计数字化技术以及典型工作案例纳入教学内容，让学习者树立数据思维和系统意识。教学组织方面倡导任务驱动、理实一体化教学，以提高学生解决实际问题的能力。

二、专业核心素养与课程目标

（一）专业核心素养

会计事务专业核心素养，是指学生通过学习具备能够适应终身发展和社会发展需要的会计职业关键能力和必备品格。会计职业关键能力包括逻辑思维能力、企业运营及资金运动的空间想象能力、数据处理分析能力、账务处理能力、分析和解决实际问题的能力；必备品格包括爱岗敬业、诚实守信、依法办事、保守秘密，养成严谨细致和客观公正的职业精神，以及搞好服务和参与管理的职业意识。

（二）课程目标

通过本课程的学习，使学生树立正确的人生观、价值观，能正确认识财务机器人在会计行业发展中的重要作用，培养学生的系统思维、逻辑思维和分析问题、解决问题能力。本课程可以让学习者较好地认知RPA技术的应用原理，了解RPA技术在财务中创新应用的工作场景和工作过程，熟悉财务机器人软件使用的相关业务流程，应用财务机器人软件的基本功能完成发票业务处理等典型财务工作场景的自动化处理。培养学生爱岗敬业、诚实守信、坚持准则、客观公正的职业精神，强化会计信息处理和服务能力。

三、本课程在专业课程体系中的位置

会计事务专业课程设置主要包括公共基础课程和专业课程。专业课程一般包括专业基础课程、专业核心课程、专业拓展课程，并涵盖实训等有关实践性教学环节。思政教育和会计文化融入课程内容。本课程在专业课程体系中的位置如下图所示。

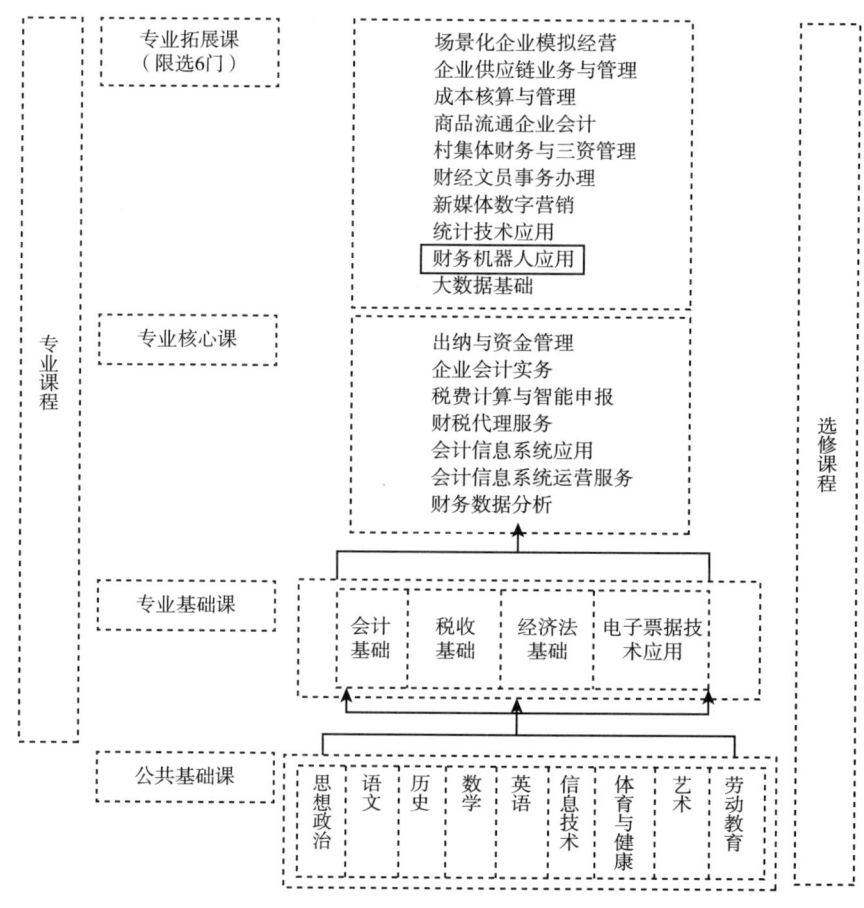

四、课程内容与学时安排

(一) 课程内容

"财务机器人应用"课程内容

序号	教学模块	教学内容描述	能力要求	课时
1	财务机器人的由来	• 财务机器人前沿 • 典型应用场景 • 常见的财务机器人软件	• 掌握RPA技术和财务机器人的概念 • 能区分哪些业务场景下适用RPA • 理解财务机器人典型应用场景 • 熟悉国内外RPA平台	3课时
2	财务机器人应用基础	• 财务机器人的基本操作 • 设计一个财务信息读取机器人	• 掌握UiPath工具的基本操作方法 • 掌握活动面板、设计面板、属性面板和变量面板的操作 • 能归纳总结财务信息读取机器人的流程 • 熟练使用【序列】【读取单元格】【消息框】等控件	3课时
3	财务机器人在信息获取中的应用	• 上市公司财务信息下载 • 商品信息下载 • 银行流水下载	• 掌握财务网报及商务信息数据的下载 • 掌握银行页面的登录设置 • 掌握银行账单附件资料的下载 • 熟练使用【打开浏览器】【提取表格数据】【写入范围】等控件	8课时
4	财务机器人在信息处理中的应用	• 银行对账业务 • 发票识别业务	• 掌握Excel对账单数据读取设置 • 掌握OCR智能识别发票功能的应用 • 掌握常见变量的增加与配置 • 熟练使用【读取范围】【联接数据表】【发送热键】等控件	6课时
5	财务机器人在信息填报中的应用	• 发票开具业务场景 • 企业纳税申报业务场景	• 熟悉发票开具的RPA流程设计 • 熟悉企业纳税申报的RPA流程设计 • 掌握RPA技术模拟人工的操作 • 熟练使用【对于数据表中的每一行】【IF条件】【单击】等控件	8课时
6	财务机器人在信息呈现中的应用	• 财务情况说明书 • 财务报告分析	• 掌握相关财务指标的含义和计算过程 • 熟悉一般财务报告的表达格式 • 掌握PDF格式财务报表的数据读取功能 • 熟练使用【分配】【读取PDF文本】【遍历循环】等控件	8课时
	合计			36课时

（二）学时安排与学分

"财务机器人应用"课程共计36学时，每18学时折算1学分，共2学分。

五、学业质量

（一）学业质量内涵

学业质量是学生在完成课程学习后的学业成就表现。"财务机器人应用"课程学业质量标准是以会计事务专业核心素养及其表现水平为参考维度，结合课程内容，对学生"财务机器人应用"课程学业成就表现的总体刻画。根据项目任务的复杂程度、知识和技能的结构化程度、分析和解决问题的能力等不同水平学业成就表现的关键特征，"财务机器人应用"课程学业质量标准将学业质量划分为不同水平，并描述了不同水平学习结果的具体表现，不同水平之间具有由低到高逐渐递进的关系，体现课程结束时学生达到的水平，为课程评价提供基本依据。

（二）学业质量水平

"财务机器人应用"课程学业质量水平是课程目标的综合表现，划分为三个不同水平，每一个水平是通过专业核心素养的具体表现和体现课程目标的三个方面进行表述的，包括专业知识、专业技能和社会能力三个方面。

学业质量水平分为优秀、合格和不合格。质量描述中：水平一为合格；水平二为优秀；未达到水平一的为不合格。

"财务机器人应用"课程学业质量描述		
	水平一	水平二
专业知识	①了解RPA技术和财务机器人的概念 ②熟悉部门业务场景下使用RPA技术 ③了解财务机器人典型应用场景 ④了解国内外RPA平台 ⑤理解相关财务指标的含义和计算过程 ⑥能理解财务信息读取机器人的流程 ⑦理解财务报告的表达格式 ⑧理解发票开具的RPA流程设计 ⑨理解企业纳税申报的RPA流程设计	①掌握RPA技术和财务机器人的概念 ②能区分哪些业务场景下适用RPA技术 ③理解财务机器人典型应用场景 ④熟悉国内外RPA平台 ⑤掌握相关财务指标的含义和计算过程 ⑥能归纳总结财务信息读取机器人的流程 ⑦熟悉财务报告的表达格式 ⑧熟悉发票开具的RPA流程设计 ⑨熟悉企业纳税申报的RPA流程设计

续表

	"财务机器人应用"课程学业质量描述	
	水平一	水平二
专业技能	①能进行 UiPath 工具的基本操作 ②能操作活动面板、设计面板、属性面板和变量面板 ③能下载财务网报及商务信息数据 ④能进行银行页面的登录设置 ⑤能下载银行账单附件资料 ⑥能进行 EXCEL 对账单数据读取设置 ⑦能应用 OCR 智能识别发票功能 ⑧能增加与配置常见变量 ⑨能进行 RPA 技术模拟人工的操作 ⑩能应用 PDF 格式财务报表的数据读取功能 ⑪能使用【打开浏览器】【提取表格数据】【写入范围】【读取范围】【联接数据表】【发送热键】【单击】【读取 PDF 文本】等控件	①能熟练进行 UiPath 工具的基本操作 ②能熟练操作活动面板、设计面板、属性面板和变量面板 ③能熟练下载财务网报及商务信息数据 ④能熟练进行银行页面的登录设置 ⑤能熟练下载银行账单附件资料 ⑥能熟练进行 EXCEL 对账单数据读取设置 ⑦能熟练应用 OCR 智能识别发票功能 ⑧能熟练增加与配置常见变量 ⑨能熟练进行 RPA 技术模拟人工的操作 ⑩能熟练应用 PDF 格式财务报表的数据读取功能 ⑪能熟练使用【打开浏览器】【提取表格数据】【写入范围】【读取范围】【联接数据表】【发送热键】【单击】【读取 PDF 文本】等控件
	水平一	水平二
社会能力	①具有基本的逻辑思维能力和分析问题、解决问题的能力 ②初步形成爱岗敬业、严谨细致、客观公正的职业精神,能依法办事、保守秘密、重视诚信 ③有一定自我管理能力,基本遵守课堂纪律,基本能完成工作任务和课后作业 ④具备基本的沟通能力,能完成基本的学习活动,具备一定的知识迁移能力 ⑤具有基本的团队意识,服从工作安排	①具有较强的逻辑思维能力和分析问题、解决问题的能力 ②具备爱岗敬业、严谨细致、客观公正的职业精神,能依法办事、保守秘密、重视诚信 ③自我管理能力强,课堂组织纪律性强,按时且认真完成工作任务和课后作业 ④沟通能力强,能高效完成学习,具备较强的知识迁移能力 ⑤有较强的团队意识,服从工作安排,人际关系和谐,团结协作精神强

六、课程实施

(一) 教学要求

中等职业学校"财务机器人应用"课程教学要全面落实"立德树人"的根本任务,要树立以发展学生会计事务专业核心素养为导向的教学意识。教师应准确把握课程目标、课程内容、学业质量的要求，合理设计教学目标、教学方法、教学过程和教学评价，积极进行教学反思，通过相应的教学实施，在学生掌握专业知识和专业技能的同时，促进会计事务专业核心素养的提升及水平的达成。在教学实践中，要不断探索和创新教学方式，不仅重视如何教，更要重视如何学，引导学生养成良好的学习习惯。

1. 明确课程性质及学习目标

财务机器人是当前人工智能环境下，在财务智能化领域的典型应用。"财务机器人应用"课程是中职会计事务专业的一门拓展性课程。本课程探索了RPA智能化技术在财务工作中的具体应用场景，梳理了自动化处理流程，将行业新技术融入教学内容，着力提升学生对RPA智能化技术的理解和应用，注重培养学生的问题意识、系统思维和创新思维。

2. 把控教学内容促进学生持续发展

教师要明确课程内容的重难点，对其进行整体设计，引导学生在活动过程中积累、发现、提出问题，培养学生分析和解决问题的能力，养成学生独立思考与合作交流的习惯。同时，在教学活动中，教师应有意识地结合实际教学内容，介绍财务机器人在会计发展中的作用，将先进的财务数字化技术由浅入深地融入日常教学活动。潜移默化地引导学生持续了解行业变化，体验先进技术，提升学生的专业应用能力。

3. 创设场景化的教学情境和工作任务

"财务机器人应用"课程的教学活动应该把握课程特点，创设场景化的教学情境、设计合适的工作任务，引发学生思考、交流与完成。在教学活动中，教学情境和工作任务应当是多样的、多层次的，以工作场景为背景、工作任务为内容，引导学生梳理业务流程、设计开发步骤、理解控件功能、完成应用配置，能用业财融合的思想、方法解决问题。在解决问题的过程中，理解教学内容的实质，提高动手能力，促进学生职业能力的形成和发展。

（二）师资条件

（1）符合中等职业学校专业课教师的任职条件，具备中等职业学校教师的基本素养和道德要求，热爱教育事业，具有强烈的责任心和使命感。能够落实课程思政要求，挖掘专业课程中的思政教育元素和资源。

（2）具有高度的敬业精神和专业精神，熟悉RPA技术工具应用，具有会计岗位工作经验，熟悉国家会计法律法规知识和企业会计准则。

（3）具备一定的表达能力，能理实结合、深入浅出、通俗易懂地进行教学，能运用各种教学手段和教学工具指导学生进行理论学习和开展实践教学。

（三）实践教学

（1）实训场地。具备开展专业（综合）实训的实训室，配备多媒体教学设备、计算机设备及网络设备等IT设备。

（2）实训软件。配备RPA机器人设计软件、仿真业务操作系统等专业软件；配备仿真的企业经济业务案例数据及其他相关资料。

（四）教学方法

本课程主要使用下列教学方法：

1. 任务驱动教学法

任务驱动教学法是指在学习过程中，紧紧围绕一个共同的任务活动中心，在强烈的问题动机的驱动下，通过对学习资源的积极主动应用，进行自主探索和互动协作的学习，并在完成既定任务的同时，引导学生产生一种学习实践活动。

2. 案例教学法

案例教学法是一种通过模拟或者重现现实生活中的一些场景，让学生把自己纳入案例场景，通过讨论或者研讨来进行学习的教学方法。教学中既可以通过分析、比较，研究各种各样成功的经验，从中抽象出某些一般性的结论或原理，也可以让学生通过自己的思考或者他人的思考来拓宽视野，丰富知识。

3. 虚拟仿真教学法

虚拟仿真教学法是指将虚拟实验技术与体验式教学相结合，由学习者借助人机交互界面调节虚拟实验中的参数变量，通过观察、总结和归纳计算机仿真模拟结果从而获取相应的知识技能的一种教学方法。

4. 讲授法

讲授法是教师通过口头语言向学生描绘情境、叙述事实、解释概念、论证原理和阐明规律的教学方法。

（五）教学手段

教学手段主要包括多媒体教学手段和网络教学手段。

（1）多媒体教学手段。多媒体教学手段主要包括电子课件、投影、视频、音频、多媒体教学软件。如财务机器人前沿等可采用电子课件投影进行教学；设计财务机器人、上市公司财务信息下载机器人等可采用视频教学直观演示；师生互动、课堂展示等教学环节可采用多媒体教学软件。

（2）网络教学手段。教师开展线上线下混合教学时可依托中国 MOOC 大学、正保云课堂、智慧职教、智慧树、超星泛雅、学银在线等平台进行网络教学。

（六）教材要求

（1）原则上从国家和省级教育行政部门发布的规划教材目录中选用，国家和省级规划目录中没有的教材，可在职业院校教材信息库选用。不得以岗位培训教材取代专业课程教材。选用的教材必须是通过审核的版本，擅自更改内容的教材不得选用，未按照规定程序取得审核认定意见的教材不得选用。不得选用盗版、盗印教材。

（2）选用的教材要以习近平新时代中国特色社会主义思想为指导，贯彻国家"三教"改革精神，落实"立德树人"根本任务，充分体现社会主义核心价值观，有助于中职学生形成正确的世界观、人生观、价值观。

（3）选用的教材要充分体现时代特点和现代意识，同时适应中职学生的认知特点，充分考虑学生身心发展需要，有助于培养学生的社会责任感、动手实践能力和创新创业精神，有助于学生形成良好的个性和健全的人格。

（4）选用的教材要适合线上线下教育，能发挥传统教学手段和网络教学手段各自的优势，促进教学资源的有效运用，有利于学生运用多种媒介和信息技术开展自主、合作与探究式学习，优化课程实施。

（5）倡导使用新型活页式、工作手册式教材并配套开发信息化资源，以实现多样化的教材形态，促进教学手段的更新。同时形成纸质教材、电子资料、网络资源相结合的立体化教材体系。

（七）配套课程资源与利用

1. 课程资源

本课程应开发配套的课程资源，包括本课程标准、教案设计、教学课件、录课视频、微课视频、动画素材、随堂测试、案例库、法规库、题库、考试样题等课程教学资源库。引导教师和学生利用国家智慧教育平台和国家（省）级在线精品课程网站等平台提供的相关资源。

2. 教学平台

本课程应依托国家职业教育会计事务专业教学资源库、国家（省）级在线开放课程互联网教学平台或者采用符合国家有关互联网平台条件的公共教学平台上搭建的课程教学平台，开展线上线下混合式教学，并对学生学习情况进行分析和反馈。教师依托平台，向学生提供直播课程、录播课程、线上练习、在线答疑等多种形式的网络教学活动，推动课程教学的优化实施，引导学生在学习过程中结合上述资源进行自主、合作、探究式学习，为进一步开展线上线下混合式教学创造条件。

（八）线上教学安排

对"财务机器人应用"课程线上教学作如下考虑：

1. 选用教学平台

教师应根据"财务机器人应用"课程教学内容，结合线上教学方式特点，合理选择使用一个能做到线上线下教学无缝切换的教学平台作为主要线上教学平台。

2. 准备教学资源

教师应充分发挥主观能动性和创造性，依据课程标准的要求和具体的教学内容优化、整合资源，助力学生有效学习。要提前谋划，储备资源，通过网盘、U盘等工具随身携带重要教学资源，做好线上教学的充分准备。

3. 线上教学实施

教师根据课程标准，结合教学对象实际情况，考虑课前课中课后三个环节，与学生进行充分的互动交流，将新变化、新事物、现代信息技术融入课程，提高学生上课的参与度和融入感，提高学生的学习效果。

4. 线上教学的管理

为了保证线上教学的有序开展，课程负责人应在校园网络资源平台建设课程，发布课程公告、课程学习资源，布置并批改作业，组织课后答疑，及时发布课程过程考核成绩，落实完整的教学过程。通过技术手段对学生进行全过程考核，确保学生到课听课率，保证教学质量。

七、教学评价

教学评价是教学活动的重要组成部分，贯穿教学过程的始终，其目的是促进学生学习、改善教师教学、完善课程设计、监控学业质量。

（一）以课程目标为评价依据，注重多元评价

课程学习评价以课程目标作为评价的主要依据，其根本目的是促进学生专业核心素养的提升。评价不仅要关注学生掌握专业知识、专业技能的掌握程度，还要关注学生的学习态度、学习方法和学习习惯的养成。

（二）一般评价标准和学业水平考试评价标准

1. 一般评价标准

根据学生平时的测验、考试，结合学生的学习态度、学习方法和学习习惯的养成确定总分，等级评定如下：

总分	$\Sigma \geq 90$	$80 \leq \Sigma < 90$	$70 \leq \Sigma < 80$	$60 \leq \Sigma < 70$	$\Sigma < 60$
评定等级	优秀	良	中	合格	不合格

2. 学业水平考试评价标准

学业水平考试是评价的重要方式。学业水平考试需要对学生不同阶段的学习成果做出综合评价，进行学分评定。根据本课程标准的学业要求和阶段性学业水平对学生的学习成绩进行评定，并根据成绩结果给予相应学分。

总分	$\Sigma \geq 90$	$60 \leq \Sigma < 90$	$\Sigma < 60$
评定等级	优秀	合格	不合格

编写人员：陈二军　广州市财经商贸职业学校
审核人员：曾　钧　武汉市财政学校
　　　　　柯　珂　武汉市财政学校

"大数据基础"课程标准

课程名称	大数据基础	课程类别	专业核心课
适用专业	会计事务、纳税事务	学时 学分	36 学时 2 学分

一、课程性质与设计思路

（一）课程性质

"大数据基础"课程可作为会计事务专业和纳税事务专业的专业拓展课程，是根据初学者对大数据基础认知的要求和大数据及智能财务岗位的基本要求设置的，旨在通过本课程的学习，使学生了解大数据发展历程，掌握数据存储与处理的基本知识与方法，提高运用数据处理技术，进行数据采集与可视化的能力，为今后其他大数据工具与方法的学习夯实基础。

（二）设计思路

本课程根据大数据及智能财务岗位的基本知识素养与能力素质构建教学内容，以项目引领、任务驱动的方式引导学生学习，在教学内容方面突出学生应用能力的培养，强调理论必需、技能够用。遵循从简单到复杂、由具体到抽象的认知规律，进行课程教学内容的设计和安排。课程重在培养学生的发散思维，掌握基本的大数据理论只是打开了通往大数据领域的一个窗口，通过这个窗口再加强自身的学习能力，拓展了解更多大数据的理论知识与案例，从而对大数据有更深刻的认识，有利于未来其他大数据工具与方法的学习。教学组织方面倡导任务驱动、知行合一、理实一体化教学，以提高学生解决实际问题的能力。

二、专业核心素养与课程目标

（一）专业核心素养

会计事务专业核心素养，是指学生通过学习具备能够适应终身发展和社会发展需要的会计职业关键能力和必备品格。会计职业关键能力包括逻辑思维能力、企业运营及资金运动的空间想象能力、数据处理分析能力、账务处理能力、分析和解决实际问题的能力；必备品格包括爱岗敬业、诚实守信、依法办事、保守秘密，养成严谨细致和客观公正的职业精神。

（二）课程目标

通过本课程的学习，旨在培养学生胜任大数据及智能财务岗位的能力，具体包括知识目标、技能目标和素质目标。

1. 知识目标

（1）了解大数据的概念、发展现状及趋势，以及数据库基础知识；

（2）掌握 SQL 基本语法，掌握创建数据表，插入、更新、删除和查询数据的方法；

（3）了解大数据采集基础知识，了解网络爬虫基础。

2．技能目标

（1）能够基于业务需求，编写 SQL 语句创建数据表，插入、更新、删除数据；

（2）能够基于业务需求，编写 SQL 查询语句对数据进行筛选和整理；

（3）能够使用大数据技术来采集数据和对数据进行可视化处理。

3．素质目标

（1）具有基本信息技术科学素养和广阔的科学视野；

（2）具有较强的沟通交流能力和团队合作精神；

（3）具有一定的数据思维。

三、本课程在专业课程体系中的位置

会计事务专业课程设置主要包括公共基础课程和专业课程。专业课程一般包括专业基础课程、专业核心课程、专业拓展课程，并涵盖实训等有关实践性教学环节。思政教育和会计文化融入课程内容。本课程在专业课程体系中的位置如下图所示。

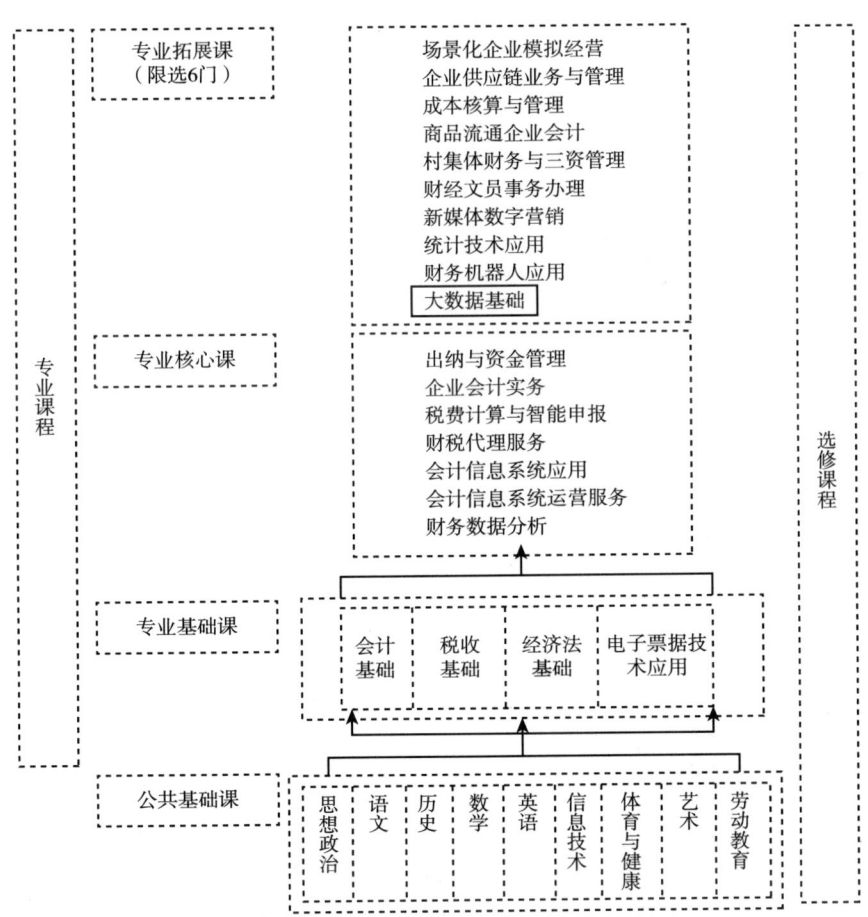

四、课程内容与学时安排

(一) 课程内容

"大数据基础"课程内容

序号	教学模块	教学内容描述	能力要求	课时
1	大数据认知	• 大数据的基本概念与特征 • 大数据的发展历程和应用场景 • 大数据的相关技术 • 大数据的影响	• 了解大数据的基本概念和特征 • 了解大数据的应用场景 • 对会计"1+X"证书有基本了解	3课时
2	大数据采集	• 数据采集的概念 • 数据采集的源头 • 数据采集的方法 • 网络爬虫基础知识	• 了解数据采集的含义和方法 • 了解采集数据的类型 • 了解网络爬虫的含义和工作流程	2课时
3	大数据存储	• 数据库基本概念 • 数据库语言 • 数据库语言书写规范	• 了解数据库的定义 • 了解关系型数据库的内部结构及数据表的结构 • 掌握SQL语句的分类 • 掌握SQL语句的书写规则	2课时
4	数据管理	• 数据表创建 • 数据插入 • 数据查询 • 数据更新和删除	• 能够使用CREATE语句创建数据表 • 能够使用ALTER和DROP语句修改和删除数据表 • 能够使用INSERT语句插入数据 • 掌握SELECT语句的基础语法 • 能够使用UPDATE和DELETE语句更新和删除数据	12课时
5	数据应用	• 查询结果排序 • 聚合查询 • 分组查询 • 关联查询	• 能够使用ORDER BY语句对查询结果排序 • 能够使用聚合函数对表进行聚合查询 • 能够使用GROUP BY语句分组查询数据 • 能够使用常用的关联查询方式查询数据	12课时

续表

序号	教学模块	教学内容描述	能力要求	课时
6	大数据应用案例	• 公司集团案例背景 • 营收及毛利数据准备（SQL） • 营收及毛利数据可视化（BI） • 产品退货及定价执行数据准备（SQL） • 产品退货及定价执行数据可视化（BI）	• 能够梳理相关业务需求并分析实现思路，使用 SQL 语句完成任务 • 能够使用可视化工具实现数据可视化	5 课时
		合计		36 课时

（二）学时安排与学分

"大数据基础"课程共计 36 学时，每 18 学时折算 1 学分，共 2 学分。

五、学业质量

（一）学业质量内涵

学业质量是学生在完成课程学习后的学业成就表现。"大数据基础"课程学业质量标准是以会计事务专业核心素养及其表现水平为主要维度，结合课程内容，对学生"大数据基础"课程学业成就表现的总体刻画。根据项目任务的复杂程度、知识和技能的结构化程度、分析和解决问题的能力等不同水平学业成就表现的关键特征，"大数据基础"课程学业质量标准将学业质量划分为不同水平，并描述了不同水平学习结果的具体表现，不同水平之间具有由低到高逐渐递进的关系，体现课程结束时学生达到的水平，为核心素养评价提供基本依据。

（二）学业质量水平

"大数据基础"课程学业质量水平是"大数据基础"课程目标的综合表现。"大数据基础"课程目标划分为优秀、合格和不合格三个不同水平，每一个水平是通过专业知识、专业技能和社会能力三个维度进行表述的。下表是"大数据基础"课程的学业质量描述，水平一为合格；水平二为优秀；未达到水平一的为不合格。

	"大数据基础"课程学业质量描述	
	水平一	水平二
专业知识	①了解数据库的基础知识 ②了解 SQL 语句的分类和书写规则 ③了解 CREATE 语句、ALTER 语句和 DROP 语句	①掌握数据库的基础知识 ②掌握 SQL 语句的分类和书写规则 ③掌握 CREATE 语句、ALTER 语句和 DROP 语句

续表

	"大数据基础"课程学业质量描述	
	水平一	水平二
专业知识	④了解 INSERT 语句、UPDATE 语句和 DELETE 语句 ⑤了解 SELECT 查询语句 ⑥了解数据采集和网络爬虫的基础知识	④掌握 INSERT 语句、UPDATE 语句和 DELETE 语句 ⑤掌握 SELECT 查询语句 ⑥熟悉数据采集和网络爬虫的基础知识
	水平一	水平二
专业技能	①能够创建、修改和删除数据表 ②能够更新和删除数据 ③能够简单查询数据 ④能够对所有字段和指定字段进行查询 ⑤能够完成比较、逻辑运算的查询 ⑥能够完成字符匹配的查询 ⑦能够完成聚合函数的查询 ⑧能够进行分组查询 ⑨能够进行关联查询 ⑩了解数据可视化工具的基本操作	①能够独立创建、修改和删除数据表 ②能够独立更新和删除数据 ③能够独立实现对数据的简单查询 ④能够独立完成对所有字段和指定字段的查询 ⑤能够独立完成比较、逻辑运算的查询 ⑥能够独立完成字符匹配的查询 ⑦能够独立完成聚合函数的查询 ⑧能够独立完成分组查询 ⑨能够独立完成关联查询 ⑩能够基于简单的业务需求，使用 SQL 语句完成任务 ⑪熟悉数据可视化工具的基本操作
	水平一	水平二
社会能力	①初步具备创新思维、深入探究的信息素养 ②初步形成爱岗敬业、诚实守信、严谨细致、客观公正的职业精神，能依法办事、保守秘密、重视诚信 ③有一定自我管理能力，基本遵守课堂纪律，基本能完成工作任务和课后作业 ④具备基本的沟通能力，能完成基本的学习活动，具备一定的知识迁移能力 ⑤具有基本的团队意识，服从工作安排	①具备较强的创新思维、深入探究的信息素养 ②具备爱岗敬业、诚实守信、严谨细致、客观公正的职业精神，能依法办事、保守秘密、重视诚信 ③自我管理能力强，课堂组织纪律性强，按时且认真完成工作任务和课后作业 ④沟通能力强，在学习过程中遇到问题能够虚心求教，耐心倾听别人的意见，具备较强的知识迁移能力 ⑤有较强的团队意识，服从工作安排，人际关系和谐，团结协作精神强

六、课程实施

（一）教学要求

中等职业学校"大数据基础"课程教学要全面落实"立德树人"的根本任务，深入挖掘中职会计专业的育人价值，树立以发展学生会计事务专业核心素养为导向的教学意识，遵循教学规律，始终把促成专业核心素养的形成和发展作为主要目标，将会计事务专业核心素养的培养贯穿于教学活动的全过程。在教学活动中，教师应准确把握课程目标、课程内容、学业质量的要求，合理设计教学目标、教学方法、教学过程和教学评价，积极进行教学反思，通过相应的教学实施，在学生掌握专业知识和专业技能的同时，促进会计事务专业核心素养的提升及水平的达成。在教学实践中，要不断探索和创新教学方式，引导学生养成良好的学习习惯，努力激发学生的学习兴趣。

1. 明确"大数据基础"课程的性质及作用

"大数据基础"课程是一门知识性和应用性很强的财经类专业课程，主要向学生普及大数据的基础知识。本门课程尽管是专业拓展课程，但能让学生学习了解大数据的基本概念、基本技术和应用场景，理解大数据分析的基本原理和方法，并能够应用大数据思维和分析方法解决本专业的相关问题。

2. 让学生学会大数据技术的实际应用

本门课程针对中职学生的要求，课程目标是培养学生胜任大数据及智能财务岗位的能力。在教学过程中，要由浅入深，适应学生的学习基础，强调实务操作，以财务工作结合实际案例为导向，构建实际的应用场景，引出教学知识点，吸引学生注意力，培养学生学习兴趣，让学生"做中学，学中做"。

3. 借助在线学习平台，助推"互联网+"时代教与学的转变

在信息化时代，云平台的广泛应用正在对会计专业教学产生广泛影响。在"大数据基础"课程中，教师要结合会计专业"1+X"证书制度，推进书证融通，创设线上线下一体化的"混合式"学习生态。可以借助在线学习平台，充分发挥"互联网+"教育的功能，所有项目训练在线运行，实时反馈纠错，实现自主学习，提高学习效率。

（二）师资条件

1. 专任教师

（1）符合中等职业学校专业课教师的任职条件，具备中等职业学校教师的基本素养和道德要求，热爱教育事业，具有强烈的责任心和使命感。能够落实课程思政要求，挖掘专业课程中的思政教育元素和资源。

（2）具有高度的敬业精神和专业精神，会计理论功底扎实，具有会计岗位工作经验，熟悉国家会计法律法规知识和企业会计准则。

（3）具有会计、财务管理、计算机等相关专业学历，具有扎实的数据库语言理论功底，能够熟练运用数据库语言。

（4）具备一定的表达能力，能理实结合、深入浅出、通俗易懂地进行教学，能够熟练运用各种教学手段和教学工具指导学生进行数据库基础的学习。

（5）具有较强的教科研能力，能够运用信息技术开展混合式教学等教法改革；能够跟踪新经济、新技术发展前沿，开展社会服务。专业教师每年至少1个月在企业或生产性实训基地锻炼，每5年累计不少于6个月的企业实践经历。

（6）学生数与专任教师数比例不高于20∶1，专任教师中具有高级专业技术职务人数不低于20%，"双师型"教师占专业课教师数比例应不低于50%。

2. 兼职教师

（1）主要从本专业相关行业企业的高技术技能人才中聘任，应具有扎实的专业知识和丰富的实际工作经验，能讲解数据库的相关知识、进行数据库语言等内容的教学。

（2）原则上应具有中级及以上专业技术职务或在市级及以上职业技能竞赛中获奖。

（3）了解教育教学规律，能承担专业课程教学、实习实训指导和学生职业发展规划指导等专业教学任务，具有较强的教学组织能力。

（三）实践教学

1. 一体化专业实训室

实训室应合理地配备实训设备，满足课程实训软件的环境配置需求。同时实训室要能够满足"大数据基础"课程的技能训练、综合能力提升等实践教学的需要。

2. 实训软件

安装相关数据库软件及管理工具，可在机上进行数据库的管理操作与SQL语言的直接应用，或配备内嵌数据库开发环境的"大数据基础"课程教学软件，支持在浏览器中进行数据库管理与数据表增删改查的操作。

3. 实训指导资料

配备"大数据基础"课程教学软件指导手册，实训指导微课，教学配套PPT等。

（四）教学方法

本课程主要使用下列教学方法：

1. 任务驱动教学法

任务驱动教学法是指在学习过程中，紧紧围绕一个共同的任务活动中心，在强烈的问题动机的驱动下，通过对学习资源的积极主动应用，进行自主探索和互动协作的学习，并在完成既定任务的同时，引导学生产生一种学习实践活动。大数据分析的基本方法和工具是本门课程的重难点，在对该部分内容学习时，以任务为主线、教师为主导、学生为主体，注重学生动手训练，以提高教学效果。

2. 案例教学法

案例教学法是一种通过模拟或者重现现实生活中的一些场景，让学生把自己纳入案例场景，通过讨论或者研讨来进行学习的教学方法。大数据分析的工具较为抽象，学生难以理解，教师在教学过程中要大量举例，让学生通过这些实例不但学会大数据基本方法和技术，还会应用这些方法和技术解决实际问题，从而激发学生学习兴趣，增强学生解决问题的能力。

3. 讲授法

讲授法是教师通过口头语言向学生描绘情境、叙述事实、解释概念、论证原理和阐明规律的教学方法。讲授大数据基础知识时，要结合学生的学习基础，由浅入深、层层递进；讲解大数据工具的使用方法时，要在线上学习平台上进行实际操作演示，采用高清晰度大屏幕投影或在计算机网络教室采用广播方式进行教学。

（五）教学手段

为了达到预期教学目的，本课程结合教学内容，主要采用以下现代化教学手段：

1. 多媒体教学手段

多媒体教学手段是指在教学过程中，根据教学目标和教学对象的特点，通过教学设计，合理选择和运用现代教学媒体，并与传统教学手段有机组合，共同参与教学全过程，以多种媒体信息作用于学生，形成合理的教学过程结构，达到最优化的教学效果。常见多媒体教学手段主要包括电子课件、音频、视频、Flash 动画演示、教学软件等。

2. 网络教学手段

网络教学作为新兴的教学手段，有着自身的特点和优势。"大数据基础"课程教学应充分利用网络，发挥网络教学的优势，拓展实践教学的平台。利用网络教学资源和网络教学平台指导学生开展学习，调动学生学习兴趣，提高学习效率。

（六）教材要求

（1）原则上从国家和省级教育行政部门发布的规划教材目录中选用，国家和省级规划目录中没有的教材，可在职业院校教材信息库选用。不得以岗位培训教材取代专业课程教材。不得选用盗版、盗印教材。

（2）选用的教材要以习近平新时代中国特色社会主义思想为指导，贯彻国家"三教"改革精神，落实"立德树人"根本任务，充分体现社会主义核心价值观，有助于中职学生形成正确的世界观、人生观、价值观。

（3）选用的教材要充分体现时代特点和现代意识，同时适应中职学生的认知特点，充分考虑学生身心发展需要，有助于培养学生的社会责任感、动手实践能力和创新创业精神，有助于学生形成良好的个性和健全的人格。

（4）选用的教材要全面体现"大数据基础"课程标准的理念和要求，内容安排上要结合财会学生的特点，深入浅出，联系实际，形式上应以讲解案例操作为主，配备练习题，使学生能够在学习完数据库语言理论知识后及时得到相应的编程练习。

（5）选用的教材要适合线上线下教育，能发挥传统教学手段和网络教学手段各自的优势，促进教学资源的有效运用，有利于学生运用多种媒介和信息技术开展自主、合作与探究式学习，优化课程实施。

（6）倡导使用新型活页式、工作手册式教材并配套开发信息化资源，以实现多样化的教材形态，促进教学手段的更新。同时形成纸质教材、电子资料、网络资源相结合的立体化教材体系。

（七）配套课程资源与利用

中等职业学校"大数据基础"课程配套资源的开发与利用应充分考虑学生的身心发展特点，依据教育性、科学性、发展性的原则，符合教学规律要求，倡导合作共享、因地制宜地开发教学资源，提高教学质量，以利于教学目标的达成。

"大数据基础"课程资源，可以是与教材配套的纸质习题文本，也可以是多媒体资源、网络资源。教师要充分利用现代信息技术，积极开发与利用各种课程资源，制作课堂教学PPT，开发微课、视频、音频等资源，整理、优化课程资源库，逐步形成完善的立体化课程资源体系，为学生自主学习提供更多的机会和途径，鼓励学生创新思维和专业知识的整合，提高学生学习积极性。

同时，教师依托校园网络平台，向学生提供直播课程、录播课程、线上练习、在线答疑等多种形式的网络教学资源，优化教与学活动，推动课程教学的优化实施，引导学生在学习过程中结合上述资源进行自主、合作、探究式学习，为进一步开展线上线下混合式教学创造条件。学生在学习过程中实际生成的各种问题、拓展材料及学生成果等，也是一种有意义的课程资源。

校企合作资源也是一种重要的课程资源，要充分利用校企合作平台开展教学活动，通过与相关企业的合作，结合学校实训基地或"校中厂"资源，给学生提供参观、访问企业的机会，拓宽学生的视野，促进学生会计事务专业核心素养的养成。

（八）线上教学安排

1. 选用教学平台

教师应根据"大数据基础"课程教学内容，结合线上教学方式特点，合理选择使用一个能做到线上线下教学无缝切换的教学平台作为主要线上教学平台。同时，将QQ、微信、钉钉等其他即时通信软件作为备用平台用于课堂应急、临时讨论、即时消息等用途。

2. 准备教学资源

教师应充分发挥主观能动性和创造性，依据"大数据基础"课程标准的要求和具体的教学内容，有选择地、创造性地使用、优化、整合资源，助力学生有效学习。要提前谋划，储备资源，通过网盘、U盘等工具随身携带重要教学资源，做好线上教学的充分准备。

3. 线上教学实施

教师根据"大数据基础"课程标准，结合教学对象实际情况，考虑课前课中课后三个环节，与学生进行充分的互动交流，将新变化、新事物、现代信息技术融入线上课程，提高学生上课的参与度和融入感，提高学生的学习效果。

课前通过网络平台将视频、课件及相关资料推送给学生阅览，并给学生布置一定的任务。引导学生主动学习，带着任务听课，提高教学效果。课中由教师讲述重要知识点，配合教学资源，积极引导学生思考，通过弹幕、答题、连麦等手段与学生进行在线互动，让学生真正融入线上课堂。融合思政教学，帮助学生树立正确的价值观、学习观，促进学生健康成长。课后布置与教学内容相匹配的课后作业。通过聊天软件对学生进行课后辅导，为学生答疑解惑。

4. 线上教学的管理

为了保证线上教学的有序开展，课程负责人应在校园网络资源平台建设课程页面，教师通过课程页面，发布课程公告、课程学习资源，布置并批改作业，组织课后答疑，及时发布课程过程考核成绩，落实完整的教学过程。通过技术手段对学生进行全过程考核，确保学生到课听课率，保证教学质量。

要严格落实线上教学管理制度。课程负责人应确保线上课程框架体系完整，教学资源内容全面、科学合理、无政治性及学术性错误，严把课程质量关。课程主讲教师应严格按照课程标准和教学计划开展线上教学，不得随意进行线上合班或更换授课时间、授课教师。

七、教学评价

教学评价是"大数据基础"课程教学活动的重要组成部分，贯穿教学过程的始终，其目的是促进学生学习、改善教师教学、完善课程设计、监控学业质量。

（一）以课程目标为评价依据

"大数据基础"课程学习评价以课程目标作为评价的主要依据，其根本目的是促进学生专业核心素养的提升。评价应反映"以人为本"的教育理念，不仅要关注学生掌握专业知识、专业技能的程度，关注学生会计事务专业核心素养水平的达成，还要关注学生的学习态度、学习方法和学习习惯的养成，从而衡量课程目标达成情况。

（二）注重评价的多元化

应围绕会计事务专业核心素养和课程目标，依据学业要求选择评价内容，注重多种评价方式有机结合与运用，强调多元评价主体的共同参与，以获取较为全面的评价信息。可以通过学生自评、互评、教师评价等方式进行评价。评价不仅要关注学生外在学习结果，更要关注内在学习品质。要重视过程性评价与终结性评价相结合。教师要有意识地利用评价过程与结果，通过评价引导学生学会学习，发现学生学习的个性特点和具体问题，及时引导，提出有针对性的建议，激发学生学习的动力。同时，依据评价结果反思日常教学，优化教学内容，调整教学策略，完善教学过程，为学生会计事务专业核心素养的发展提供有力支持。

（三）重视评价结果的呈现

教学评价的结果要服务教学、反馈教学、促进教学，评价结果的呈现是评价的重要组成部分。教师要充分利用信息技术，收集、整理、分析有关反映学生学习过程和结果的数据，获取教学的反馈信息，通过多元化的评价方式形成的课后作业记录表、单项专业技能评价表、学习表现评价表、学业总评考核表等结果，能够综合反映学生的学业水平。

（四）学业水平考试要求

考试是课程评价的重要组成部分，学业水平考试是评价的重要方式。学业水平考试需要对学生不同阶段的学习成果做出综合评价，进行学分评定。

学习每个模块后，根据本课程标准的学业要求和阶段性学业水平对学生的学习成绩进行评定，并根据成绩结果给予相应学分。

总分	$\Sigma \geq 90$	$60 \leq \Sigma < 90$	$\Sigma < 60$
评定等级	优秀	合格	不合格

编写人员：陈艺茹　厦门网中网软件有限公司
　　　　　陈月红　厦门网中网软件有限公司
　　　　　林月香　厦门网中网软件有限公司
审核人员：徐建宁　厦门网中网软件有限公司
　　　　　马雪莹　武汉市财政学校

选修课程标准

"会计信息系统应用综合实训"课程标准

课程名称	会计信息系统应用综合实训	课程类别	选修课
适用专业	会计事务	学时 学分	72学时 4学分

一、课程性质与设计思路

(一) 课程性质

"会计信息系统应用综合实训"课程是会计事务专业的专业技能实训课程。本课程是在"会计信息系统应用""会计信息系统运营服务"基础之上开设的一门综合性实训课程。本课程以业财一体化信息处理流程为主线,以实训资料和会计法规为依托,着重使学生掌握业财一体信息系统基础操作方法。通过对仿真会计资料的演练和操作,增强学生对专业知识的理解和感性认识,掌握较全面的会计核算基础知识和基本操作技能,培养学生业财一体信息系统综合应用及维护能力、职业理解判断能力和业财协同基础业务处理能力,熟悉会计工作流程,养成遵纪守法、严谨细致的工作作风。

(二) 设计思路

本课程的总体设计思路是在对会计岗位的工作任务分析和调查的基础上,根据会计岗位职责和岗位能力要求的财税专业能力、职业素养、工作方法和习惯、工具软件使用等能力维度,以会计、财务、税法、金融结算等法律、法规、准则、制度为基础,以企业案例为载体,运用网络教学平台数据采集分析手段,进行数据化评价。课程内容以企业需求、学生的认知规律为依据确定,立足于对学生实践能力培养,以工作任务为中心,让学生在完成具体任务的过程中学会完成相应学习任务,并构建相关理论知识,发展职业能力,有效提高学生的实践应用能力,为学生毕业后实现零距离就业奠定基础。

二、专业核心素养与课程目标

(一) 专业核心素养

会计事务专业核心素养,是指学生通过学习具备能够适应终身发展和社会发展需要的会计职业关键能力和必备品格。会计职业关键能力包括逻辑思维能力、企业运营及资金运动的空间想象能力、数据处理分析能力、账务处理能力、分析和解决实际问题的能力；必备品格包括爱岗敬业、诚实守信、依法办事、保守秘密，严谨细致和客观公正的职业精神，以及搞好服务和参与管理的职业意识。

（二）课程目标

通过本课程的学习，使学生树立正确的人生观、价值观，能正确认识会计职业在社会经济发展中的重要作用，培养学生的数据处理分析能力、账务处理能力、分析和解决实际问题的能力。掌握业财一体信息化系统基础操作方法，能够正确实施系统初始化和基础业务数据录入；能够应用系统进行各种对账工作；熟练应用信息系统平台实施各任务模块综合业务处理，对接税务局平台进行税务业务处理；培养学生法律意识，遵纪守法，严守职业道德，增强团队协作、沟通能力，提高适应社会的能力。

三、本课程在专业课程体系中的位置

会计事务专业课程设置主要包括公共基础课程和专业课程。专业课程一般包括专业基础课程、专业核心课程、专业拓展课程，并涵盖实训等有关实践性教学环节，"会计信息系统应用综合实训"课程属于实践性教学课程。思政教育和会计文化融入课程内容。本课程在专业课程体系中的位置如下图所示。

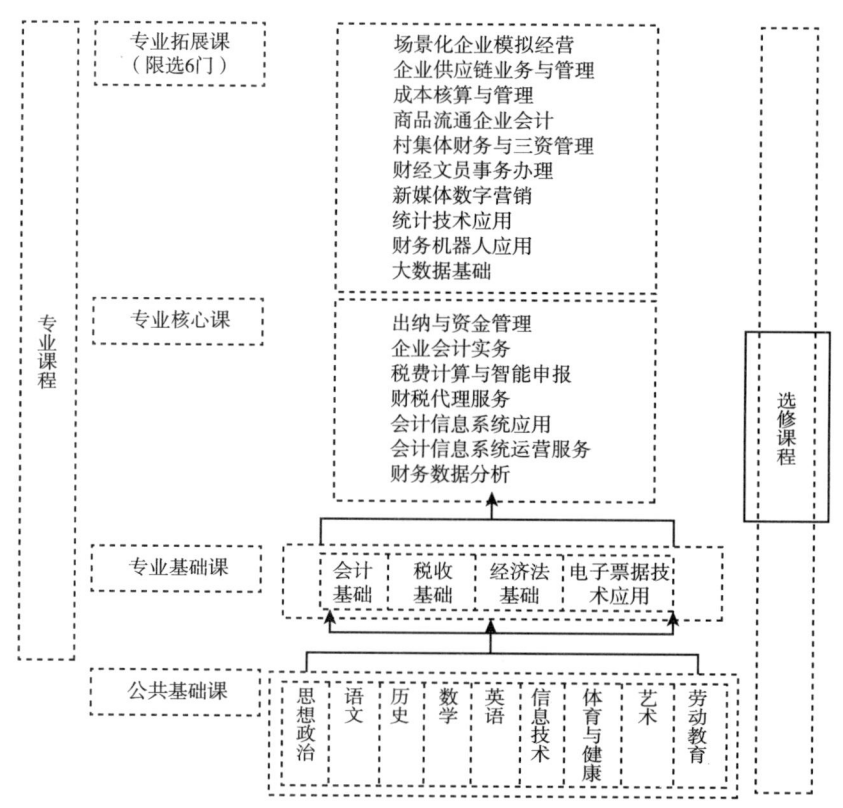

四、课程内容与学时安排

(一) 课程内容

"会计信息系统应用综合实训"课程内容

序号	教学模块	教学内容描述	能力要求	课时
1	系统基础设置与维护实训	• 建立账套，用户角色权限设置与维护 • 系统基础设置与维护	• 能设置操作员，正确进行角色增加、修改、删除等设置 • 能建立账套和设置操作员权限 • 能对部门档案、职员档案、客户分类、供应商分类、客户档案、供应商档案、存货档案、仓库档案等进行设置与维护	4课时
2	期初数据录入实训	• 设置会计科目，设置凭证类别，设置结算方式 • 财务期初数据录入 • 业务期初数据录入 • 业财期初数据核对	• 能依据给定的科目设置信息，准确设置会计科目，并能熟练进行会计科目的增加、修改等操作 • 能依据给定的辅助核算要求及凭证类别要求，准确进行辅助核算项设置、凭证类别设置 • 能依据给定的相关资料，准确指定现金科目、银行科目和现金流量科目，设置结算方式 • 能依据企业经营需要及给定的相关资料，正确设置收发类别、采购类型和销售类型 • 能依据给定的期初余额表，正确录入期初余额，并进行期初对账及试算平衡，确保正确 • 能依据固定资产原始卡片信息表，在固定资产模块中准确录入固定资产原始卡片信息 • 能依据应收款、应付款期初余额表，准确录入企业应收账款、预收账款、应收应付票据等期初金额及明细信息 • 能依据相关采购数据，在采购管理模块中熟练、准确录入期初采购入库单 • 能依据相关的销售数据，在销售管理模块中熟练、准确录入期初发货单 • 能依据相关的存货期初数据，在库存管理模块中熟练、准确录入库存期初数据	4课时

续表

序号	教学模块	教学内容描述	能力要求	课时
			• 能熟练对各期初余额与总账对应的科目余额进行核对，并能修正错误以确保账账相符	
3	总账业务处理实训	• 总账日常业务处理操作方法 • 填制、修改、审核会计凭证 • 查询凭证的方法 • 记账	• 能审核原始凭证的真实性、合法性与合规性 • 能根据审核无误的原始凭证填制记账凭证 • 能熟练进行记账凭证的审核、反审、修改、作废等凭证处理操作	6课时
4	工资业务处理实训	• 工资初始设置方法，建立工资账套，设置基础信息，建立人员档案，设置计算公式 • 工资日常管理方法，工资数据处理、工资报表管理、个人所得税计算	• 能进行核算单位、工资项目设置，准确调整人员档案，设置工资分摊公式，调整工资项目 • 能依据工资明细表，在工资管理模块中分类进行工资计算及发放工作，做到及时准确 • 能在工资管理模块中进行工资分摊处理，将工资费用正确计入成本费用科目，正确生成本月工资计提的凭证 • 能在工资福利模块中准确计算员工的社会保险费金额，并生成社保公积金的申报明细表 • 能在工资管理模块中编制月度工资表	6课时
5	固定资产业务处理实训	• 固定资产初始设置，系统选项、资产类别、部门对应折旧科目及原始卡片的填制 • 固定资产计提折旧的操作方法 • 固定资产原值增加、部门转移等的操作方法 • 固定资产处置的操作方法	• 能依据企业资产增加情况，在固定资产模块中进行固定资产增加业务处理，并生成记账凭证，做到财务业务数据一致 • 能依据固定资产实际使用情况，在固定资产模块中对固定资产进行原值增减、使用部门调整、使用年限调整、累计折旧调整等变更业务处理，并按需生成凭证，做到账实相符 • 能在固定资产模块中计提固定资产折旧，并能单张或批量生成记账凭证 • 能依据企业资产实际使用情况，在固定资产模块中完成资产处置、资产变卖等资产减少处理，及取消资产	6课时

续表

序号	教学模块	教学内容描述	能力要求	课时
			● 减少处理，并及时生成记账凭证，做到账实相符 ● 能依据企业资产实际使用情况，在信息化平台固定资产模块中完成资产盘点业务，并进行资产盘盈盘亏处理，做到账实相符	
6	购销存业务处理实训	● 典型应收应付业务处理操作方法 ● 典型采购业务处理操作方法 ● 典型销售业务处理操作方法 ● 典型库存与存货业务处理操作方法	● 能依据采购计划及签订的采购合同或协议，在采购管理模块中熟练、准确录入采购订单 ● 能依据审核通过的采购订单，在采购管理模块中完成手工填制采购到货单或参照生成采购到货单操作 ● 能依据采购订单，在库存管理模块中，完成手工填制采购入库单或参照生成采购入库单操作 ● 能在采购管理模块中，熟练、准确地进行手工填制或参照生成采购发票操作，并进行发票与入库单结算处理，生成采购结算单 ● 能依据企业采购业务流程，熟练、准确地查找采购发票并完成审核，生成应付类凭证 ● 能依据采购部门需求，在应付款管理模块中熟练、准确地填制付款单，并能匹配采购发票进行正确核销，生成付款类凭证 ● 能依据与客户签订的销售合同或协议，在销售管理模块中熟练、准确地填制销售订单 ● 能在销售管理模块中，熟练、准确地手工填制销售发货单或依据销售订单生成销售发货单 ● 能依据企业销售业务流程，熟练、准确地查找销售发票并完成审核，生成应收类凭证 ● 能依据销售部门需求，在应收款管理模块中熟练、准确地填制收款单，并能进行正确核销，生成收款类凭证 ● 能在库存管理模块中，依据销售发货单熟练生成销售出库单 ● 能在销售管理模块中，熟练、准确地完成销售发票的填制	10课时

续表

序号	教学模块	教学内容描述	能力要求	课时
			• 能在存货核算模块中，熟练生成存货入库的记账凭证 • 能在存货核算模块中，熟练查询出需要处理的销售出库单或销售发票，完成销售出库的记账操作，并生成结转销售成本的记账凭证 • 能依据材料领用出库情况，熟练、准确地填制材料出库单，并进行记账处理，生成记账凭证 • 能依据验收入库的产品信息，熟练、准确地填制产品入库单并进行记账处理，生成记账凭证	
7	期末业务处理实训	• 月末工资、固定资产、采购、销售、库存业务处理操作方法 • 期末期间损益结转，汇兑损益结转，对应结转，自定义结转方法 • 总账与明细账、总账与辅助账数据核对方法 • 总账模块月末结账工作 • 财务法定报表编制方法 • 票据影像化扫描操作	• 能依据业务部门相关资料检查并确认本会计月采购工作已结束，在采购管理模块中熟练完成月末结账 • 能依据业务部门相关资料检查并确认本会计月销售工作已结束，并在信息化平台销售管理模块中熟练完成月末结账 • 能熟练进行库存与存货对账，核对无误后，在库存管理模块中熟练完成月末结账 • 能熟练进行存货与总账对账，对账无误后，在存货核算模块中熟练完成月末结账 • 能依据应收应付业务月末检查处理结果，准确完成应收款、应付款管理模块的月末结账 • 能在固定资产模块与总账模块对账准确无误后，完成固定资产模块月末结账 • 能确认本会计月工资数据处理工作已结束，在工资管理模块中熟练完成月末结账 • 能熟练、准确地进行期末损益结转，生成损益结转的凭证 • 能熟练进行总账与明细账、总账与辅助账数据核对工作，确保账账相符 • 能熟练完成总账模块月末结账工作 • 能依据报表模板，准确生成资产负债表 • 能依据报表模板，准确生成利润表	8课时

续表

序号	教学模块	教学内容描述	能力要求	课时
			• 能根据《会计基础工作规范》及《会计档案管理办法》，按照要求进行原始凭证文件的影像采集与上传	
8	网上银行业务处理实训	• 网上银行付款业务处理的操作方法 • 银行与企业对账工作操作方法	• 能依据审批完成的付款申请，在网上银行模块中完成支付的录入、复核、审批、支付及变更业务，并生成记账凭证 • 能依据企业财务部门需求，在银行模块中查询账户余额、交易明细、银行扣款明细等信息 • 能依据财务部门需求，在（网上）银行模块中完成付款单据对账，做到账实相符	4课时
9	网上报销业务处理实训	• 费用审批流程 • 相关费用网上报销操作方法	• 能依据费用审批流程，在报销模块中进行费用申请业务，完成市场费用、会议费用、销售费用等费用申请及借款业务，以便进行费用控制 • 能在报销模块中完成日常报销业务，包括交通费报销、差旅费报销、招待费报销、会议费报销、通信费报销及低值易耗品报销等日常报销业务 • 能在报销模块中对费用申请、日常报销等进行财务审核及业务处理，并正确生成凭证，以便及时处理内部借款欠款	4课时
10	纳税申报业务处理实训	• 增值税发票开具、真伪查验与发票勾选认证操作方法 • 增值税纳税申报基本操作方法 • 企业所得税纳税申报基本操作方法 • 个人所得税纳税申报基本操作方法 • 印花税、教育费附加、地方教育附加、城市维护建设税等其他税费纳税申报基本操作方法	• 能在发票管理模块中录入增值税进项发票，并对电子发票上传、纸质发票登记，统一管理增值税进项发票信息 • 能在发票管理模块中对销项发票进行管理，并进行电子发票开具申请、专用发票登记等业务，统一管理销项发票信息 • 能在发票管理模块中进行开票基本信息维护 • 能依据业务部门需求，正确开具增值税专用发票、增值税普通发票、电子发票	20课时

续表

序号	教学模块	教学内容描述	能力要求	课时
			• 能对已开具的增值税发票进行统计，依据已开出的增值税发票信息，在信息化平台上及时准确进行抄报税处理 • 能对已收到的外来增值税发票进行发票真伪验证，进行发票登记与认证业务的处理 • 对接税务局平台，能正确计算进项税额、销项税额及应交增值税数据；正确填制增值税纳税申报表附表、增值税纳税申报表；完成税费缴纳 • 对接税务局平台，能依据企业财务数据、收入明细表、成本费用明细表进行收入成本拆分，正确编制所得税调整表；依据企业应纳税期利润情况，计算应纳税所得额；依据企业应纳税所得额及企业实际经营情况进行所得税调整，正确计算应交所得税额；依据企业应交所得税额，进行所得税预缴处理 • 能依据企业财务数据、所得税数据，正确填写申报表、报告表，正确提交企业财务会计报表及其他纳税资料；及时正确完成所得税费用缴纳工作，并及时打印出税收缴款书，完成企业所得税纳税申报缴纳工作 • 对接税务局平台，调整扣税基数和税率，准确完成个人所得税专项附加扣除信息收集和审核等环节的确认工作；依据个人所得税专项附加扣除信息，及时完成个人所得税计算并进行代扣代缴业务处理 • 对接税务局平台，能根据相关税法规定及时准确地进行印花税、房产税、教育费附加、地方教育附加、城市维护建设税等的统计、核算申报及缴纳工作	
	合计			72 课时

（二）学时安排与学分

"会计信息系统应用综合实训"课程共计72学时，每18学时折算1学分，共4学分。

五、学业质量

（一）学业质量内涵

学业质量是学生在完成课程学习后的学业成就表现。"会计信息系统应用综合实训"课程学业质量标准是以会计事务专业核心素养及其表现水平为主要维度，结合课程内容，对学生"会计信息系统应用综合实训"课程学业成绩表现的总体刻画。根据实训任务的复杂程度、知识和技能的结构化程度、分析和解决问题的能力等不同水平学业成绩表现的关键特征，"会计信息系统应用综合实训"课程学业质量标准将学业质量划分为不同水平，并描述了不同水平学习结果的具体表现，不同水平之间具有由低到高逐渐递进的关系，体现课程结束时学生达到的水平，为核心素养评价提供基本依据。

（二）学业质量水平

"会计信息系统应用综合实训"课程学业质量水平是"会计信息系统应用综合实训"课程目标的综合表现。"会计信息系统应用综合实训"课程目标划分为三个不同水平，每一个水平是通过专业核心素养的具体表现和体现课程目标的三个方面进行表述的。会计事务专业核心素养的具体表现参见"专业核心素养与课程目标"，完成课程目标包括与会计事务专业核心素养相关的专业知识、专业技能和社会能力三个方面。

学业质量水平分为优秀、合格和不合格。质量描述中：水平一为合格；水平二为优秀，未达到水平一即为不合格。

	"会计信息系统应用综合实训"课程学业质量描述	
	水平一	水平二
专业知识	①掌握系统基础设置与维护的基本操作方法 ②掌握设置会计科目、凭证类别、结算方式的基本操作方法，能准确录入财务期初数据、业务期初数据 ③掌握总账日常业务处理基本操作方法，准确填制、修改、审核会计凭证并记账 ④掌握工资初始设置、日常管理基本操作方法，建立工资账套，设置基础信息，建立人员档案，设置计算公式，进行工资数据处理、工资报表管理 ⑤掌握固定资产初始设置、固定资产计提折	①熟练掌握系统基础设置与维护操作方法 ②熟练掌握设置会计科目、凭证类别、结算方式的操作方法，熟练准确录入财务期初数据、业务期初数据并进行业财期初数据核对 ③熟练掌握总账日常业务处理操作方法，准确填制、修改、审核会计凭证，查询凭证，记账 ④熟练掌握工资初始设置、日常管理操作方法，建立工资账套，设置基础信息，建

续表

	"会计信息系统应用综合实训"课程学业质量描述	
	水平一	水平二
专业知识	旧、固定资产处置的基本操作方法，能完成系统选项、资产类别、部门对应折旧科目及原始卡片的填制 ⑥掌握典型采购、销售、库存与存货业务处理的基本操作方法，典型应收应付业务处理基本操作方法 ⑦掌握月末工资、固定资产管理、采购、销售、库存业务处理基本操作方法；能进行期末期间损益结转、对应结转、自定义结转、核对总账与明细账、总账与辅助账数据；准确完成总账模块月末结账工作及财务法定报表编制；进行票据影像化扫描操作 ⑧掌握网上银行付款业务处理，银行与企业对账工作的基本操作方法 ⑨了解费用审批流程，掌握相关费用网上报销的基本操作方法 ⑩掌握增值税发票开具、真伪查验与发票勾选认证的基本操作方法，能进行增值税、企业所得税、个人所得税纳税申报操作	立人员档案，设置计算公式，熟练进行工资数据处理、工资报表管理、个人所得税计算 ⑤熟练掌握固定资产初始设置、固定资产计提折旧、固定资产处置、固定资产原值增加、部门转移的操作方法，熟练完成系统选项、资产类别、部门对应折旧科目及原始卡片的填制 ⑥熟练掌握典型采购、销售、库存与存货业务处理操作方法，典型应收应付业务处理操作方法 ⑦熟练掌握月末工资、固定资产管理、采购、销售、库存业务处理操作方法；熟练进行期末期间损益结转、汇兑损益结转、对应结转、自定义结转；准确核对总账与明细账、总账与辅助账数据；准确熟练完成总账模块月末结账工作及财务法定报表编制；熟练进行票据影像化扫描操作 ⑧熟练掌握网上银行付款业务处理，银行与企业对账工作的操作方法 ⑨知晓费用审批流程，熟练掌握相关费用网上报销的操作方法 ⑩熟练掌握增值税发票开具、真伪查验与发票勾选认证的基本操作方法，能熟练进行增值税、企业所得税、个人所得税、印花税、教育费附加、地方教育费附加、城市维护建设税纳税申报操作
	水平一	水平二
专业技能	①能建立账套、设置操作员及操作员权限，进行角色增加、修改、删除等设置；能对企业基本档案进行设置与维护 ②能进行企业基础信息设置，在总账、工资、固定资产等各管理模块中录入相关信息及期初余额 ③能审核原始凭证的真实性、合法性与合规性，并根据审核无误的原始凭证填制记账凭证，对记账凭证进行审核、反审、修改、作废等处理 ④能在工资管理模块中进行核算单位、工资项目设置，准确地调整人员档案，设置工资分摊公式，调整工资项目，进行工资计算及发放、工资分摊处理，能将工资费用计入成本费用科目，生成本月工资计提的凭证，编制月度工资表	①能正确建立账套、设置操作员及操作员权限，正确进行角色增加、修改、删除等设置；能正确对企业基本档案进行设置与维护 ②能正确进行企业基础信息设置，在总账、工资、固定资产等各管理模块中熟练、准确地录入相关信息及期初余额 ③能审核原始凭证的真实性、合法性与合规性，并根据审核无误的原始凭证准确填制记账凭证，熟练对记账凭证进行审核、反审、修改、作废等处理 ④能在工资管理模块中熟练进行核算单位、工资项目设置，准确地调整人员档案，设置工资分摊公式，调整工资项目，进行工资计算及发放工作，工资分摊处理，做到及时

续表

	"会计信息系统应用综合实训"课程学业质量描述	
	水平一	水平二
专业技能	⑤能在固定资产管理模块中进行固定资产增加业务处理，并生成记账凭证；能对固定资产进行原值增减、使用部门调整、使用年限调整、累计折旧调整等变更业务处理，并按需生成凭证；能计提固定资产折旧，并能单张或批量生成记账凭证；能完成资产处置、资产变卖等资产减少处理，并生成记账凭证 ⑥能在采购、销售、库存各管理模块中完成相关单据录入、审核、查找等工作，并生成相关记账凭证；能在应付款、应收款管理模块中准确填制付款单、收款单，生成付款类、收款类凭证 ⑦能在采购、销售、库存等各管理模块中完成月末结账工作；能准确地进行期末损益结转，生成损益结转的凭证；进行总账与明细账、总账与辅助账数据核对工作，确保账账相符；在此基础上生成资产负债表、利润表；能进行原始凭证文件的影像采集与上传 ⑧能在网上银行模块中完成支付的录入、复核、审批、支付及变更业务，并生成记账凭证，完成付款单据对账，做到账实相符 ⑨能依据费用审批流程，在网上报销模块中进行费用申请业务，完成相关费用申请及借款业务，完成日常报销业务，对费用申请、日常报销等进行财务审核及业务处理，生成凭证 ⑩能在发票管理模块中进行开票基本信息维护，正确开具增值税专用发票、增值税普通发票、电子发票，及时进行抄报税、认证、真伪验证业务的处理；对接税务局平台，完成增值税、企业所得税、个人所得税计算、纳税申报表填制及税款缴纳工作	准确，能将工资费用正确计入成本费用科目，正确生成本月工资计提的凭证，能准确计算员工的社会保险费金额，生成社保公积金的申报明细表，编制月度工资表 ⑤能在固定资产管理模块中熟练进行固定资产增加业务处理，准确生成记账凭证；能对固定资产进行原值增减、使用部门调整、使用年限调整、累计折旧调整等变更业务处理，并按需生成凭证；能计提固定资产折旧，并能单张或批量准确生成记账凭证；能准确完成资产处置、资产变卖等资产减少处理，准确生成记账凭证；能进行资产盘盈盘亏处理，做到账实相符 ⑥能在采购、销售、库存各管理模块中准确完成相关单据录入、审核、查找等工作，正确生成相关记账凭证；能在应付款、应收款管理模块中熟练、准确地填制付款单、收款单，正确生成付款类、收款类凭证 ⑦能在采购、销售、库存等各管理模块中熟练、准确地完成月末结账工作；能熟练、准确地进行期末损益结转，生成损益结转的凭证；熟练进行总账与明细账、总账与辅助账数据核对工作，确保账账相符；在此基础上准确生成资产负债表、利润表；能熟练进行原始凭证文件的影像采集与上传 ⑧能在网上银行模块中，准确完成支付的录入、复核、审批、支付及变更业务，并准确生成记账凭证，完成付款单据对账，做到账实相符 ⑨能依据费用审批流程，在网上报销模块中进行费用申请业务，熟练完成相关费用申请及借款业务，熟练完成日常报销业务，对费用申请、日常报销等进行财务审核及业务处理，正确生成凭证 ⑩能在发票管理模块中进行开票基本信息维护，正确开具增值税专用发票、增值税普通发票、电子发票，及时准确进行抄报税、认证、真伪验证业务的处理；对接税务局平台，准确完成增值税、企业所得税、个人所得税、印花税等相关税费计算、纳税申报表填制及税款缴纳工作

续表

社会能力	"会计信息系统应用综合实训"课程学业质量描述	
	水平一	水平二
社会能力	①具有诚实守信、热爱劳动的良好品质，能遵守道德准则和行为规范，具有社会责任感和社会参与意识 ②具有质量意识、安全意识、成本意识、信息素养、工匠精神和创新思维 ③具有耐心细致、敬业乐业的工作作风和严肃的工作态度，具有自我管理能力和职业生涯规划意识，有一定的集体意识和团队合作精神 ④具有主动、热情、耐心的服务意识，同时坚持原则，以《会计法》《会计职业道德》等法律法规和职业道德为工作的基本准绳 ⑤具备一定的税收素养，了解《中华人民共和国税收征收管理法》《中华人民共和国税收征收管理法实施细则》等税收法律法规 ⑥具有良好的学习态度和学习习惯，具备一定的知识迁移能力	①具有诚实守信、热爱劳动的良好品质，能严格遵守道德准则和行为规范，具有强烈的社会责任感和社会参与意识 ②具有较强的质量意识、安全意识、成本意识、信息素养、工匠精神和创新思维 ③具有耐心细致、敬业乐业的工作作风和严肃的工作态度，具有较强的自我管理能力和职业生涯规划意识，有较强的集体意识和团队合作精神 ④具有主动、热情、耐心的服务意识，同时坚持原则、严格以《会计法》《会计职业道德》等法律法规和职业道德为工作的基本准绳 ⑤具备较好的税收素养，熟悉《中华人民共和国税收征收管理法》《中华人民共和国税收征收管理法实施细则》等税收法律法规 ⑥具有严谨的学习态度和优良的学习习惯，具备较强的知识迁移能力

六、课程实施

（一）教学要求

中等职业学校"会计信息系统应用综合实训"课程是在学生学习专业核心和专业技能课程基础上开设的一门将会计学、计算机技术和信息系统应用技术相融合的综合性实训课程，因此要求学生必须熟练掌握会计核算方法，并具备一般计算机应用的技巧。课程教学要全面落实"立德树人"的根本任务，深入挖掘中职会计专业的育人价值，树立以发展学生会计事务专业核心素养为导向的教学意识，遵循教学规律，始终把促成专业核心素养的形成和发展作为主要目标，将会计事务专业核心素养的培养贯穿于教学活动的全过程。在教学活动中，教师应准确把握课程目标、课程内容、学业质量的要求，合理设计教学目标、教学方法、教学过程和教学评价，积极进行教学反思，通过相应的教学实施，在学生掌握专业知识和专业技能的同时，促进会计事务专业核心素养的提升及水平的达成。在教学实践中，要不断探索和创新教学方式，突出学生综合素质和职业能力培养，不断提高学生实践能力和创新能力。

1. 科学制定教学目标，突出对学生专业核心素养的培养

在教学过程中，教学目标起着十分重要的作用。教学活动应以教学目标为导向，且始终围绕实现教学目标进行。教师在制定教学目标时，不仅要关注对学生知识与技能培养，更要充分关注会计事务专业核心素养的达成；要深入理解会计事务专业核心素养的内涵、表现、水平及其相互联系；要结合实际教学任务，思考会计事务专业核心素养在教学活动中的孕育点、生长点；要注意会计事务专业核心素养与具体教学内容的关联；要关注会计事务专业核心素养目标在教学中的可实现性，探索其融入教学内容和教学过程的具体方式及载体，在此基础上确定教学目标。

2. 依据教学目标实施教学内容，促进会计事务专业核心素养的持续发展

教师要以会计事务专业核心素养为导向，明确教学目标的要求和课程内容的重难点，教学过程循序渐进，坚持仿真式教学，在计算机、信息系统平台、会计虚拟仿真教学软件上实现仿真训练，训练内容、操作界面与实际应用尽量保持一致，实现课堂学习与实际应用零距离对接，明晰"会计信息系统应用综合实训"课程在形成会计事务专业核心素养中表现出的阶段性和连续性。

"会计信息系统应用综合实训"课程应选用典型案例为载体，在教学过程中，教师示范和学生分组讨论、训练互动，学生提问与教师解答、指导有机结合。同时，在教学活动中，教师应有意识地结合实际教学内容，将企业文化、会计文化渗透、融入日常教学活动。潜移默化地引导学生遵守国家法律法规，坚守会计职业道德，提升学生的社会适应能力和人文素养。

3. 采用多样化教学方式，培养和提高学生综合职业能力

"会计信息系统应用综合实训"课程是在学生学习专业基础课程和专业核心课程之后开设的一门综合实训课程，应注意与各先行课程内容的联系，对"会计基础""会计信息系统应用""会计信息系统运营服务"等课程与本课程内容联系紧密的相关部分，要求学生要事先复习，以便能更好地理解和掌握本课程知识要点。

要不断改革教学方法和手段，注重以工作岗位任务引领案例或项目教学，融"教、学、做"为一体，积极探索任务驱动、情景化教学、案例教学等多种教学方法，重视现代信息技术的应用，尽可能运用现代化、多样化手段实施理论教学和实践指导，同时可采取小组活动、第二课堂等丰富多彩的形式，培养和提高学生的整体素质和综合职业能力。

此外，教师应在教学过程中加强学习方法指导，培养学生自主学习的能力，帮助学生感受学习会计知识的价值和意义，学会选择适合自己的学习方法和学习策略，鼓励学生主动参与学习活动并养成自我反思的习惯。

4. 运用信息技术，拓宽学习渠道，探索"互联网+"时代教与学的转变

在"互联网+"时代，信息技术的广泛应用正在对会计专业教学产生重大影响。在"会计信息系统应用综合实训"课程中，信息技术是教师教和学生学的重要教学手段，为教和学提供了丰富多样的资源。现代信息技术（计算机、网络和通信等），是对传统会计模式进行重构，并在重构的现代会计模式上通过深化开发和广泛利用会计信息资源，建立技术与会计高度融合的、开放的现代会计信息系统。教师要把握好会计信息系统与本课程教学的关系，合理利用信

息技术，注重信息技术与本课程的深度融合，结合会计专业"1+X"证书制度，书证融通，借助信息技术优化整合课堂教学，转变教学与学习方式，创设线上线下一体化的"混合式"学习生态，形成虚拟仿真学习环境，引导学生经历多样化的学习过程，帮助学生有效地投入会计实践学习，促进学生在信息化环境中主动学习，实现传统教学手段难以达到的效果。

（二）师资条件

1. 专任教师

（1）符合中等职业学校专业课教师的任职条件，具备中等职业学校教师的基本素养和道德要求，热爱教育事业，具有强烈的责任心和使命感。能够落实课程思政要求，挖掘专业课程中的思政教育元素和资源。

（2）具有高度的敬业精神和专业精神，会计理论功底扎实，具有会计岗位工作经验，熟悉国家会计法律法规知识和企业会计准则。

（3）具有会计、财务管理等相关专业学历，精通各行业会计核算业务的理论知识，能熟练开展会计核算工作，熟练操作会计电算化软件。

（4）具备一定的表达能力，能理实结合、深入浅出、通俗易懂地进行教学，能运用各种教学手段和教学工具指导学生进行理论学习和开展实践教学。

（5）具有较强的教科研能力，能够运用信息技术开展混合式教学等教法改革；能够跟踪新经济、新技术发展前沿，开展社会服务。专业教师每年至少1个月在企业或生产性实训基地锻炼，每5年累计不少于6个月的企业实践经历。

（6）学生数与专任教师数比例不高于20∶1，专任教师中具有高级专业技术职务人数不低于20%，"双师型"教师占专业课教师数比例应不低于50%。

2. 兼职教师

（1）主要从本专业相关行业企业的高技术技能人才中聘任，应具有扎实的专业知识和丰富的实际工作经验，能针对企业的实际情况进行会计账务实践教学。

（2）原则上应具有中级及以上专业技术职务或在市级及以上职业技能竞赛中获奖。

（3）了解教育教学规律，能承担专业课程教学、实习实训指导和学生职业发展规划指导等专业教学任务，具有较强的教学组织能力。

（三）实践教学

1. 实训场地

配备多媒体教学设备、计算机及网络设备、ERP会计信息系统等设备及软件的会计信息化实训室。

2. 实训工具设备

配备会计工作所需的各类办公设施及基本文具，如打印机、扫描仪、计算器、文件柜及各种日常耗材等。配置具有网络、能够流畅运行实训软件的计算机设备。

3. 实训软件

配备具有信息处理功能的会计信息系统平台，会计电算化实训软件、会计报税仿真软件等。

4. 仿真实训资料

配备仿真的工业企业经济业务资料及其他相关资料（如实训案例、企业基础信息、期初余额、经济业务发生资料等）。

（四）教学方法

在教学中应坚持以学生为主体，以能力为本位的原则，结合中职学生的学习特点、认知规律，根据每个学习情境的特点，应用情境教学法、模拟教学法、案例教学法、分组教学法等教学方法，多方位地提高学生的综合职业能力。

1. 情境教学法

情境教学法是指充分利用形象，创设典型的场景将教学内容置于特定的情境之中，让学生在情境中思考、探索与合作。它既可以激起学生的学习兴趣，又可以使其养成主动学习的习惯，同时它也是一种将认知活动和情感活动结合起来的一种教育模式。创设情境，体验企业氛围，以工作流程为主线，以项目为载体明确任务，转化角色，提高学生岗位认知能力。实现了理论认识与实践学习的统一。

2. 模拟教学法

模拟教学法是指在教师指导下学生模拟扮演某一角色进行技能训练的一种教学方法。结合岗位对员工的技能要求进行有针对性的训练是职业教育的重要内容，模拟教学法能够在很大程度上为学生提供近似真实的训练环境，提高学生的职业技能。

3. 案例教学法

案例教学法是一种通过模拟或者重现现实生活中的一些场景，让学生把自己纳入案例场景，通过讨论或者研讨来进行学习的教学方法。教师根据教学目标，以案例为基本教材，在教师的指导下，运用多种形式启发学生独立思考，对案例提供的资料进行分析研究，做出判断和决策，提高学生分析问题、解决问题的能力。

4. 分组教学法

通过组内讨论实现互助学习，通过岗位分工合作，提高岗位工作能力及沟通、合作能力。

（五）教学手段

为了达到预期教学目的，本课程结合实训内容，主要采用以下现代化教学手段：

1. 多媒体教学手段

多媒体教学手段是指在教学过程中，根据教学目标和教学对象的特点，通过教学设计，合理选择和运用现代教学媒体，并与传统教学手段有机组合，共同参与教学全过程，以多种媒体信息作用于学生，形成合理的教学过程结构，达到最优化的教学效果。常见多媒体教学手段主要包括电子课件、音频、视频、Flash 动画演示、教学软件等。

2. 网络教学手段

网络教学作为新兴的教学手段，有着自身的特点和优势。"会计信息系统应用综合实训"课程教学应充分利用网络，发挥网络教学的优势，拓展会计信息系统教学平台，运用平台所提供的各类技术工具开展财会业务处理、业务协同、数据分析等应用。利用信息系统教学平台指导学生开展实训教学，调动学生学习兴趣，提高学习效率。

（六）教材要求

（1）原则上从国家和省级教育行政部门发布的规划教材目录中选用，国家和省级规划目录中没有的教材，可在职业院校教材信息库选用。不得以岗位培训教材取代专业课程教材。选用的教材必须是通过审核的版本，擅自更改内容的教材不得选用，未按照规定程序取得审核认定意见的教材不得选用。不得选用盗版、盗印教材。

（2）综合实训类教材，应倡导按照"任务引领，项目导向"的指导思想进行整体设计，充分体现任务引领、实践导向的课程设计思想，以各项任务为主线，同时也可结合职业技能证书考核要求，合理安排教材内容，以具体训练项目为途径培养学生的综合职业能力，体现了工学结合，职业能力培养的主导思想。

（3）选用的教材要适合线上线下教育，能发挥传统教学手段和网络教学手段各自的优势，促进教学资源的有效运用，有利于学生运用多种媒介和信息技术开展自主、合作与探究式学习，优化课程实施。倡导使用新型活页式、工作手册式教材并配套开发信息化资源，以实现多样化的教材形态，促进教学手段的更新。同时形成纸质教材、电子资料、网络资源相结合的立体化教材体系。

（七）配套课程资源与利用

"会计信息系统应用综合实训"课程是一门集理论、实践和信息技术于一身的综合性课程，具有内容复杂、操作性强的特点，要求学生对授课内容有一定的感性认识、形象思维和实际操作能力。其课程配套资源的开发与利用应充分考虑实训课程的特点，依据教育性、科学性、发展性的原则，符合教学规律要求，倡导合作共享、因地制宜地开发教学资源，提高教学质量，以利于教学目标的达成。

1. 注重实训指导书的开发和应用

实训指导书既是教师训练学生的指导文件，也是学生参加实训的参考书，所以对于实训课程要注重对实训指导书的开发与利用，在编制实训指导书要突出实训目的、实训内容、实训步骤等内容，必须注意可操作性，要求文字简练，脉络清晰。

2. 常规课程资源的开发和利用

可开发并应用一些直观且形象生动的动画、视频、微课、实训互动等教学资源、电子教案等，充分利用这些资源创设形象生动的工作情境，激发学生的学习兴趣，促进学生对知识的理解和掌握。充分利用实训室的设施，通过多媒体设备以及计算机系统软件、多媒体教学软件等开展实训教学，使教学更直观、高效、准确。同时建议加强课程资源的开发，优化课程资源库，逐步形成完善的立体化课程资源体系，努力实现跨学校多媒体资源的共享，以提高资源利用效率。

3. 积极开发和利用网络课程资源

充分利用校园网络平台、信息系统教学平台，向学生提供直播课程、录播课程、线上练习、在线答疑等多种形式的网络教学资源，优化教与学活动，推动课程教学的优化实施，引导学生在学习过程中结合上述资源进行自主、合作、探究式学习，为进一步开展线上线下混合式教学创造条件。使教学媒体从单一媒体向多种媒体转变；使教学活动从信息的单向传递向双向交互转变；使学生从单独学习向合作学习转变。同时对于实训课程也建议校企合作开发仿真实训教学软件（纳税申报仿真实训教学软件等）这一课程资源，充分利用仿真实训教学软件开展实训教学，提高实训课程教学质量，以利于教学目标的达成。

（八）线上教学安排

1. 开放实训软件选用

教师应根据"会计信息系统应用综合实训"课程教学内容，选用适宜的开放性的业财一体信息化教学软件，做到线上线下教学无缝切换。

2. 教学资源准备

教师应充分发挥主观能动性和创造性，依据"会计信息系统应用综合实训"课程标准的要求和具体的教学内容，有选择地、创造性地使用、优化、整合资源，助力学生有效学习。

3. 线上教学实施

教师根据"会计信息系统应用综合实训"课程标准，结合教学对象实际情况，考虑课前课中课后三个环节，与学生进行充分的互动交流，将新变化、新事物、现代信息技术融入线上课程，提高学生上课的参与度和融入感，提高学生的学习效果。

课前通过网络平台将视频、课件及相关资料推送给学生阅览，并给学生布置一定的任务。引导学生熟悉实训内容，了解操作步骤，带着实训任务进入课堂教学，提高实训效果。课中由教师讲述实训目的、内容及要求，配合教学资源、实训教学软件，积极引导学生进行实训操作，同时通过教学软件后台管理监控学生实训操作情况，保障实训教学效果。课后布置与教学内容相匹配的课后作业，通过聊天软件对学生进行课后辅导，为学生答疑解惑。

4. 线上教学的管理

为了保证线上教学的有序开展，课程负责人应在校园网络资源平台建设课程页面，教师通过课程页面，发布课程公告、课程学习资源，布置并批改作业，组织课后答疑，及时发布课程过程考核成绩，落实完整的教学过程。通过技术手段对学生进行全过程考核，确保学生课堂参与率，保证教学质量。

要严格落实线上教学管理制度。课程负责人应确保线上课程框架体系完整，教学资源内容全面、科学合理、无政治性及学术性错误，严把课程质量关。课程主讲教师应严格按照教学大纲和教学计划开展线上教学，不得随意进行线上合班或更换授课时间、授课教师。

七、教学评价

教学评价是依据教学目标对教学过程及结果进行价值判断并为教学决策服务的活动，应贯穿教学过程的始终，其目的是促进学生学习、改善教师教学、完善课程设计、监控学业质量。

（一）以课程目标为评价依据

"会计信息系统应用综合实训"课程学习评价以课程目标作为评价的主要依据，其根本目的是促进学生专业核心素养的提升。评价应反映"以人为本"的教育理念，不仅要关注学生掌握专业知识、专业技能的程度，关注学生组织纪律性、协调能力、合作能力、交流能力、道德素养等水平的达成，还要关注学生的学习态度、学习方法和学习习惯的养成，从而衡量课程目标达成情况。

（二）注重评价的多元化

应围绕会计事务专业核心素养和课程目标，依据学业要求选择评价内容，注重多种评价方式有机结合与运用，强调多元评价主体的共同参与，以获取较为全面的评价信息。评价主体包括学生、教师也包括第三方。在教学中还应将定性评价与定量评价相结合，过程评价与结果评价相结合。教师要在评价的过程中，发现学生学习的个性特点和具体问题，及时引导，提出有针对性的建议，激发学生学习的动力。同时，依据评价结果反思日常教学，及时调整教学内容、教学手段、教学形式和教学方法，以便在教学过程中对症下药，因材施教。

（三）重视评价结果的呈现

教学评价的结果要服务教学、反馈教学、促进教学，评价结果的呈现是评价的重要组成部分。教师要充分利用信息技术，收集、整理、分析有关反映学生学习过程和结果的数据，获取教学的反馈信息，通过多元化的评价方式形成的课后作业记录表、单项专业技能评价表、学习表现评价表、学业总评考核表等结果，能够综合反映学生的会计事务专业核心素养水平。

（四）学业水平考试要求

通过多主体、多角度、多方式的评价体系，"会计信息系统应用综合实训"课程实现了对学生的全面考评。本课程的考核评价可采用"过程+结果"的方式进行，即学生综合成绩的评定包括两个方面：过程考核评价和结果考核评价。成绩由两部分组成：过程考核部分以过程评价和阶段（以工作任务模块为阶段）评价，结合课堂提问、理论考核、上机操作、平时作业、实训报告等进行综合评价；无纸化考试主要测试操作熟练度和准确度。

考试是课程评价的重要组成部分，学业水平考试是评价的重要方式。学业水平考试需要对学生不同阶段的学习成果做出综合评价，进行学分评定。

学习每个模块后，根据本课程标准的学业要求和阶段性学业水平对学生的学习成绩进行评定，并根据成绩结果给予相应学分。

总分	$\Sigma \geq 90$	$60 \leq \Sigma < 90$	$\Sigma < 60$
评定等级	优秀	合格	不合格

编写人员：林　宏　天津市第一商业学校
审核人员：黄亚琴　武汉市财政学校

"智能财税共享服务综合实训" 课程标准

课程名称	智能财税共享服务综合实训	课程类别	选修课
适用专业	会计事务、纳税事务	学时 学分	72 学时 4 学分

一、课程性质与设计思路

（一）课程性质

"智能财税共享服务综合实训"课程是会计事务专业的专业技能实训课程。通过本课程的学习，能够让学生了解大数据、光学字符技术、RPA 财务机器人的基本概念，知晓人工智能技术在财税共享服务的应用，学习财务共享服务和税务共享服务的处理流程及方法。教师在授课过程中，要结合会计职业道德，把社会主义核心价值观、会计道德伦理、工匠精神等思政育人元素融入课程教学，为以后从事云财务模式下共享服务中心的财务工作打下理论和技能的基础。

（二）设计思路

本课程的总体设计思路是从大数据、光学字符识别技术和 RPA 财务机器人的概念出发，阐释人工智能技术在财税共享服务中的应用，揭示财税共享服务形成的背景、条件、发展趋势，讲述财务共享服务和税务共享服务的工作流程及方法。本课程旨在使学生全面理解智能财税共享服务的正确定位，充分认识智能财税共享服务的作用及其为企业创造的价值，理解并明确智能财税共享服务的实施要点，学习和掌握智能财税共享的流程设计和运营管理。

二、专业核心素养与课程目标

（一）专业核心素养

会计事务专业核心素养是指学生通过学习具备能够适应终身发展和社会发展需要的会计职业关键能力和必备品格。会计职业关键能力包括逻辑思维能力、企业运营及资金运动的空间想象能力、数据处理分析能力、账务处理能力、分析和解决实际问题的能力；必备品格包括爱岗敬业、诚实守信、依法办事、保守秘密，养成严谨细致和客观公正的职业精神，以及搞好服务和参与管理的职业意识。

（二）课程目标

1. 总体目标

通过本课程的学习，使学生树立正确的人生观、价值观，能认识到智能财税共享服务在会计及相关岗位中的重要作用。本课程可以让学生知晓人工智能技术在财税共享服务中的应用，理解财税共享服务的处理逻辑，掌握财税共享服务的工作流程和方法。

2. 具体目标

（1）知识目标：知晓大数据、光学字符识别技术和RPA财务机器人的概念；理解财税共享服务的基本原理和逻辑关系。

（2）能力目标：明确人工智能技术在财税共享服务中的应用；掌握财税共享服务的工作流程和方法。

（3）情感态度与价值观目标：具有良好的职业素养和工作态度；具备自主学习，主动探究的能力；具备团队协作能力、沟通能力和管理能力。

三、本课程在专业课程体系中的位置

会计事务专业课程设置主要包括公共基础课程和专业课程。专业课程一般包括专业基础课程、专业核心课程、专业拓展课程，并涵盖实训等有关实践性教学环节。智能财税共享服务课程属于实践性教学课程。思政教育和会计文化融入课程内容。本课程在专业课程体系中的位置如下图所示。

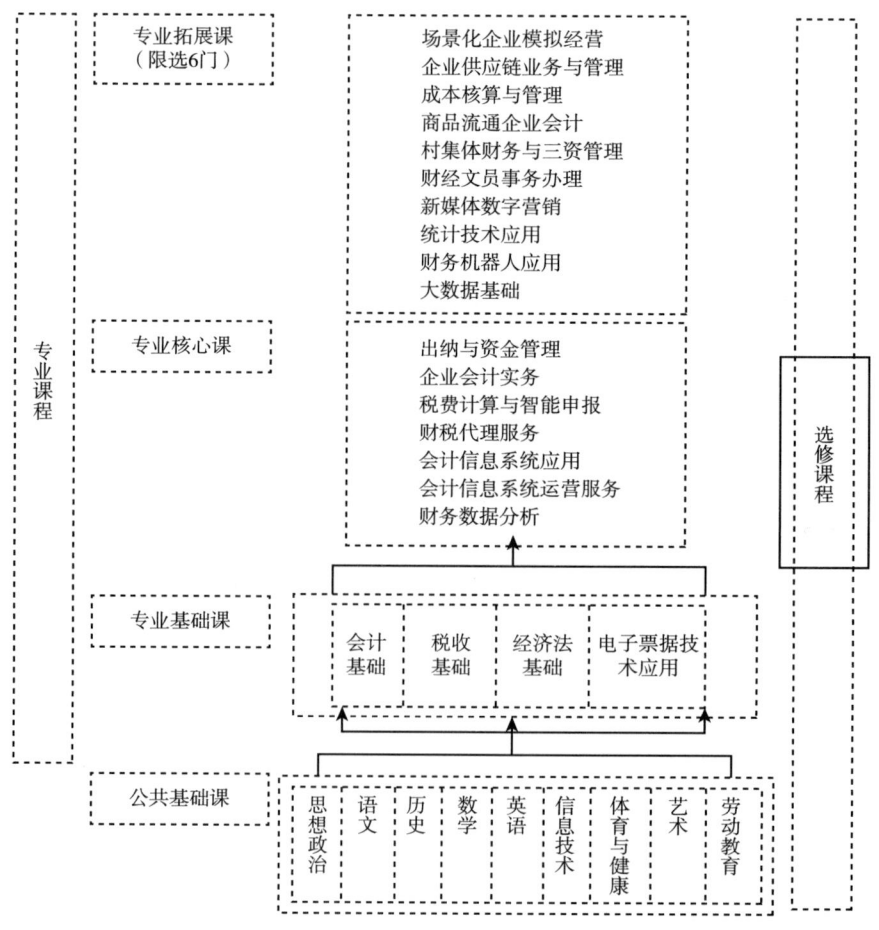

四、课程内容与学时安排

（一）课程内容

"智能财税共享服务综合实训"课程内容

序号	教学模块	教学内容描述	能力要求	课时
1	智能财税基础认知	• 大数据的概念 • 光学字符识别的原理 • 光学字符识别在实务工作中的应用 • RPA 财务机器人的概念 • RPA 财务机器人给财务工作带来的便利	• 掌握大数据基础知识，具备一定的大数据处理能力 • 能理解光学字符识别原理 • 了解财税共享中心工作流程和岗位要求	4 课时
2	财税共享服务	• 企业建立账套的资料准备及流程 • 企业期初建账的基本规则 • 基础档案整理的方法 • 基础档案对于企业建立账套的重要性 • 根据会计科目的设置原则，合理选用会计科目，并能区分不同会计准则下会计科目的区别 • 总账科目和明细科目的设置方法 • 期初建账的重要意义，期初建账的各项操作、录入期初余额及试算平衡 • 日常业务处理系统的层次结构，以及在社会财税共享服务模块中的地位 • 日常业务处理的完整工作流程，日常业务处理各项操作的基本功能 • 日常业务中票据（原始凭证）的种类，根据不同类型的经济业务判断其为何种票据 • 各种日常业务录入和审核的操作流程 • 期末事项处理系统的层次结构，以及在社会财税共享服务模块中的地位 • 期末事项处理的完整工作流程，期末事项处理各项操作的基本功能 • 凭证审核、记账、结转损益、期末结账和生成报表的主要内容和注意事项 • 档案管理的工作规范和原则	• 具备企业期初数据搜集和交接的技能 • 熟悉智能财税平台期初建账的操作流程 • 能独立完成期初建账操作 • 学会检查日常业务处理的基础运行环境 • 能够按照单据整理工作规范要求，掌握电子票据的扫描方法，并将扫描后的票据按照单据类型进行整理分类并修改完善 • 掌握不同日常业务类型的账务处理 • 掌握不同日常业务类型录入和审核的基本操作 • 掌握凭证审核和记账时的操作步骤 • 掌握结转损益时的操作流程和具体操作方法 • 掌握结账时的操作步骤和注意事项 • 掌握生成报表的操作方法和注意事项 • 掌握档案管理的具体操作规范和工作流程	28 课时

续表

序号	教学模块	教学内容描述	能力要求	课时
3	税务共享服务	• 增值税征收管理的相关知识，确定纳税义务发生的时间、纳税期限、纳税地点 • 纳税申报的相关内容，填报小规模纳税人的纳税申报表和一般纳税人的纳税申报表 • 增值税及附加税纳税申报的工作流程和方法 • 企业填制增值税及附加税纳税申报表的要领 • 企业所得税的税率，根据税率及适用范围进行企业所得税的计算 • 企业所得税征税方式 • 区分查账征收与核定征收的适用范围及核算依据 • 企业所得税申报的工作流程和方法 • 个人所得税的纳税义务人、征税范围、相应税率、优惠政策 • 个人所得税应纳税所得额的计算 • 个人所得税不同情况的纳税申报时间 • 个人所得税申报的工作流程和方法 • 社会保险费的含义 • 社会保险费缴费基数和缴纳比例 • 我国现行社会保险制度的具体构成项目 • 印花税的含义和税率相关内容 • 印花税的计税依据和计税原理 • 印花税的纳税人、征税范围、选择适用税率	• 能够自主使用网上报税系统 • 能正确填制增值税及附加税的纳税申报表 • 培养自主学习、合作学习、解决实际问题的能力 • 掌握企业所得税应纳税额的计算 • 掌握企业所得税申报的操作流程和具体操作方法 • 掌握查账征收下企业所得税申报的操作方法和注意事项 • 掌握核定征收下企业所得税申报的操作方法和注意事项 • 掌握人员信息采集的具体操作方法和注意事项 • 掌握专项附加扣除信息采集的具体操作方法和注意事项 • 掌握综合所得预扣预缴申报的操作流程、具体操作方法及其注意事项 • 掌握个人所得税税款缴纳的操作流程和注意事项 • 熟练办理社会保险费增/减员 • 熟练掌握社会保险费申报的操作 • 掌握计算各类应税凭证应纳印花税税额的方法 • 合理选择印花税的缴纳方式并完成税款缴纳工作	40课时
	合计			72课时

（二）学时安排与学分

"智能财税共享服务综合实训"课程共计72学时，每18学时折算1学分，共4学分。

五、学业质量

（一）学业质量内涵

学业质量是学生在完成课程学习后的学业成就表现。"智能财税共享服务综合实训"课程学业质量标准是以会计事务专业核心素养及其表现水平为主要维度，结合课程内容，对学生"智能财税共享服务综合实训"课程学业成就表现的总体刻画。根据项目任务的复杂程度、知识和技能的结构化程度、分析和解决问题的能力等不同水平学业成就表现的关键特征，"智能财税共享服务综合实训"课程学业质量标准将学业质量划分为不同水平，并描述了不同水平学习结果的具体表现，不同水平之间具有由低到高逐渐递进的关系，体现课程结束时学生达到的水平，为核心素养评价提供基本依据。

（二）学业质量水平

"智能财税共享服务综合实训"课程学业质量水平是该课程目标的综合表现。"智能财税共享服务综合实训"课程目标划分为三个不同水平，每一个水平是通过专业核心素养的具体表现和体现课程目标的三个方面进行表述的。会计事务专业核心素养的具体表现参见"专业核心素养与课程目标"，完成课程目标包括与会计事务专业核心素养相关的专业知识、专业技能和社会能力三个方面。

学业质量水平分为优秀、合格和不合格。质量描述中：水平一为合格；水平二为优秀；未达到水平一的为不合格。

	"智能财税共享服务综合实训"课程学业质量描述	
	水平一	水平二
专业知识	①知晓大数据的概念 ②知晓光学字符识别的原理 ③知晓RPA财务机器人的概念 ④知晓光学字符识别在实务工作中的应用 ⑤知晓RPA财务机器人在财务工作中的应用	①掌握大数据的概念 ②掌握光学字符识别的原理 ③掌握RPA财务机器人的概念 ④掌握光学字符识别在实务工作中的应用 ⑤掌握RPA财务机器人在财务工作中的应用
	水平一	水平二
专业技能	①能描述财税共享中心期初建账的工作流程 ②能对财税共享中心不同类型票据进行分类 ③能处理财税共享中心期末事项 ④能保管会计档案 ⑤能描述不同税种纳税申报的工作流程 ⑥能开具发票 ⑦能办理社保公积金	①能独立完成财税共享中心期初建账操作流程 ②能判断不同票据的业务类型，能在财税共享中心平台完成录入和审核的操作 ③能熟练处理财税共享中心期末事项 ④能妥善保管会计档案 ⑤能进行增值税及附加税的纳税申报操作 ⑥能进行季度企业所得税的纳税申报操作 ⑦能进行个人所得税的纳税申报操作 ⑧能进行印花税的纳税申报操作 ⑨能进行社保费的纳税申报操作 ⑩能进行社保费增/减员的操作 ⑪能熟练开具发票

续表

	"智能财税共享服务综合实训"课程学业质量描述	
	水平一	水平二
社会能力	①具有基本的逻辑思维能力、账务处理能力和数据处理分析能力 ②初步形成爱岗敬业、诚实守信、严谨细致、客观公正的职业精神,能依法办事、保守秘密、重视诚信 ③基本养成搞好服务和参与管理的职业意识 ④了解财税文化,遵守会计职业道德、会计准则和行为规范,坚持原则,具备一定的社会责任感和担当精神 ⑤有一定自我管理能力,基本遵守课堂纪律,基本能完成工作任务和课后作业 ⑥具备基本的沟通能力,能完成基本的学习活动,具备一定的知识迁移能力 ⑦具有基本的团队意识,服从工作安排	①具有较强的逻辑思维能力、账务处理能力和数据处理分析能力 ②具备爱岗敬业、诚实守信、严谨细致、客观公正的职业精神,能依法办事、保守秘密、重视诚信 ③养成搞好服务和参与管理的职业意识,关注市场、初步形成认知财经政策的意识 ④明确财税文化,遵守会计职业道德、会计准则和行为规范,坚持原则,具备社会责任感和担当精神,初步养成精益求精的工匠精神 ⑤自我管理能力强,课堂组织纪律性强,按时且认真完成工作任务和课后作业 ⑥沟通能力强,在学习过程中遇到问题能够虚心求教,耐心倾听别人的意见,具备较强的知识迁移能力 ⑦有较强的团队意识,服从工作安排,人际关系和谐,团结协作精神强

六、课程实施

(一)教学要求

中等职业学校"智能财税共享服务综合实训"课程教学要全面落实"立德树人"的根本任务。明确"智能财税共享服务综合实训"课程的功用以及在会计事务专业课程体系中的地位。教师应准确把握课程目标、课程内容、学业质量的要求,合理设计教学目标、教学方法、教学过程和教学评价。在教学实践中,要根据学生的知识基础和学习能力不断改进教学方式,激发学生学习本课程的兴趣,有效实施因材施教。

1. 明确"智能财税共享服务综合实训"课程的性质及作用

"智能财税共享服务综合实训"课程,主要是培养学生利用人工智能技术和互联网来共享财务信息,以便更好地管理财务和税务的能力。本课程不仅可以让学生认识到财税共享能够提升企业工作的效率,节约企业财务工作成本,明确财税共享学习的重要性,同时也能让学生意识到共享数据能够帮助企业决策者进行战略分析的意义,更认识到财务工作能够创造价值,提升学生学习的信心和信念。

2. 让学生学会人工智能技术在财税共享工作中的实际应用

本课程针对中职学生学情,课程目标是让学生知晓人工智能技术在财税共享服务中的应用，理解财税共享服务的处理逻辑，掌握财税共享服务的工作流程和方法。在教学过程中，要通过大量案例，让学生不但学会运用人工智能技术自动化处理任务，还会应用这些方法和技术提供更加智能化的财税服务，从而提高工作效率，增强解决实际问题的能力。

3. 运用数字化教学资源，探索信息化时代教与学的转变

在信息化时代，数字技术对会计专业教学产生深远影响。在"智能财税共享服务综合实训"课程中，要结合会计专业"1+X"证书制度，探索书证融通，借助互联网技术优化整合课堂教学，创设线上线下一体化的"混合式"学习生态。同时，要充分利用学校的数字化教学综合服务平台，全方位展示各类教学资源，开设网络论坛，构筑网络学习交流平台，促使教学活动从信息的单向传递向双向交换转变，形成良好的师生互动及同学互动的学习氛围，拓展学习活动的空间。

（二）师资条件

1. 专任教师

（1）符合中等职业学校专业课教师的任职条件，具备中等职业学校教师的基本素养和道德要求，热爱教育事业，具有强烈的责任心和使命感。能够落实课程思政要求，挖掘专业课程中的思政教育元素和资源。

（2）具有高度的敬业精神和专业精神，财税理论功底扎实，具有财税岗位工作经验，熟悉国家会计法律法规知识和企业会计准则。

（3）具有会计、财务管理、财税等相关专业学历，精通各行业会计核算业务的理论知识，能熟练开展会计核算工作，熟练操作会计电算化软件。

（4）具备一定的表达能力，能理实结合、深入浅出、通俗易懂地进行教学，能运用各种教学手段和教学工具指导学生进行理论学习和开展实践教学。

（5）具有较强的教科研能力，能够运用信息技术开展混合式教学等教法改革；能够跟踪新经济、新技术发展前沿，开展社会服务。专业教师每年至少1个月在企业或生产性实训基地锻炼，每5年累计不少于6个月的企业实践经历。

（6）学生数与专任教师数比例不高于20：1，专任教师中具有高级专业技术职务人数不低于20%，"双师型"教师占专业课教师数比例应不低于50%。

2. 兼职教师

（1）主要从本专业相关行业企业的高技术技能人才中聘任，应具有扎实的专业知识和丰富的实际工作经验，能针对企业的实际情况进行智能财税共享服务综合实践教学。

（2）原则上应具有中级及以上专业技术职务或在市级及以上职业技能竞赛中获奖。

（3）了解教育教学规律，能承担专业课程教学、实习实训指导和学生职业发展规划指导等专业教学任务，具有较强的教学组织能力。

（三）实践教学

1. 实训场地

配备多媒体教学设备、计算机及网络设备、电子沙盘实训软件等设备、扫描仪、高拍

仪、票据打印机、票据装订机、电子开票系统、电子票据识别、模拟税务局终端报税平台、报税 RPA 机器人工具等设备及软件的会计信息化实训室。

2. 实训工具设备

配备会计工作所需的各类办公设施及基本文具，如打印机、扫描仪、计算器、文件柜及各种日常耗材等。配置具有网络、能够流畅运行实训软件的计算机设备。

3. 实训软件

安装财税共享服务信息系统，可在机上进行业务操作，或配备财税共享服务仿真教学软件，结合仿真案例资料，帮助学生学习社会共享中心账务处理及纳税申报业务、审核等相关工作。

4. 实训指导资料

配备财税共享服务仿真教学软件指导手册，实训指导微课，教学配套 PPT 等。

（四）教学方法

本课程主要使用下列教学方法：

1. 任务驱动教学法

任务驱动教学法是指在学习过程中，紧紧围绕一个共同的任务活动中心，在强烈的问题动机的驱动下，通过对学习资源的积极主动应用，进行自主探索和互动协作的学习，并在完成既定任务的同时，引导学生产生一种学习实践活动。共享服务业务的流程和方法是本门课程的重难点所在，在对该部分内容学习时，引导学生理解工作流程，"做中学、学中做"，以提高教学效果。

2. 案例教学法

案例教学法是一种通过模拟或者重现现实生活中的一些场景，让学生把自己纳入案例场景，通过讨论或者研讨来进行学习的教学方法。"智能财税共享服务综合实训"课程较为抽象，学生难以理解，在教学过程中要大量举例，通过这些实例，学生不但能认知智能财税基本情况，还能够应用人工智能技术，处理财税共享服务，提高工作效率。

3. 讲授法

讲授法是教师通过口头语言向学生描绘情境、叙述事实、解释概念、论证原理和阐明规律的教学方法。讲授智能财税基础知识时，要结合学生的学习基础，循序渐进、由表及里；讲解财税共享服务时，要讲解清楚财税共享服务业务的基本原理和逻辑关系。

（五）教学手段

为了达到预期教学目的，本课程结合教学内容，主要采用以下现代化教学手段：

1. 多媒体教学手段

多媒体教学手段是指在教学过程中，根据教学目标和教学对象的特点，通过教学设计，合理选择和运用现代教学媒体，并与传统教学手段有机组合，共同参与教学全过程，以多种媒体信息作用于学生，形成合理的教学过程结构，达到最优化的教学效果。常见多媒体教学手段主要包括电子课件、音频、视频、Flash 动画演示、教学软件等。

2. 网络教学手段

网络教学作为新兴的教学手段，有着自身的特点和优势。"智能财税共享服务综合实训"课程教学应充分利用网络，发挥网络教学的优势，拓展实践教学的平台。利用网络教学资源和网络教学平台指导学生开展学习，调动学生学习兴趣，提高学习效率。

（六）教材要求

（1）原则上从国家和省级教育行政部门发布的规划教材目录中选用，国家和省级规划目录中没有的教材，可在职业院校教材信息库选用。不得以岗位培训教材取代专业课程教材。不得选用盗版、盗印教材。

（2）选用的教材要以习近平新时代中国特色社会主义思想为指导，贯彻国家"三教"改革精神，落实"立德树人"根本任务，充分体现社会主义核心价值观，有助于中职学生形成正确的世界观、人生观、价值观。

（3）选用的教材要充分体现时代特点和现代意识，同时适应中职学生的认知特点，充分考虑学生身心发展需要，有助于培养学生的社会责任感、动手实践能力和创新创业精神，有助于学生形成良好的个性和健全的人格。

（4）选用的教材要全面体现"智能财税共享服务综合实训"课程标准的理念和要求，有机融合会计事务专业核心素养，符合会计事务专业核心素养发展规律。既要关注学生学习知识的结果，也要注重学生在学习过程中对专业技术和财税文化的理解与体验，更要体现学生在学习过程中的参与程度、参与水平和情感态度。

（5）选用的教材要适合线上线下教育，能发挥传统教学手段和网络教学手段各自的优势，促进教学资源的有效运用，有利于学生运用多种媒介和信息技术开展自主、合作与探究式学习，优化课程实施。

（6）倡导使用新型活页式、工作手册式教材并配套开发信息化资源，以实现多样化的教材形态，促进教学手段的更新。同时形成纸质教材、电子资料、网络资源相结合的立体化教材体系。

（七）配套课程资源与利用

中等职业学校"智能财税共享服务综合实训"课程配套资源的开发与利用应充分考虑学生的身心发展特点，依据教育性、科学性、发展性的原则，符合教学规律要求，倡导合作共享、因地制宜地开发教学资源，提高教学质量，以利于教学目标的达成。

"智能财税共享服务综合实训"课程资源，可以是与教材配套的纸质习题文本，也可以是多媒体资源、网络资源。教师要充分利用现代信息技术，积极开发与利用各种课程资源，制作课堂教学PPT，开发微课、视频、音频等资源，整理、优化课程资源库，逐步形成完善的立体化课程资源体系，为学生自主学习提供更多的机会和途径，鼓励学生创新思维和专业知识的整合，提高学生学习积极性。

同时，教师依托校园网络平台，向学生提供直播课程、录播课程、线上练习、在线答疑等多种形式的网络教学资源，优化教与学活动，推动课程教学的优化实施，引导学生在学习过程中结合上述资源进行自主、合作、探究式学习，为进一步开展线上线下混合式教学创造条件。校企合作资源也是一种重要的课程资源，要充分利用校企合作平台开展教学活动。

（八）线上教学安排

1. 选用教学平台

教师应根据"智能财税共享服务综合实训"课程教学内容，结合线上教学方式特点，合理选择使用一个能做到线上线下教学无缝切换的教学平台作为主要线上教学平台。同时，将QQ、微信、钉钉等其他即时通信软件作为备用平台用于课堂应急、临时讨论、即时消息等用途。

2. 准备教学资源

教师应充分发挥主观能动性和创造性，依据"智能财税共享服务综合实训"课程标准的要求和具体的教学内容，有选择地、创造性地使用、优化、整合资源，助力学生有效学习。要提前谋划，储备资源，通过网盘、U盘等工具随身携带重要教学资源，做好线上教学的充分准备。

3. 线上教学实施

教师根据"智能财税共享服务综合实训"课程标准，结合教学对象实际情况，考虑课前课中课后三个环节，与学生进行充分的互动交流，将新变化、新事物、现代信息技术融入线上课程，提高学生上课的参与度和融入感，提高学生的学习效果。

课前通过网络平台将视频、课件及相关资料推送给学生阅览，并给学生布置一定的任务。引导学生主动学习，带着任务听课，提高教学效果。课中由教师讲述重要知识点，配合教学资源，积极引导学生思考，通过弹幕、答题、连麦等手段与学生进行在线互动，让学生真正融入线上课堂。融合思政教学，帮助学生树立正确的价值观、学习观，促进学生健康成长。课后布置与教学内容相匹配的课后作业，通过聊天软件对学生进行课后辅导，为学生答疑解惑。

4. 线上教学的管理

为了保证线上教学的有序开展，课程负责人应在校园网络资源平台建设课程页面，教师通过课程页面，发布课程公告、课程学习资源、布置并批改作业、组织课后答疑，及时发布课程过程考核成绩，落实完整的教学过程。通过技术手段对学生进行全过程考核，确保学生到课听课率，保证教学质量。

要严格落实线上教学管理制度。课程负责人应确保线上课程框架体系完整，教学资源内容全面、科学合理、无政治性及学术性错误，严把课程质量关。课程主讲教师应严格按照课程标准和教学计划开展线上教学，不得随意进行线上合班或更换授课时间、授课教师。

七、教学评价

教学评价是"智能财税共享服务综合实训"课程教学活动的重要组成部分，贯穿教学过程的始终，其目的是促进学生学习、改善教师教学、完善课程设计、监控学业质量。

(一) 以课程目标为评价依据

"智能财税共享服务综合实训"课程学习评价以课程目标作为评价的主要依据，其根本目的是促进学生专业核心素养的提升。评价应反映"以人为本"的教育理念，不仅要关注学生掌握专业知识、专业技能的程度，关注学生会计事务专业核心素养水平的达成，还要关注学生的学习态度、学习方法和学习习惯的养成，从而衡量课程目标达成情况。

(二) 注重评价的多元化

应围绕会计事务专业核心素养和课程目标，依据学业要求选择评价内容，注重多种评价方式有机结合与运用，强调多元评价主体的共同参与，以获取较为全面的评价信息。可以通过学生自评、互评、教师评价等方式进行评价。评价不仅要关注学生外在学习结果，更要关注内在学习品质。要重视过程性评价与终结性评价相结合。教师要有意识地利用评价过程与结果，通过评价引导学生学会学习，发现学生学习的个性特点和具体问题，及时引导，提出有针对性的建议，激发学生学习的动力。同时，依据评价结果反思日常教学，优化教学内容，调整教学策略，完善教学过程，为学生会计事务专业核心素养的发展提供有力支持。

(三) 重视评价结果的呈现

教学评价的结果要服务教学、反馈教学、促进教学，评价结果的呈现是评价的重要组成部分。教师要充分利用信息技术，收集、整理、分析有关反映学生学习过程和结果的数据，获取教学的反馈信息，通过多元化的评价方式形成的课后作业记录表、单项专业技能评价表、学习表现评价表、学业总评考核表等结果，能够综合反映学生的学业水平。

(四) 学业水平考试要求

考试是课程评价的重要组成部分，学业水平考试是评价的重要方式。学业水平考试需要对学生不同阶段的学习成果做出综合评价，进行学分评定。

学习每个模块后，根据本课程标准的学业要求和阶段性学业水平对学生的学习成绩进行评定，并根据成绩结果给予相应学分。

总分	$\Sigma \geq 90$	$60 \leq \Sigma < 90$	$\Sigma < 60$
评定等级	优秀	合格	不合格

编写人员：陈艺茹　厦门网中网软件有限公司
　　　　　陈月红　厦门网中网软件有限公司
　　　　　林月香　厦门网中网软件有限公司
审核人员：曾　钧　武汉市财政学校
　　　　　马雪莹　武汉市财政学校